DESCRIPTION DE L'ÉGYPTE

LE CAIRE
ET SES ENVIRONS

CARACTÈRES, MŒURS, COUTUMES DES ÉGYPTIENS MODERNES

PAR

H. DE VAUJANY

DIRECTEUR DES ÉTUDES A L'ÉCOLE DES LANGUES DU CAIRE

OUVRAGE ORNÉ DE GRAVURES ET D'UNE CARTE

PARIS
H. PLON ET Cie, IMPRIMEURS-ÉDITEURS
RUE GARANCIÈRE, 10

1883
Tous droits réservés

LE CAIRE

ET SES ENVIRONS

L'auteur et les éditeurs déclarent réserver leurs droits de traduction et de reproduction à l'étranger.

Cet ouvrage a été déposé au ministère de l'intérieur (section de la librairie) en mars 1883.

DU MÊME AUTEUR :

Échos d'Orient, poésies, 1 vol.
Histoire de l'Égypte, depuis les temps les plus reculés jusqu'à nos jours, 1 vol.
Géographie de l'Égypte, 1 vol.

SOUS PRESSE :

Vocabulaire français-arabe (*texte français et arabe*), dialecte vulgaire de l'Égypte, avec la prononciation figurée, 1 vol.

DESCRIPTION DE L'ÉGYPTE

LE CAIRE
ET SES ENVIRONS

CARACTÈRES, MŒURS, COUTUMES DES ÉGYPTIENS MODERNES

PAR

H. DE VAUJANY

DIRECTEUR DES ÉTUDES A L'ÉCOLE DES LANGUES DU CAIRE

Ouvrage orné de gravures et d'une carte

PARIS
E. PLON et Cie, IMPRIMEURS-ÉDITEURS
10, RUE GARANCIÈRE

1883

Tous droits réservés

LE CAIRE
ET SES ENVIRONS

L'ÉGYPTE ET LE NIL

L'Égypte est située au centre de l'ancien continent, entre la mer Méditerranée et la mer Rouge, aux extrémités nord-est de l'Afrique, entre le 22e et demi et le 32e degré de longitude à l'est de Paris. C'est une grande oasis environnée de tous côtés par le désert et la mer.

L'Égypte proprement dite commence à Assouân (Syène, première cataracte), par 24° 5' 23" de latitude nord. D'Assouân au Caire, le pays offre l'aspect d'une longue vallée sinueuse et étroite, où le Nil roule paisiblement ses eaux entre la chaîne arabique à l'est, et la chaîne libyque à l'ouest. Un peu au delà du Caire, au point appelé le *Barrage*, le fleuve se divise en deux branches; les montagnes disparaissent peu à peu, puis s'effacent complètement, et une vaste plaine, sillonnée par des milliers de canaux, se déroule comme un immense tapis de verdure au milieu des sables qui l'enserrent, jusqu'à la Méditerranée. C'est à cette partie de l'Égypte qu'a été donné le nom de *Delta*, à cause de sa configuration ; on l'appelle plus ordinairement *Basse-Égypte* ou *Béhérah*.

Le Delta ne présente aucune élévation naturelle, à l'exception des dunes qui bordent la côte ; quelques buttes artificielles sur lesquelles sont bâtis les villages ; des monticules formés de décombres ou de ruines d'anciennes villes, sont les seuls points élevés que l'on rencontre sur un terrain parfaitement plat.

Le Nil est l'unique fleuve qui baigne l'Égypte et ses provinces du sud. Ses sources, jusque-là inconnues, ont été découvertes de nos jours. Sorti du lac *Oukéréoué* (Victoria Nyanza) dans les régions équatoriales, il descend d'abord de terrasse en terrasse par une série de cascades, tantôt au milieu des savanes, tantôt au milieu des bois de tamariniers et de sycomores, ou de marécages hérissés de bambous. Il arrose *Faouer*, *Gondokoro*, le pays des *Chillouks* et des *Baqqaras*, et arrive à Khartoum sous le nom de Bahr-el-Abiad (Fleuve-Blanc).

Après son confluent avec le Nil Bleu, et grossi de plusieurs rivières qu'il apporte du sud, le fleuve coule profondément encaissé entre de hautes falaises et des rochers à pic. Il franchit plusieurs rapides dont aucun n'est une véritable cascade, traverse toute la Nubie et, à Assouân, fait son entrée en Égypte entre deux

montagnes de basalte que ses eaux ont tranchées ; là
sa vallée s'élargit, surtout sur la rive gauche beaucoup moins escarpée que la rive droite. Il arrose
*Edfou, Esneh, Thèbes, Qéneh, Girgeh, Syout,
Manfalout, Minieh, Beni-Souef et le Caire.* Le fleuve
qui a 1,200 mètres de largeur à Assouân, ne recevant aucun affluent en Égypte, et faisant des pertes
continuelles par les canaux et l'évaporation de ses
eaux, n'en a plus que 600 au Caire. Divisé en deux
branches, il traverse le Delta et se jette dans la Méditerranée à Rosette et à Damiette.

Les pluies très fréquentes d'avril en octobre, dans
les régions des grands lacs et en Abyssinie, gonflent
le fleuve qui inonde annuellement l'Égypte. C'est à
cette inondation que le pays tout entier doit sa fertilité ; son sol est uniquement composé du limon que
le Nil charrie, et partout où l'eau n'atteint pas, il n'y
a plus que le désert. « Jadis, dit M. Maspéro, toute
la partie du pays connue sous le nom de Delta était
recouverte par les eaux ; la Méditerranée venait baigner de ses vagues le pied du plateau sablonneux que
domine la grande pyramide de Giseh. A la longue,
les matières terreuses que le fleuve amène avec lui,
se déposèrent en bancs de boue sur les bas-fonds, et
finirent par former la plaine triangulaire que ses
branches enfermaient, et dont chaque portion avait
été rapportée grain à grain du fond de l'Afrique. »
Et plus loin l'éminent égyptologue ajoute : « Le Nil
n'a pas seulement créé le sol de l'Égypte ; il a déter-

miné l'aspect général du pays et le genre de ses productions. »

C'est à ses inondations périodiques que le Nil doit le culte qu'on lui a rendu de tout temps en Égypte. Par un séjour de trois mois dans la basse terre, il dépose l'aliment de la végétation, et fait d'un désert stérile une contrée riche et féconde. Quelques pieds de plus ou de moins que la hauteur normale de la crue sont également nuisibles : si la crue est trop forte elle ravage les terres; si elle est trop faible elle ne féconde pas suffisamment le sol et la disette se fait sentir. On peut donc dire sans exagération que le Nil est la mesure de l'abondance et la source de la vie pour l'Égypte, comme il peut être la cause de sa ruine. Aussi le commencement de sa crue et l'arrivée du fleuve à la hauteur nécessaire, sont-ils des événements qui s'annoncent au peuple par des fêtes publiques.

C'est vers le mois de juin que commence la crue du Nil, et déjà au temps d'Hérodote elle avait lieu régulièrement au solstice d'été. Les Coptes croient que les eaux montent toujours le 20 juin. Pendant la nuit qui précède ce jour, il tombe, disent-ils, *el-nouqtah*, « la goutte » miraculeuse qui purifie l'air et qui présage une heureuse inondation. Une longue expérience a dû apprendre aux habitants de l'Égypte à redouter les trop faibles et les trop fortes crues, et leur a prouvé qu'un terme moyen seul procure au cultivateur d'abondantes récoltes. L'art pourrait rigoureusement remédier à l'excès des crues au moyen de digues éclusées qui déverseraient à volonté l'excédant des eaux à la mer ou dans les parties basses du désert; dans les crues insuffisantes on pourrait également retenir les eaux, et empêcher leur écoulement en pure perte. Le *barrage* entrepris à grands frais sous Mohammed-Ali devait atteindre ce but; malheureusement ce gigantesque travail a été négligé, puis enfin abandonné. L'idée de régler l'inondation d'après les hautes et les basses eaux, n'est pas moderne : environ vingt-neuf siècles avant J.-C., le pharaon Aménemhât III avait atteint ce but par la création du lac Mœris (province actuelle du Fayoum), dans lequel les eaux étaient accumulées pendant les années d'abondance, et restaient emmagasinées pour arroser une partie du pays le jour où il serait menacé de stérilité par une crue trop faible.

Le principe de la fécondité du Nil est dû au limon qu'il charrie; ce limon est très compacte et de couleur brune. Sur cent parties il contient 0.48 d'alumine, 0.18 de carbonate de chaux, 0.9 de carbone, 0.4 de carbonate de magnésie, 0.6 d'oxyde de fer, 0.4 de silice, 0.11 d'eau pure. Le sol qui vient d'être arrosé est couvert d'une couche de terre noire, à laquelle chaque inondation superpose nécessairement une couche nouvelle. Il résulte de ce phénomène, que nul ne peut révoquer en doute, que le lit du fleuve s'exhausse d'une quantité à très peu près égale à celle de la vallée, qui est proportionnée à la quantité d'eau qui séjourne à chaque débordement, et par conséquent à la masse des matières terreuses que l'eau contient. Les ingénieurs français de l'expédition d'Égypte ont évalué en moyenne à 0^m,126 l'exhaussement séculaire produit par les dépôts du limon. Par suite de cette élévation du sol, la base d'un grand nombre de monuments de la Haute-Égypte se trouve aujourd'hui à plusieurs mètres au-dessous du niveau du Nil.

Lorsque les Arabes firent la conquête de l'Égypte, Amr', général en chef des armées musulmanes, envoya au khalife Omar une description dans laquelle il lui dépeignait les effets merveilleux de l'inondation, et lui faisait remarquer que la condition essentielle de la prospérité du pays était l'entretien des digues et des canaux. Douze siècles plus tard, Napoléon, dans un morceau très remarquable sur la géographie de l'Égypte, a dit avec une grande et forte raison : «Dans aucun pays l'administration n'a autant d'influence sur la prospérité publique. Si l'administration est bonne, les canaux sont bien creusés, bien entretenus, les règlements pour l'irrigation sont exécutés avec justice, l'inondation est plus étendue. Si l'administration est mauvaise, vicieuse ou faible, les canaux sont obstrués de vase, les digues mal entretenues, les règlements de l'irrigation transgressés, les principes du système d'inondation contrariés par la sédition et les intérêts particuliers des individus ou des localités. Le gouvernement n'a aucune influence sur la pluie ou la neige qui tombe dans la Beauce ou dans la Brie; mais en Égypte, le gouvernement a une influence immédiate sur l'étendue de l'inondation qui en tient lieu. »

POPULATION. — DIVISIONS.

L'Égypte compte actuellement plus de cinq millions et demi d'habitants, c'est-à-dire cent soixante dix-neuf habitants par kilomètre carré, chiffre qui est supérieur à celui de la plupart des États d'Europe. Pour les provinces qui dépendent de l'Égypte la population peut être évaluée approximativement :

Oasis de Syouah et le pays de Zeylaa. . 25.000 h.
Nubie et Soudan égyptien. . . . . . 9.200.000 h.

ce qui donnerait un total d'environ quatorze millions et demi d'habitants pour toute l'étendue du royaume.

Administrativement l'Égypte est divisée en gouvernorats ou *mohafzas*, et en provinces ou *moudirichs*. Les provinces sont subdivisées en *markaz* ou *qesms* (districts). Les fonctionnaires placés à la tête de ces divisions sont appelés *mohafiz*, *moudirs* et *nazirs-el-qesm*.

Gouvernorats.

Alexandrie	El-Arich	Saouakin'
Rosette	Ismaïlia	Massaouah
Damiette	Suez	Zeylaa
Port-Saïd	Qocéir	Syouah (cheikh)

Moudiriehs de la Basse-Égypte.

Galioubieh	chef-lieu	Benha-el-Aasal
Charqieh	—	Zagazig
Daqahlieh	—	Mansourah
Gharbieh	—	Tantah
Béhérah	—	Damanhour
Menoufieh	—	Chibin'-el-Kom

Moudiriehs de la Haute-Égypte.

Giseh	chef-lieu	Giseh
Beni-Souef	—	Beni-Souef
Fayoum	—	Medinet-el-Fayoum
Minieh et Beni-Mazar	—	Minieh
Syout (ou Assyout)	—	Syout
Girgeh	—	Souhag
Qeneh	—	Qeneh
Esneh	—	Esneh

Moudiriehs du Soudan.

Dongolah	chef-lieu	Nouveau-Dongolah
Berber	—	Berber
Kharloum	—	Kharloum
Sennâr	—	Sennâr
Fazogl	—	Famkah
Bahr-el-Abiad	—	Fachouda
Taka	—	Kassala
Kordofan	—	El-Obyad
Darfour	—	Tendelty

CLIMAT.

Le climat de l'Égypte peut être classé parmi les plus brûlants. L'élévation de la température est bien moins due au voisinage des plages torrides, qu'aux déserts qui limitent cette contrée. En effet, il est naturel que l'air qui enveloppe les immenses plaines de la Libye et de l'Arabie, n'y trouvant ni ruisseaux, ni lacs, ni forêts, s'y échauffe par l'action d'un soleil ardent dont l'intensité est encore augmentée par la réflexion des sables, et prenne le degré de chaleur et de sécheresse dont il est susceptible. Au Caire, le thermomètre se maintient à une hauteur moyenne de 38° centigrades pendant les mois d'été. Dans cette saison, la chaleur est si accablante, que l'air paraît embrasé; elle peut même devenir funeste aux hommes nés sous d'autres climats, car avec l'habit le plus léger, et dans l'état du plus grand repos, le corps est dans un état constant de transpiration, et le moindre refroidissement subit dégénère en maladie sérieuse.

On serait tenté de croire qu'avec de pareilles chaleurs, et un sol qui reste marécageux pendant près de trois mois par suite du retrait des eaux de l'inondation, l'Égypte est un pays malsain; il n'en est rien cependant, et cela à cause du voisinage des déserts qui entretiennent l'air dans un état habituellement sec, occasionné par le courant perpétuel des vents qui traversent l'atmosphère sans rencontrer d'obstacles. En outre, l'état salin du sol, dû à la présence du natron, vient encore apporter sa part d'assainissement. Ce sont, sans nul doute, ces qualités particulières de l'air et du sol, jointes à la chaleur, qui donnent à la végétation une activité inconnue dans les régions d'Europe.

La direction des vents correspond exactement aux saisons. Depuis le moment de la crue du Nil (vers le 20 juin) jusqu'en avril suivant, ce sont les vents du Nord qui dominent, avec des inflexions vers l'Est et plus tard vers l'Ouest. C'est d'avril en mai que se déclare ordinairement le *khamsin'*, vent brûlant appelé ainsi parce que la période pendant laquelle il se fait sentir est de *cinquante* jours. On ne peut se faire une idée du khamsin' si l'on n'en a pas éprouvé les effets. Il s'annonce presque toujours brusquement comme un ouragan, par un désordre général dans l'atmosphère. Le ciel, de serein qu'il était, se rembrunit tout à coup; toutes choses, sables, palmiers, habitations, prennent une nuance jaunâtre, et paraissent être vues à travers un vitrage teinté de cette couleur. Si on lève les yeux pour chercher le soleil, on voit flotter dans une colonne oblique d'atomes lumineux, la poussière impalpable que le khamsin' enlève au désert. Le thermomètre monte de 10 à 15 degrés dans l'espace de quelques heures; la chaleur devient étouffante, la respiration est courte et difficile, la transpiration s'arrête et l'on se sent dévoré par une soif ardente qu'aucune boisson ne semble pouvoir apaiser. Les habitants des villes et des villages se réunissent à la hâte dans leurs maisons où ils s'enferment soigneusement pour se garantir de la poussière fine et pénétrante que soulève le tourbillon. L'atmosphère dégage une odeur de terre semblable à celle qui se produit au début d'un orage après une longue sécheresse.

Les rosées sont plus ou moins abondantes suivant la direction des vents; elles deviennent très pénétrantes lorsqu'elles sont sous l'influence des courants du Nord ou du Nord-Ouest, et d'autant plus sensibles qu'on s'approche davantage de la mer et des lacs. Le cultivateur égyptien regarde les rosées comme bienfaisantes et réparant les méfaits de la pluie considérée par lui comme un fléau qui fait germer une foule de plantes nuisibles aux céréales. Les pluies sont presque inconnues dans la Haute-Égypte, où jamais le ciel ne se voile du moindre nuage; mais le voisinage de la mer occasionne à Alexandrie et sur tout le littoral du Delta des pluies assez fréquentes, mais de courtes durées et pour ainsi dire intermittentes, de décembre en février. Au Caire, pendant les mêmes mois, on n'est jamais incommodé que par quelques rares averses qui ne durent jamais tout un jour.

L'extrême chaleur et la fraîcheur subite des soirées

sont des ennemis contre lesquels il faut se mettre en garde. C'est pour avoir négligé certaines précautions et s'être imprudemment exposés à l'action du rayonnement nocturne qui produit un abaissement notable de température, que beaucoup d'Européens sont souvent éprouvés par de douloureuses maladies. Une habitude des plus salutaires répandue non-seulement en Égypte, mais dans tout l'Orient, est l'usage des bains à vapeur. Aux moindres symptômes d'une indisposition, les indigènes ont recours à ce moyen qui souvent réussit à détruire dans leur principe bien des maladies.

L'étranger qui a l'intention de faire un long séjour en Égypte, doit, dès les premiers jours de son arrivée, adopter peu à peu la manière de vivre des habitants du pays. « Il faut être pénétré de ce principe, dit le docteur D. Fouquet, que le genre de vie doit changer en changeant de climat. Il faut suivre certaines règles d'hygiène dont l'expérience a, dès longtemps, démontré l'absolue vérité. Le choix de l'habitation et des vêtements doit être l'objet d'un soin spécial; mais le point le plus important est sans contredit l'alimentation. Dès le début, on s'imposera un régime sévère; les repas, peu copieux, bien que substantiels, devront être pris surtout le matin et le soir, de manière à ne pas charger l'estomac pendant la forte chaleur du jour. L'usage du vin coupé d'eau est excellent aux repas; mais l'emploi des liqueurs alcooliques, surtout en dehors de la table, doit être sévèrement proscrit. Grâce à ces précautions, on se garantira des congestions du foie et des autres organes abdominaux si fréquentes dans les pays chauds.

« Les fonctions de la peau doivent être entretenues avec soin par des lotions fréquentes. Les bains, dont l'usage est en général mal réglé, seront pris avec discernement, tièdes d'abord, puis de plus en plus froids et de plus en plus courts, suivis de frictions sèches pour amener une réaction modérée. »

En dehors des maladies que l'on évite certainement en suivant un régime alimentaire, il en est une contre laquelle il est assez difficile de se tenir en garde, et qui se développe plus particulièrement dans les villes que dans les campagnes, c'est l'ophthalmie. Cette affection endémique n'épargne aucune classe; elle se développe, avec tous les tempéraments, chez l'homme et chez les animaux; elle règne dans toutes les saisons de l'année, mais elle se présente le plus souvent sous un caractère bénin facile à enrayer; d'autres fois, l'affection est très violente et passe rapidement à la forme granuleuse dont les conséquences sont souvent terribles si la maladie est négligée.

L'ophthalmie en Égypte a été attribuée à diverses causes. Quelques médecins ont pensé qu'elle était due à la réflexion du soleil éclatant sur un terrain sablonneux, ou sur les maisons blanchies à la chaux. D'autres ont prétendu qu'elle était occasionnée par la poussière fine que soulève le vent du khamsin, ou par les molécules salines irritantes que l'atmosphère tient en suspension. Mais ces explications sont loin d'être suffisantes : si l'ophthalmie était produite par l'intensité des rayons solaires, pourquoi serait-elle si rare dans les contrées où ces rayons sont le plus ardent, par exemple, dans la Haute-Égypte et dans la Nubie? D'autre part, si la maladie est due à l'introduction dans l'œil de molécules sablonneuses ou salines, pourquoi est-elle presque inconnue dans le désert? pourquoi les ouvriers qui travaillent dans les terrains nitreux n'en sont-ils pas atteints plus fréquemment que les autres? Il est sans doute plus rationnel d'attribuer l'ophthalmie à des causes physiques résidant, en effet, ou dans l'atmosphère ou dans la composition du sol, mais qui ont jusqu'à présent échappé aux investigations. La malpropreté des gens des classes inférieures qui vivent dans des réduits humides, au milieu d'immondices desséchées dont le moindre vent soulève les atomes empestés, ne serait-elle point le germe de l'ophthalmie? Le docteur Fouquet s'exprime nettement à ce sujet : « On ne doit, dit-il, chercher la nature même du mal ni dans l'action des rayons solaires et de la poussière du désert, ni dans le rayonnement nocturne, ni dans les émanations ammoniacales des matières azotées en décomposition, qui peuvent tout au plus jouer le rôle de causes prédisposantes, mais on doit l'attribuer à l'existence d'un virus spécial transporté par l'air, ou inoculé directement par les mouches dont l'essaim couvre perpétuellement les yeux des enfants du peuple. » Un fait à constater, c'est que depuis que le Caire est soumis à diverses lois de salubrité publique, les maladies des yeux y sont beaucoup moins fréquentes. « L'ophthalmie, dit encore le même docteur, se présente sous trois formes : catarrhale, purulente, granuleuse; sa forme la plus grave se termine souvent par des opacités incurables de la cornée ou par la fonte du globe de l'œil. Le voyageur en rencontre à chaque pas dans les rues du Caire de frappants exemples. Les choses ne se passent pas cependant toujours ainsi, et dans la plupart des cas, l'affection bien soignée, prise au début surtout, cède au traitement et disparait sans laisser de traces. Les maladies antérieures, l'affaiblissement, la malpropreté et l'alcoolisme, sont les principales causes aggravantes du mal.

« La meilleure méthode préventive consiste en lotions fréquentes toniques ou antiseptiques, soit avec une infusion froide de thé, soit avec une solution phéniquée très faible. Quant à la maladie confirmée, les soins qu'elle réclame sont assez délicats pour qu'un homme de l'art soit appelé à les donner. Il ne faut pas oublier qu'une première atteinte ne met pas à l'abri des récidives. Le principe immédiat du mal n'a pas été isolé encore, mais si l'on considère le mode de propagation de l'affection et les heureux résultats donné par le traitement antiseptique, il est bien difficile de mettre en doute son origine virulente. »

APERÇU HISTORIQUE

L'histoire ancienne de l'Égypte est divisée en trois grandes époques :

1° L'ANCIEN-EMPIRE, qui comprend les dix premières dynasties, commence avec Menès environ cinq mille ans avant notre ère. « Le premier homme qui régna sur l'Égypte fut Menès », dit Hérodote. Les textes hiéroglyphiques déchiffrés depuis, nous présentent également ce roi comme le fondateur de la monarchie égyptienne. Menès réunit sous un seul sceptre les différentes provinces de l'Égypte, gouvernées par des princes de la caste sacerdotale. Il fonda Memphis sur la rive gauche du Nil, à peu de distance de la pointe du Delta, et éleva dans cette ville un temple consacré au dieu *Phtah*.

A partir de Menès, les Pharaons s'intitulèrent *Rois de la Haute et de la Basse-Égypte*. Les plus célèbres de l'Ancien-Empire sont ceux de la quatrième dynastie : *Khéops, Khéphren, Mykérinos*, qui élevèrent les trois grandes pyramides de Giseh, et *Papi I*er (sixième dynastie) qui repoussa les attaques des tribus nomades au-delà des frontières orientales.

2° Le Moyen-Empire s'étend de la onzième à la dix-huitième dynastie (3064 à 1703 avant J.-C.). C'est sous le règne d'un pharaon de la douzième dynastie, Aménemhat III, que fut exécuté le gigantesque réservoir désigné sous le nom de *Méri* (le lac), mot dont les Grecs ont fait Mœris. Ce réservoir communiquait d'un côté avec le Nil, et de l'autre avec un lac naturel qui existe encore, le Birket-el-Qéroun. Le Mœris servait à retenir une partie des eaux du Nil pendant l'inondation annuelle, et à suppléer au manque d'eau, en cas de sécheresse, pour l'irrigation de la province du Fayoum. Non loin de ce lac, le même Pharaon fit construire un palais immense qui renfermait, dit-on, trois mille chambres obscures, reliées les unes aux autres par des couloirs si habilement enchevêtrés, qu'un étranger sans guide ne pouvait en sortir. Ce palais, appelé *Lope-ro-hount*, fut désigné plus tard par les Grecs sous le nom de Labyrinthe.

Les trois dernières dynasties du Moyen-Empire appartiennent aux hordes barbares qui firent irruption en Égypte du côté de l'isthme de Suez. Ces tribus de pillards sont désignées par les monuments sous le nom de *Shasou*. On les appelle plus communément *Hyksos* ou *Pasteurs*. Ces Hyksos, après avoir ruiné les temples et imposé leur domination par le fer et le feu, furent à leur tour subjugués par la civilisation des vaincus; ils adoptèrent la langue, la religion et les usages de leurs nouveaux sujets, et devinrent de véritables pharaons. C'est à l'époque des Hyksos qu'Abraham vint en Égypte, et que se rattache l'épisode de Joseph rapporté par la Bible, vers le milieu du dix-huitième siècle avant J.-C.

Cependant les princes des dynasties légitimes, ne pouvant se résigner à supporter le joug des envahisseurs, s'étaient retirés à Thèbes où ils exerçaient une sorte d'autorité relative. Plusieurs fois ils avaient essayé de reconquérir la Basse-Égypte, mais sans succès. Enfin, après une lutte acharnée, les Hyksos furent expulsés par *Ahmès I*; ils avaient régné sur l'Égypte pendant plus de cinq siècles.

3° Le Nouvel-Empire commence avec la XVIII° dynastie et se termine à la fin de la XXXI°, époque à laquelle Alexandre s'empare de l'Égypte (1703 à 332 avant J.-C.). Pendant la XVIII° dynastie, *Amenhotep I*, fils d'Ahmès le libérateur de l'Égypte, agrandit le pays du côté de l'Éthiopie. *Thoutmès I* étendit ses conquêtes jusqu'en Assyrie, comme l'attestent des stèles commémoratives. Sa fille *Hatasou*, chargée de la régence pendant la minorité de son frère Thoutmès III, porta ses armes dans le sud de la péninsule arabique, et fit explorer le *Pays de Pount* qui comprenait le Hedjaz et l'Yémen et, sur la côte opposée, la terre du Somâl. *Thoutmès III* poussa ses expéditions militaires, d'un côté jusqu'au Tigre et aux montagnes de l'Arménie, de l'autre jusqu'au fond du pays de *Kousch* (Éthiopie). Des inscriptions qui relatent ces campagnes lointaines existent encore à Thèbes.

Avec la XIXe dynastie paraît *Ramsès II*, un des plus grands et des plus illustres conquérants de l'ancienne Égypte. C'est ce pharaon que les historiens Grecs désignent sous le nom de *Sésostris*. Son règne, qui dura soixante-six ans, se place entre les années 1407 et 1341 avant J.-C. Les conquêtes attribuées à Ramsès II sont certainement exagérées : selon Hérodote, il aurait pénétré en Europe jusqu'en Scythie, et selon Diodore, il aurait atteint l'Indus, le Gange, et aurait même pénétré plus loin encore. Ce qui a dû contribuer à faire illusion aux Grecs sur l'importance du règne de ce pharaon, c'est le nombre prodigieux de monuments qui portent son cartouche. « Il est pour ainsi dire impossible, dit M. Mariette, de rencontrer en Égypte une ruine, une butte antique, sans y lire le nom de Ramsès II. » On accuse, non sans quelque raison, Ramsès II d'avoir fait effacer sur les monuments les noms de ses prédécesseurs pour y substituer le sien. Les inscriptions de Louqsor et du Ramesséion à Thèbes, le temple souterrain d'Ibsamboul en Nubie, nous ont transmis le récit officiel de sa victoire, en l'an V de son règne, sur les *Khétas*, peuplades du nord de la Syrie.

C'est sous le règne de son successeur, *Ménephtah*, que, selon l'opinion la plus accréditée, les Hébreux, établis en Égypte depuis l'époque des Hyksos, quittèrent le pays sous la conduite de Moïse.

A la suite de la XX° dynastie, commence une période pleine de trouble et d'obscurité. Après *Shashank*, le Sésac de la Bible, qui rançonna les royaumes de Juda et d'Israël, l'Égypte manquant de dynastie royale, se trouva divisée au nord et au sud, en petits états gouvernés par des chefs qui s'attribuèrent chacun le titre de roi. A la faveur de ce morcellement, le pays fut envahi par les Éthiopiens et les Assyriens.

A la XXVI° dynastie (665-527), les envahisseurs ont disparu; l'Égypte divisée de nouveau en petits états, obéit au roi de Saïs, *Psamétik*, qui renverse la confédération des douze princes du Delta et gouverne seul. C'est sous le règne de Psamétik que les Grecs formèrent pour la première fois des établissements à demeure dans la Basse-Égypte.

En 527, l'Égypte conquise par *Cambyse* devint une province de l'empire des Perses. De cette époque désastreuse, date la destruction d'un grand nombre de temples à Memphis et à Thèbes. Les Égyptiens tentèrent bien de s'affranchir de la domination étrangère; ils réussirent même à recouvrer leur indépendance sous les XXVIII°, XXIX° et XXX° dynasties (406 à 340); mais les efforts du dernier roi légitime *Nectanebo II* se brisèrent contre le choc de l'armée des Perses. L'Égypte finit par succomber et, à partir de ce moment, elle a toujours vécu sous des maîtres étrangers.

En 332, *Alexandre* renversa la XXXI⁰ dynastie, fondée par les Perses, fit la conquête de l'Égypte et bâtit Alexandrie. Sous les *Ptolémées* successeurs d'Alexandre (306 à 30), l'Égypte devenue une province grecque, s'élève à un degré de splendeur, de puissance et de richesse dont elle était déchue depuis longtemps. Alexandrie, la nouvelle capitale, était devenue un puissant foyer d'activité intellectuelle. L'architecture brilla d'un éclat nouveau; un grand nombre de temples élevés à Thèbes, à Denderah, à Esneh, à Ombos, à Edfou, à Philæ, rappellent encore les beaux temps de l'art pharaonique.

La bataille d'Actium (2 septembre 31) où Antoine et Cléopâtre furent vaincus par Octave, mit fin à la domination des Grecs, et quelques mois plus tard, l'an 30 avant J.-C., l'Égypte fut réunie à l'empire romain. En 381 après J.-C., l'empereur Théodose qui régnait à Constantinople, capitale des provinces romaines de l'Orient, promulgua son édit célèbre par lequel la religion chrétienne était déclarée désormais la religion officielle de l'Égypte

CONQUÊTE MUSULMANE.

En l'année 640 de J.-C. (18 de l'hégire), *Amr'*, général du khalife Omar, commença la conquête de l'Égypte en s'emparant de Memphis sans coup férir,

Peu après, il força Alexandrie après un siége de quatorze mois. Émerveillé à la vue des richesses qui se trouvaient dans cette place importante, Amr' écrivit au khalife : « J'ai conquis la ville de l'Occident, et « je ne pourrais énumérer tout ce que renferme son « enceinte. Elle contient quatre mille bains et douze « mille vendeurs de légumes verts, quatre mille Juifs « payant le tribut, quatre mille musiciens et bala- « dins, etc. » Omar défendit le pillage, et cette sage mesure attira beaucoup de partisans sous les drapeaux des conquérants. Les chrétiens qui voulurent demeurer fidèles à leur religion purent, en payant le tribut annuel, conserver le droit d'exercer librement leur culte. L'Égypte sous ses nouveaux maîtres, sembla rentrer dans une ère nouvelle de prospérité, et devint une des plus importantes provinces de l'islam.

Moaouyah ebn-Aby-Sofiân fonda en 661 (41 de l'hégire) la dynastie des khalifes Ommyades. Sous cette dynastie, l'empire musulman, largement établi en Asie, en Afrique et en Europe, s'étendait depuis l'extrémité des Indes jusqu'au centre de la France. Maîtres de l'Espagne, les Arabes menaçaient d'envahir le reste du continent, lorsque Charles-Martel les refoula au delà des Pyrénées.

Sous le règne de *Maraouân II,* un gouverneur de province nommé *Abou-l-Abbas,* descendant de Hachem bisaïeul du Prophète, se révolta contre le khalife, se fit prêter serment de fidélité par les populations de la Syrie, et fonda la dynastie des Abbassides sur les débris de celle des Ommyades qu'il venait de renverser (750—132). *Al-Mansour,* frère et successeur d'Abou-l-Abbas, fit bâtir une ville qu'il nomma Medinet-el-Selâm (la ville de la paix — 762 — 145) qui, sous le nom de Baghdad, fut la capitale des khalifes ses successeurs. En 786 (170 de l'hégire) commence le règne du célèbre *Haroun-el-Rachid,* illustré par de brillantes victoires remportées sur les Grecs, et par d'importantes conquêtes. L'histoire a consacré par le surnom d' « el-Rachid », son amour constant pour la justice et l'équité; ses actes de bienfaisance sont plus souvent racontés en Orient que ses plus éclatants faits d'armes.

A partir du khalife *Mohammed-el-Moetassem,* troisième fils d'Haroun-el-Rachid, commence la décadence de la race des Abbassides (833—218). El-Moetassem prépara lui-même la chute de sa dynastie en créant un corps d'élite dont les soldats étaient principalement choisis parmi les plus beaux esclaves turcomans et tartares pris à la guerre, et envoyés en tribut au souverain. Ces esclaves, qui se faisaient remarquer à la cour des khalifes par leurs avantages corporels, plurent à leurs maîtres et furent bientôt attachés à leur garde particulière. Dans peu de temps ces esclaves devinrent capables de remplir les charges les plus éminentes; peu à peu ils s'emparèrent de toutes les branches du gouvernement et s'en rendirent exclusivement les maîtres. *Ahmed ebn-*

Touloun fut le premier de l'un d'eux qui se déclara indépendant, l'an 870 (257 de l'hégire) ; il étendit son pouvoir sur l'Égypte et la Syrie, et fonda la dynastie des Toulounides.

L'empire de l'islam était partagé en trois dynasties de khalifes régnant à la fois, et s'attribuant chacun les droits exclusifs de la légitimité : les Ommyades en Espagne, les Abbassides à Baghdad et les Fatimites sur les côtes de la Mauritanie ; cette dernière famille tirait son nom de Fatma, fille du Prophète, dont elle prétendait descendre. En 971 (361 de l'hégire) le khalife *El-Moez*, qui régnait sur les États Barbaresques, vint en Égypte ; il établit sa résidence au Caire, bâti trois ans auparavant par son lieutenant Djouhar, et y fonda la dynastie des Fatimites.

En 1171 (567 de l'hégire), *Salah-ed-Din' ebn-Ayoub* (Saladin), vizir de l'Atabek de Syrie, vint en Égypte en qualité de gouverneur. Trois ans plus tard, à la suite de ses campagnes en Syrie et des victoires qu'il avait remportées sur le roi de Moussoul, il se déclara indépendant et fonda la dynastie des Ayoubites. Salah-ed-Din joua un rôle brillant pendant les deux premières croisades. Sous le règne de *Melek-el-Adel* frère et troisième successeur de Salah-ed-Din, les Croisés s'emparèrent de Damiette (1218—615). *Melek-el-Kamel* qui venait de succéder à son père Melek-el-Adel, fit aux chrétiens des propositions de paix. Sur leur refus d'entrer en négociations, un petit corps de musulmans tournant en secret le camp des Croisés, coupèrent la digue du canal de Mahallet et les eaux du Nil, qui en ce moment étaient arrivées au plus haut point de la crue, se répandirent sur toute la contrée entre Damiette et Mansourah. Les Croisés, ignorant les effets de l'inondation annuelle, évacuèrent la province et remirent Damiette aux musulmans (1221—618).

Pendant la septième croisade, saint Louis repoussa l'émir Fakhr-ed-Din et Damiette fut prise de nouveau (1247—645). Poursuivant leur marche sur le Caire, les Croisés furent arrêtés à Mansourah et obligés de se replier sur Damiette. A la bataille de Faraskor, saint Louis fut fait prisonnier par l'eunuque Mohassem (1250—648).

A la dynastie des Ayoubites succéda celle des Mamelouks. Ces Mamelouks apparaissent pour la première fois sur la scène politique avec Ahmed ebn-Touloun, au temps des khalifes abbassides. C'étaient, comme leur nom l'indique, des *esclaves* recrutés parmi les prisonniers de guerre et dans les marchés d'Asie, dont les souverains d'Égypte s'étaient composé une milice qui devint assez redoutable pour imposer sa volonté au pays, et lui donner des chefs de sa race. Pendant les deux cent soixante-sept ans (1250 à 1517) que dura la domination des Mamelouks, ce ne fut qu'une longue suite de troubles, de guerres intestines, de crimes et de révolutions de palais. Les princes qui passèrent sur le trône périrent presque tous de mort violente. Plusieurs se distinguèrent par les magnifiques constructions qu'ils firent élever.

En 1517, le sultan Sélim Ier, qui régnait à Constantinople, s'empara de l'Égypte. Il organisa l'administration du pays par une combinaison de gouvernements dont le système lui offrait des gages de durée. L'Égypte soumise à la Turquie était devenue un pachalik, c'est-à-dire que l'autorité suprême était confiée à un *pacha* qui avait sous ses ordres douze beys, nommés parmi les émirs et les mamelouks qui avaient fait leur soumission. Peu à peu le nombre des mamelouks augmenta; ils se choisirent un chef qui prit le titre de *Cheikh-el-Beled*, et l'autorité du pacha fut complétement méconnue. En 1767, Ali-Bey, Cheikh-el-Beled, se déclara indépendant et battit monnaie à son coin. L'année suivante, l'autorité du pays était entre les mains de vingt-quatre beys, qui faisaient supporter au peuple toutes sortes de vexations. Les plus influents de ces beys étaient Mourad et Ibrahim. Leur cupidité insatiable, après avoir épuisé les ressources des indigènes, s'attaqua au commerce étranger, et surtout aux négociants établis au Caire, à Alexandrie et à Rosette, dont les maisons semblaient avoir le privilége des spoliations les plus oppressives. Ce fut alors que parut Bonaparte, et après lui Mohammed-Ali, le fondateur de la dynastie régnante, qui releva l'Égypte de l'état déplorable où elle était tombée.

LES ÉGYPTIENS MODERNES

COPTES.

Parmi les races diverses qui composent aujourd'hui la nation égyptienne, et dont chacune a sa religion, son langage et ses mœurs propres, l'histoire et la tradition s'accordent pour affirmer que les Coptes offrent le type des habitants de l'ancienne Égypte; mais si l'on se rappelle les nombreuses persécutions dont les Coptes furent l'objet sous les dynasties musulmanes, les alliances auxquelles ils furent soumis après avoir été, pour la plupart, forcés d'embrasser pour un temps la religion du Prophète, il est bien difficile de se prononcer sur la pureté de leur race.

On prétend que le nom de Coptes vient de la ville de *Coptos,* située près de Thèbes, dans le Saïd, qui était la capitale de l'Égypte chrétienne, et dans laquelle ils se seraient réfugiés lorsque les Grecs les opprimaient. Cependant il y a tout lieu de supposer aux Coptes une origine plus ancienne et plus logique. Le terme arabe *Qoubti* paraît être une altération du grec Αἰ-γύπ-τιος, c'est-à-dire Égyptien, mot qui n'est lui-même qu'une corruption de *Hâ-ka-Phtah*, qui signifie « demeure de Phtah », nom égyptien de Memphis. Si l'on admet que malgré les alliances, répétées il est vrai à de longs intervalles, des chrétiens avec les musulmanes, il en est qui soient restés fidèles à leur religion et à leurs coutumes malgré les persécutions, les Coptes seraient bien réellement les représentants des anciens Égyptiens, ou plutôt de ce mélange de peuples établis sur les bords du Nil à l'époque de la domination romaine. Les traditions conservées presque intactes dans les familles, la religion, qui est le christianisme suivant la doctrine d'Eutychès, et surtout cette langue copte qu'ils lisent aujourd'hui sans la comprendre, semblent confirmer leur origine. Enfin, on peut encore supposer qu'après la conquête musulmane, il ne pouvait guère y avoir d'étrangers qui auraient embrassé le christianisme alors que la nouvelle religion triomphait sur tous les points du Levant.

Aucun peuple de l'Orient n'a accepté la doctrine du christianisme avec autant d'empressement et de zèle que les populations de la vallée du Nil. Habitué depuis les temps les plus reculés à regarder la vie comme un pèlerinage dont la mort était le but, éloigné par les prêtres de toute croyance pure, n'ayant que des idées confuses sur la vie future, l'esprit fatigué des attributions complexes et incompréhensibles de la divinité, le peuple trouva dans le christianisme une doctrine plus saine, plus en rapport avec ses pensées, et bientôt la Thébaïde devint le séjour de ces pieux fanatiques qui, retirés de la vie sociale, donnaient l'exemple d'une abnégation profonde, et s'appliquaient à mériter les récompenses divines promises dans un monde meilleur. La réforme chrétienne s'avançait à grands pas, sur les traces du paganisme, lui présentant partout le combat avec ses apôtres, ses martyrs, ses théologiens de l'école d'Alexandrie, et ses rescrits impériaux émanés de la cour de Constantinople. La religion pacifique du Christ avait fait naître une civilisation nouvelle dans ces contrées, jusqu'aux temps où les dissensions intestines, les querelles théologiques, l'inhabileté, l'incurie, la faiblesse des gouverneurs, livrèrent l'Égypte aux musulmans.

A l'arrivée d'Amr', les coptes de Memphis et les chrétiens d'Alexandrie, divisés d'opinions sur quelques points du dogme, et s'excommuniant réciproquement, étaient en guerre continuelle. Makoukas, gouverneur de Memphis, accueillit les musulmans comme des libérateurs, leur ouvrit les portes de l'ancienne métropole de l'Égypte et leur remit les clefs de la forteresse de Babylone (640 de J.-C., 18 de l'hég.). Amr', maître de la plus grande partie du pays sans avoir livré aucun combat, fit un traité avec les Coptes, par lequel il s'engageait à leur assurer la liberté religieuse, l'inviolabilité de leurs propriétés et leur sûreté personnelle moyennant une complète soumission. Les Coptes, en proie à une haine religieuse, aspiraient avant tout à expulser les Grecs d'Alexandrie ; ils adhérèrent avec empressement au traité, en conservant l'arrière-pensée qu'une fois débarrassés de ceux qu'ils appelaient leurs ennemis, ils viendraient facilement à bout de ces fils du désert dont ils avaient réclamé l'appui. Mais rarement l'orgueil d'une nation fière de sa race est tombé plus misérablement : ils avaient préféré la domination de l'étranger à celle de leurs coreligionnaires, ils ne tardèrent pas à en payer les terribles conséquences par le joug tyrannique que les nouveaux maîtres du pays firent peser plus ou moins sur eux à diverses époques.

Aujourd'hui le nombre des Coptes, d'après les calculs officiels, est d'environ deux cent cinquante mille, dont la plus grande partie est dans la Haute-Égypte. Leur caractère est mélancolique, taciturne, sombre ; c'est sans doute à la sévérité de leur éducation et de leurs pratiques religieuses qu'il faut en attribuer la cause. De même que toutes les races qui ont vécu sous l'oppression et dans une crainte continuelle, ils sont devenus dissimulés et serviles devant ceux qui leur sont supérieurs par le rang ou par la fortune, et fiers, durs, sévères envers leurs subalternes. Dans les villages, les Coptes s'adonnent aux travaux des champs et partagent la vie paisible du *fellah ;* dans les villes, ils se font remarquer par leurs aptitudes particulières pour tout ce qui regarde le calcul, la comptabilité, le commerce et le service administratif.

Pyramides de Gizeh. (voir p. 377.)

Le costume des Coptes est semblable à celui des musulmans d'Égypte; ce qui les distingue le plus souvent, est la couleur noire ou bleu foncé de leur turban. Les femmes se voilent soigneusement le visage, non-seulement en public, mais encore chez elles. Certains Coptes, surtout ceux que l'on rencontre dans la Haute-Égypte, offrent le type d'une analogie frappante avec les figures sculptées sur les anciens monuments, bien que ce type ait été altéré par le mélange des races asiatiques et africaines des peuples avec lesquels ils ont vécu : un front plat orné de cheveux bouclés, de grands yeux noirs peu ouverts et montant vers les tempes, un nez court légèrement épaté, une bouche grande, plate, bordée de larges lèvres nettement dessinées, les pommettes saillantes, une barbe très peu fournie, les membres grêles et anguleux.

FELLAHS.

Après la conquête de l'Égypte, les Arabes ne quittèrent plus les bords du Nil; les vainqueurs s'unirent aux vaincus, et un grand nombre de familles musulmanes vinrent demander à la terre d'Isis une richesse dont elles étaient privées dans les plages incultes de leur patrie. Au bout de deux ou trois générations, la population des campagnes se composait d'une quantité à peu près égale d'Égyptiens et d'Arabes, dont les types se confondaient de plus en plus. Enfin, subjugués par le climat de l'Égypte, par le bien-être qu'ils éprouvaient au milieu des fertiles plaines de cette *alma parens* qui leur donnait l'abondance en échange de si peu de soins, les conquérants perdirent leur originalité et devinrent Égyptiens. Dans le mélange des deux races, le sang égyptien l'emporta sur le type primitif de l'Arabe; une génération nouvelle s'établit sur les bords du Nil, et fut la souche des Égyptiens modernes, dont les traits les plus caractéristiques se retrouvent chez le paysan agriculteur, c'est-à-dire le *Fellah*.

Le Fellah, en général, a une taille avantageuse, une large poitrine, des membres musculeux et bien proportionnés, des traits réguliers, le front large, les yeux noirs et vifs enfoncés sous un sourcil proéminent, la bouche bien taillée, bordée de lèvres fortes qui laissent entrevoir des dents d'une blancheur éclatante. La femme fellaha est svelte et bien faite, mais les traits de son visage sont sans délicatesse et manquent d'expression, malgré la beauté des yeux bordés de larges cils; les pieds et les mains sont souvent d'une perfection idéale.

Sous le rapport du caractère, le Fellah est très docile, prudent et alerte dans son jeune âge. Plus tard, il perd sa vivacité et devient insouciant. L'ancien régime sous lequel vivaient leurs pères a fait si profondément impression sur leur esprit, qu'ils ont toujours conservé comme un sentiment inné une sorte de défiance à l'endroit de leurs propriétés. Autrefois, le paysan égyptien n'était que le détenteur des biens qui lui étaient accordés ou qu'il avait acquis; il n'était qu'un usufruitier auquel l'usage seul et non le droit a accordé l'hérédité. L'insécurité du lendemain engendra l'indifférence; la crainte de l'arbitraire qui devait naturellement s'introduire dans un système pareil amena la défiance; l'instabilité de la possession tua l'esprit d'industrie et le besoin d'acquérir. Le résultat de tout cela fut une certaine insouciance en face des intérêts matériels. Ne pouvant compter sur le lendemain, on s'habitua à vivre au jour le jour, et en cela le Fellah et le Copte offrent la plus frappante analogie.

Les habitations des Fellahs sont très misérables; la plupart se composent de quatre murs en briques crues, ou le plus souvent de sable mélangé avec le limon du Nil, et d'un toit plat en paille de maïs. A l'intérieur quelques nattes, un chaudron en cuivre, une cruche et quelques plats en terre forment le fonds d'un mobilier de paysan. Pour le fellah, la chaumière est avant tout un abri pour la nuit. Les cultivateurs aisés habitent des maisons très confortables, mais chez les uns comme chez les autres, la manière de vivre est des plus simples : du pain grossier mal pétri, mal levé, des fèves cuites à l'eau, du fromage salé, des légumes crus ou assaisonnés d'ingrédients de mauvais aloi, des dattes, des pastèques, composent la nourriture du Fellah. Riche ou pauvre, il est passionné pour la pipe et le café. Patient et infatigable, il travaillera du matin au soir exposé au soleil, dans l'eau et dans la boue, s'il entrevoit un gain certain; mais le gain obtenu, il rentre dans l'inaction la plus complète, laissant à la Providence le soin de pourvoir à ses besoins.

HABITANTS DES VILLES.

Les Égyptiens des villes ont conservé leur sang moins pur que les Fellahs, à cause de leurs nombreuses alliances avec des femmes de races différentes. Au Caire, par exemple, on rencontre parmi la bourgeoisie indigène, des gens depuis le teint brun foncé, jusqu'à la carnation européenne, en passant par toutes les nuances intermédiaires; depuis les traits des adorateurs d'Osiris, jusqu'au profil tranchant du Bédouin; depuis le corps élancé du Fellah, jusqu'à l'embonpoint du Turc. Dans les classes inférieures, les nombreux mariages des indigènes avec des négresses ont dérangé complétement la régularité des traits.

D'un naturel bon et sympathique, l'Égyptien attire à lui comme un aimant toutes les natures capables de se laisser prendre par le cœur. Intelligent et doué d'une mémoire remarquable, il apprend avec une facilité étonnante. Susceptible d'enthousiasme et d'affection, il obéit à tous les bons mouvements, du moment où il a su vaincre sa défiance instinctive. A une grande promptitude de pensée, il joint une patience vraiment orientale, une lenteur calculée dans l'exécution, qui lui font préférer entre tous les travaux ceux qui exigent le plus d'application méticuleuse, comme la broderie, la marqueterie, la gravure sur cuivre, etc. En industrie, il est plein de confiance dans ses méthodes antiques, et il hausse volontiers les épaules à la vue de nos machines ou de nos métiers mécaniques, lui qui fait mouvoir avec une habileté incroyable, l'axe de son tour avec un archet, qui manœuvre ses outils avec les orteils, et qui fabrique des tissus de soie à broderies d'or sur des métiers d'une construction tout à fait primitive. Comme marchand, il se sent à l'aise dans son échoppe de cinq pieds carrés où sont accumulées les splendides étoffes de cachemire, à côté des brocarts de Syrie et des broderies de Constantinople, et c'est sans jeter le moindre regard d'envie, qu'il passe devant les brillants étalages de ses concurrents européens.

Naturellement poétique, mais poétique sans frein ni loi, enthousiaste pour tout ce qui est grand et beau, mais dépourvu de toute éducation esthétique, l'Arabe-Égyptien aime à rêver, à laisser planer son esprit dans les champs de l'espace, sans avoir toutefois assez de culture intellectuelle pour le diriger dans ses courses aventureuses. Le rêve devient donc souvent rêverie. Le Copte, sans être dépourvu d'imagination, est loin d'avoir la poésie de l'Arabe, mais il est rêveur comme lui. Renfermé en lui-même, mélancolique, morne même parfois, il semble que ses pensées, comme celles de ses pères, soient encore concentrées sur les nécropoles, les jugements des âmes ou les mystères sacerdotaux. Rien d'extraordinaire comme la similitude de ces deux caractères qui se rencontrent sur le terrain vague du rêve, l'un pour avoir laissé ses pensées voler trop haut, l'autre pour les avoir laissées s'abaisser trop constamment vers la tombe. De là, il résulte chez l'Arabe comme chez le Copte une mélancolie calme, une lenteur calculée de mouvements et d'allures qui est bien voisine de la dignité ; de là aussi, au fond, une grande douceur de caractère qui étonne chez les enfants de ces climats brûlants.

CARACTÈRE, CROYANCES

SUPERSTITIONS

La tolérance des religions chrétiennes et juives a généralement régné dans l'Orient et surtout en Égypte. Grâce à l'inviolabilité du domicile privé et de la vie retirée des Orientaux, rien n'est plus facile qu'une scission des races et des nationalités. Le Copte, le Juif, le Franc, l'Arabe, ont chacun leur quartier ; ils se coudoient, se méprisent peut-être, se haïssent au besoin, sans toutefois se nuire. S'ils ont des relations entre eux, c'est que leur intérêt l'exige ; mais ils vivent généralement en paix les uns à côté des autres. La haine et le fanatisme religieux, s'ils existent encore, sont donc, pour ainsi dire, à l'état latent, et il a presque toujours fallu une impulsion étrangère, une étincelle extérieure pour produire ces scènes regrettables de désordre ou de massacre qui ont parfois ensanglanté certaines villes de Syrie, et dont l'Égypte vient d'être récemment le théâtre.

Le musulman, chez lequel les réformes modernes

n'ont pas encore pénétré, s'en tient encore avec toute l'opiniâtreté de l'ignorance aux anciennes coutumes, et n'admet pas que les lois civiles établies par le Qoran il y a treize siècles puissent être susceptibles d'aucun changement. Nos codes sont le produit des besoins des différents pays qui se les appliquent ; les besoins venant à changer, amènent nécessairement la modification du code. Sous la loi de l'islam conservée dans toute sa pureté, rien de semblable ne se présente. Comme dans la législation de Moïse, le principe juridique du Qoran, si ce n'est son expression, est immuable. Révélée par Dieu à son Prophète, la loi est une et inamovible, quels que soient du reste les changements que les siècles amènent dans la civilisation ou l'économie sociale du peuple qu'elle régit ; elle a conservé ce caractère jusqu'à l'ordonnance vice-royale du 5 Gamady-el-Aouel 1271 (1855), qui a introduit un code pénal en Égypte.

Sous le rapport scientifique, une interprétation erronée du Qoran a souvent donné lieu à des croyances les plus fantaisistes. Dans son langage imagé, le Prophète nous dit : « Dieu étendit la terre comme un tapis (XIII, 3 — LXXI, 18) ; il créa sept cieux et autant de terres (LXV, 12). » Sur ces données bien simples, la tradition et la poésie ont construit tout un système aussi fantastique que curieux. Voici sur cette question cosmographique, les idées reçues parmi le peuple ignorant, et qui ont été propagées surtout par Ebn-el-Cheneh et Ebn-el-Ouardy :

Les sept terres et les sept cieux sont superposés, plats et formant autant de circonférences à peu près régulières d'un diamètre de cinq cents années de voyage, et ce diamètre est égal aussi à l'espace qui les sépare. La terre habitable se divise en sept climats. Le premier ciel est d'émeraude; le second, d'argent blanc; le troisième, de larges perles blanches; le quatrième, de rubis; le cinquième, d'or rouge; le sixième, d'hyacinthe jaune, et le septième, de lumière éclatante. C'est dans ce septième ciel que l'opinion générale place le paradis, mais Ebn-el-Cheneh est d'un autre avis; il met encore au-dessus du septième ciel sept mers de lumière, puis un nombre infini de rideaux ou voiles, sept de chaque espèce. C'est au-dessus de ces voiles que se trouve le paradis, divisé lui-même en sept étages, dont le premier, appelé Dar-el-Gélal, ou maison de la joie, serait de perles blanches; le second, Dar-es-Salam (maison de la paix), de rubis; le troisième, Génen-el-Maoua (jardin du repos), de chrysolithe verte; le quatrième, Génen-el-Kould (jardin de l'éternité), de corail vert; le cinquième, Génen-el-Naïm (jardin de la volupté), d'argent blanc; le sixième, Génen-el-Fardous (jardin du paradis), d'or roux, et le septième, Génen-Adn (jardin de l'Éden), comme le premier, de perles blanches. Au-dessus de ces étages plane le trône d'Allah le Miséricordieux, et des escaliers les unissent entre eux.

Les continents sont entourés de l'océan Bahr-el-

Mohit, qu'enveloppe la montagne circulaire appelée Kâf. Des cinq cents années de voyage qui forment le diamètre de la terre, deux cents sont occupées par la mer, deux cents par le désert inhabité, quatre-vingts par le pays de Gog et Magog, et les vingt dernières seulement sont habitées par les peuples connus. La Mekke forme naturellement le point central du monde. Elle a, au nord, le pays de Gog et Magog; au nord-est, l'Asie centrale; à l'est, le pays d'es-Sin (la Chine); au sud-est, la mer des Indes (Bahr-el-Hind); au sud, le pays des Zings ou Éthiopiens; au sud-ouest, le Soudan; à l'ouest, l'océan Bahr-el-Mohit, et enfin, au nord-ouest, le pays des chrétiens ou Francs. La partie occidentale du Bahr-el-Mohit ou océan Atlantique, s'appelle Bahr-el-Zouloumât, la mer des ténèbres : c'est là que se trouve la source de vie ou but El-Khedr, personnage mystérieux du Qoran (XVIII, 32), qui paraît correspondre à Élie ou à Élisée. Le mont Kâf est de chrysolithe verte, et c'est lui qui donne au ciel la teinte verdâtre qu'il prend parfois vers l'horizon. D'après une autre tradition, il y a encore au delà du Kâf des régions inconnues, dont une est d'or, soixante-dix d'argent, sept de musc, et qui, ayant chacune dix mille années de diamètre, sont habitées par les anges.

Au-dessous de nous, la seconde terre est habitée par les vents, la troisième et la quatrième, par les pierres et le soufre de la géhenne, la cinquième par

des serpents, la sixième par des scorpions noirs, grands comme des mulets et ayant la queue comme des fers de lance, la septième est le séjour d'Iblis (Satan) et de ses armées. Il est difficile de savoir ce qui relie ces terres; cependant, on croit que la nôtre est portée par un rocher que des veines et des racines rattachent au mont Káf, et que Dieu ordonne parfois au rocher de secouer une ou plusieurs de ces racines, ce qui produit les tremblements de terre. Ebn-el-Chench dit que, lorsque Dieu eut créé les sept terres, il s'aperçut qu'elles n'étaient pas solides. Il créa donc un ange d'une grandeur et d'une force immenses, et lui ordonna de se placer sous la terre inférieure pour la soutenir. Mais l'ange ne trouva pas d'appui pour ses pieds. Alors Dieu fit un rocher de rubis avec sept mille trous, et de chacun de ses trous sort une mer. Mais le même inconvénient se présenta pour le rocher, et Dieu fut obligé, pour le soutenir, de créer un taureau énorme ayant quatre mille yeux et autant d'oreilles, de narines, de bouches, de langues et de pieds, et chacun de ses pieds est distant des autres de cinq cents années de voyage; le nom de ce bœuf est Koutouhia. Il respire deux fois par jour, et de là résultent les marées. Pour le supporter, Dieu fit un grand poisson, « et si l'on mettait toutes les mers
« dans une de ses narines, elles paraîtraient petites
« comme un grain de moutarde. Et Dieu, dont le
« nom soit loué, ordonna au poisson de soutenir les
« pieds du bœuf, et le nom de ce poisson est Baha-

« moût. Et sous la mer sur laquelle il repose, il y a
« l'obscurité; mais ce qu'il y a sous l'obscurité,
« ajoute Ebn-el-Cheneh avec une naïveté assez sur-
« prenante chez un homme doué d'une aussi riche
« fantaisie, l'homme ne le sait pas. » D'après Ebn-
Ouardy, le poisson reposerait sur un vent étouffant,
celui-ci sur un voile d'obscurité recouvrant un
nuage, et ce qu'il y a au-dessous du nuage, nul ne
le sait.

L'enfer, de son côté, a aussi ses sept étages, dont
le premier est réservé aux mauvais musulmans; puis
viennent, les uns après les autres, ceux des chrétiens,
des juifs, des sabéens, des magiciens ou mages, des
idolâtres, et enfin le septième, par un trait de profonde morale, est destiné aux hypocrites, à quelque
religion qu'ils appartiennent.

Il y a cependant des auteurs qui croient à la roton-
dité de la terre et au système cosmographique de
Ptolémée. Ils admettent comme mesure de circonférence de la terre une étendue de vingt-quatre mille
milles, chaque mille valant trois mille aunes, l'aune
trois empans, l'empan douze largeurs de doigt, le
doigt cinq grains d'orge, et enfin le grain d'orge six
poils de mulet.

Ces croyances, où la cosmographie se mêle aux
convictions religieuses, sont un produit du moyen-
âge musulman; mais tel est l'esprit de conservation
des Arabes-Égyptiens, qu'elles ne sont pas encore
déracinées de nos jours. Sans doute la science mo-

derne a jeté au milieu de cette superstition fantastique une lumière qui tend à se répandre et gagne peu à peu du terrain; mais les hommes sont encore en bien faible quantité qui ont en géographie des connaissances exactes.

SANTONS — OUELYS.

Les musulmans ont une très grande vénération pour ceux d'entre eux qui meurent en état de sainteté. La canonisation n'est pas, comme chez les chrétiens, accompagnée de formalités et de cérémonies : l'opinion publique souvent abusée, est le tribunal qui proclame la sainteté. Les tombeaux des saints, construits dans l'intérieur des villes, restent des lieux sacrés devant lesquels le passant s'arrête pour dire une prière hâtive, et il n'est pas rare de voir près de ces tombes une construction d'utilité publique: école, fontaine, abreuvoir, quelquefois les trois réunis. C'est alors un produit de la dévotion des fidèles et non de la munificence privée. Les parents, les amis, les voisins du défunt ont cru honorer leur quartier en y perpétuant sa mémoire. Dans les campagnes on rencontre fréquemment des espèces d'oratoires surmontés d'une coupole, élevés en l'honneur de quelque saint. Un sycomore protége ordinairement de son ombrage le pieux monument ; tout à côté sont placées de grandes jarres remplies d'eau où le voyageur peut se rafraîchir en se reposant. Ce touchant exemple de la charité publique, jointe au culte des morts, ne s'arrête pas là : souvent près des jarres, sont déposés des pains et quelque menue monnaie pour les voyageurs nécessiteux.

Les idiots, les fous inoffensifs sont regardés par le peuple comme des créatures favorisées de Dieu, qui portent le sceau irrécusable de la sainteté. Leur esprit est au ciel, dit-on, et la partie la plus grossière de leur être est seule mêlée aux misères humaines. Ces hommes, que l'on appelle *santons*, agissent en toute liberté et nul ne songe à se fâcher de leurs extravagances. Ils vivent d'aumônes et attirent sur eux l'attention par mille actions bizarres et absurdes.

Les santons qui ne sont pas frappés d'idiotisme sont désignés sous le nom de *ouelys*, c'est-à-dire « favorisés du Ciel ». Ils affectent tous une monomanie différente : les uns font mouvoir leur tête en tous sens, d'autres se renferment dans un mutisme complet et se livrent à des contorsions grotesques. A l'imitation des fakirs de l'Inde, il y en a qui se vouent à d'incroyables austérités. Quelques-uns mangent tout ce qu'ils trouvent sous leur main, ou bien s'enchaînent et passent plusieurs années dans cet état. Nous en connaissons un à Boulaq qui, depuis six ans, se tient blotti nu dans un grand coffre de bois ; il passe pour un oracle, aussi vient-on le consulter de très loin. On en voit plusieurs qui jour et nuit restent debout et dorment le dos appuyé contre un mur; d'autres sont sans coiffure et laissent croître leur chevelure tantôt en désordre, tantôt peignée avec soin. On en rencontre de presque nus, portant simplement sur les épaules une peau de mouton ou de gazelle; par opposition, il en est d'autres qui sont vêtus d'une grande robe recouverte d'un manteau ouaté composé de mille petites pièces d'étoffe de toutes nuances.

Les ouelys ont la réputation de faire des miracles; ils ont un chef appelé *Qoutb*, c'est-à-dire « l'axe », autour duquel se meuvent tous les membres de la corporation. Le Qoutb est doué d'un caractère surnaturel et peut se transporter, par le seul acte de sa volonté, en tel lieu qu'il lui plait; il daigne parfois apparaître à quelques privilégiés pour les investir d'une mission occulte ou leur révéler certaines prophéties; mais ces apparitions sont de courte durée; le plus souvent il se contente de faire entendre des paroles mystérieuses qui sont toujours interprétées suivant les besoins de la situation. Le Qoutb se tient de préférence à la Mekke, sur la terrasse de la sainte Kaabah, du haut de laquelle il chante à minuit une invocation à Dieu. Lorsqu'il vient au Caire, il demeure près de la porte de Zoueyleh; il reste invisible, mais sa présence est toujours connue; elle est annoncée par quelque révélation secrète ou par quelque phénomène atmosphérique ou cosmographique; ainsi dans les mille et une façons dont les naïfs ont interprété la comète de 1882, l'une était l'arrivée au Caire du chef des ouelys.

CHARMES.

Tous les Arabes chez lesquels l'instruction n'a pas encore pénétré ont une confiance illimitée dans les talismans : les maux, les accidents de toutes sortes doivent disparaître devant la personne qui porte un *hegab* suspendu au cou ou au bras. L'amulette protectrice la plus estimée est un petit sachet de cuir contenant la copie de quelque passage du Qoran, précieusement enveloppée dans un chiffon de soie. La poussière recueillie sur le tombeau du Prophète, l'eau de la fontaine sacrée de *zemzem* dans le temple de la Mekke, sont des talismans d'une grande réputation. Quelques parcelles du tapis qui recouvre la Kaabah, appliquées sur le corps d'un malade, doivent apporter un grand soulagement à ses souffrances; son état doit s'améliorer de jour en jour, et bientôt la guérison complète vient prouver les effets du charme... à moins que le malade n'ait été condamné à mourir. Les femmes font beaucoup de cas d'un mélange de drogues préparées, vendues seulement les dix premiers jours du mois de Moharrem, et que l'on appelle *melhh moubarek* (sel béni); c'est un préservatif souverain contre le mauvais œil. Le mauvais œil (*nazârah*) est très redouté ; aussi ne peut-on jamais prendre assez de précautions pour conjurer les maléfices qui menacent l'être qui vous est cher. Si l'on remarque chez les enfants une malpropreté écœurante, c'est uniquement dans le but d'empêcher un étranger de s'écrier par exemple : Quel bel enfant! ou de lancer toute autre exclamation de ce genre, dont les effets seraient des plus pernicieux pour celui qui en aurait été l'objet. Cependant si involontairement on s'est rendu coupable du nazârah, on peut annuler ses effets en disant *mach' Allah* (la volonté de Dieu).

Les marchands du Caire placent devant leurs boutiques des inscriptions pieuses pour se mettre sous la protection divine. On y lit presque toujours les formules consacrées : *La ilaha ila Allah ou Mohammed rasoul Allah*, c'est-à-dire : « Il n'y a pas d'autre Dieu que Dieu et Mohammed est l'apôtre de Dieu » ; ou bien : *B'ism Illah er-rahman' er'rahim*, « Au nom du Dieu clément et miséricordieux ».

JOURS FASTES ET NÉFASTES.

Il est des jours heureux et des jours malheureux ; les premiers sont le lundi, consacré aux mariages ; le jeudi, appelé el-moubarek, le béni, et le vendredi, qui est le premier de tous ; le mercredi est indifférent. Les jours néfastes sont le dimanche, y compris la nuit du dimanche au lundi, pendant laquelle est mort le Prophète; le mardi, appelé jour du sang parce que plusieurs martyrs de l'islam ont péri ce jour-là, et le samedi qui est un jour maudit. Dans le courant de l'année, il y a plusieurs jours néfastes que l'on ne peut aborder sans un sentiment de crainte ; le plus redouté est le dernier mercredi du mois de Safer, pendant lequel beaucoup de personnes se font un scrupule de sortir de leurs demeures pour se mettre en garde contre les nombreuses afflictions qui tombent ce jour-là sur l'humanité.

SONGES.

L'avenir est envisagé selon la manière d'interpréter les songes. Les présages sont traités dans des grimoires expliqués par des gens qui vous disent avec un grand sérieux qu'un cheval noir annonce une perte d'argent et qu'un chat maigre prédit un divorce. Cette manière d'exploiter la crédulité publique est très répandue. Les consultations se donnent, la plupart du temps, au coin d'une rue ou au pied du mur d'un jardin. Les explications d'un songe amènent nécessairement le client à demander au sorcier quelques renseignements sur l'avenir. Celui-ci trace des signes cabalistiques sur un peu de sable fin étendu sur un foulard, ou étudie la disposition d'une poignée de coquillages répandus par terre, et termine la séance en vous vendant le plus cher possible un morceau d'écaille d'huitre, ou un mouchoir à bordure rouge que vous devrez toujours porter d'une certaine façon pour être à l'abri de tout danger.

PSYLLES.

Les charmeurs ont été renommés de tout temps en Égypte; Strabon parle de leur habileté dans l'art de fasciner les reptiles les plus venimeux, et aujourd'hui encore leur manière de conjurer les serpents a surpris plus d'un voyageur.

Les psylles ne font point partie de ces sortes de baladins ou d'escamoteurs que l'on rencontre dans les rues du Caire, et qui jonglent avec des serpents, des scorpions, des lézards, etc.; ils ont la spécialité de rechercher les serpents qui se sont introduits dans les maisons, et qu'ils prétendent attirer à eux par une vertu particulière. Armés d'une courte baguette, ils visitent minutieusement l'appartement où le reptile se tient caché, font claquer leur langue, sifflent, crachent sur le sol et prononcent l'évocation suivante :

« Je t'adjure, au nom du Dieu vivant, si tu es ici, parais! Je t'adjure par le plus grand des noms, obéis, parais! sinon, meurs!... » Le serpent le plus entêté ne résiste pas à cette injonction et arrive en rampant sous la main du charmeur.

Voulant un jour expérimenter le pouvoir des psylles, nous en fîmes venir un pour nous débarrasser, soi-disant, d'un de ces reptiles dont la présence nous incommodait. Le charmeur, en homme qui connaît son métier et qui veut gagner honnêtement son argent, explora soigneusement tous les coins et recoins de la maison : arrivé dans la cuisine, il prêta l'oreille avec attention, et déclara d'un ton parfaitement convaincu que l'hôte dangereux que nous redoutions était là... A peine l'évocation habituelle était-elle commencée, que nous vîmes apparaître un petit serpent qui nous regarda d'un air surpris, puis se dirigea docilement vers son maître. D'un coup de pincettes le reptile fut coupé en deux; le charmeur se fâcha; nous lui avions tué son gagne-pain. En effet, l'animal était dressé à ces sortes d'exercices, et ses crochets venimeux avaient été arrachés.

On peut donc souvent à bon droit soupçonner les charmeurs de supercherie. Ils trouvent le moyen, avant l'opération, d'introduire adroitement des serpents dans les maisons où ils sont appelés à exercer leur talent. Comme ces animaux, disent-ils, craignent la lumière du jour, ils vont les évoquer dans les pièces les plus obscures de l'appartement, où, à l'abri d'une surveillance rendue presque impossible, ils peuvent déposer dans quelque endroit les serpents qu'ils tiennent cachés sous leurs aisselles. Cependant, en dehors de ces tours de jonglerie, il faut convenir que les psylles de profession ont une certaine influence sur les serpents, témoin ce fait : M. T... avait rapporté de la Haute-Égypte un énorme serpent qu'il tenait enfermé dans une caisse. Un psylle fut mandé; il s'agissait de fasciner l'animal, qui était dans un complet état d'inertie, et de le rendre sensible aux incantations du charmeur. Les évocations ordinaires n'avaient produit aucun effet. Alors le charmeur, ayant placé sur une table la caisse ouverte, se retira à l'extrémité de la chambre et se mit à chanter sur un rhythme lent et monotone; ensuite il sortit une flûte de sa poche et en tira des sons doux, tantôt graves et mélancoliques, tantôt aigus et plaintifs, qui allaient en s'affaiblissant peu à peu et semblaient se perdre dans un écho lointain. Nous écoutions avec une sorte d'extase sympathique involontaire; on eût dit que nous subissions aussi les effets du charme. La flûte continuait toujours... Au bout de dix minutes, le serpent, revenu de son engourdissement, déroula son long corps et tomba lourdement sur le tapis... Le psylle s'avança doucement en poursuivant toujours sa mélodie, et comprima fortement avec son pouce la tête de l'animal qui s'étendit raide comme frappé de catalepsie.

MŒURS, COUTUMES

ENFANCE.

Le but principal du mariage, en Égypte, est la progéniture ; la stérilité est regardée comme une malédiction du ciel ; aussi la venue d'un nouveau-né est-elle toujours le sujet d'une grande joie dans la famille.

Immédiatement après sa naissance, l'enfant est remis entre les bras d'une personne du sexe masculin qui lui crie dans l'oreille droite l'*adân*, ou appel à la prière ; cette pratique a pour but d'éloigner les mauvais esprits (djinn ou ginni) et le mauvais œil (nazârah). Le nom est donné sans cérémonie, au fils par le père, à la fille par la mère. La mère a pour son enfant une tendresse, une indulgence, des attentions toutes particulières, et l'allaite elle-même. La loi lui défend de le sevrer avant l'âge de deux ans, à moins que son mari ne l'y autorise. Cette décision du Prophète paraît être dictée par une sage raison : dans un pays où les enfants succombent en très grand nombre aux affections intestinales, le lait de la mère est certainement la meilleure nourriture qu'ils puissent recevoir.

Dès l'âge le plus tendre, les enfants ne sont pas emmaillottés comme les nôtres; ils croissent librement, portés, non sur les bras, mais sur l'épaule de leur mère, et marchent au bout de six mois. Jusqu'à sept ou huit ans ils sont maigres, chétifs et d'une malpropreté affectée, toujours pour éloigner le mauvais œil. Leur ventre est très développé, ce qui vient sans doute de la mauvaise alimentation à laquelle ils sont soumis. Rien n'annonce en eux le type caractéristique qui les distingue lorsqu'ils arrivent à la jeunesse. Dans les classes inférieures, l'habillement des enfants est des plus primitifs : il se réduit à une simple chemise, ordinairement de coton bleu; quelquefois, chez les plus pauvres, ce vêtement fait complétement défaut. Dans les villages, tous les enfants vont nus jusqu'à l'âge de huit ans environ, et quand par hasard les petites filles possèdent un méchant morceau de haillon, elles s'en couvrent volontiers la tête et le ramènent coquettement sur le visage : la pudeur n'est qu'une affaire de convention. Les Arabes du vulgaire ont la tête rasée; c'est vers l'âge de deux ou trois ans que les parents soumettent les garçons à cette coutume; on leur laisse seulement sur le sommet du crâne une touffe de cheveux par laquelle, pensent-ils, le bon ange emporte l'âme après la mort.

Jusqu'au jour où ils doivent être circoncis, les enfants des riches sont élevés dans le harem, où l'on ne leur enseigne guère que quelques pratiques religieuses et les premiers chapitres du Qoran, qui leur sont expliqués par un vieil imam. La première éducation exerce toujours une certaine influence sur l'homme; il est évident que celle que reçoivent ainsi les jeunes musulmans dans la société exclusive des femmes doit laisser des traces profondes sur toute leur vie. En général, les enfants prennent dans le harem des mœurs très douces; ils ne sont pas folâtres, espiègles comme les autres enfants de leur âge; on forme au contraire leur caractère au calme, à la réserve, et on les initie au bon ton de l'étiquette musulmane. A défaut d'instruction proprement dite, ils contractent dans le harem un respect profond pour leurs parents. Dans les classes aisées, l'enfant salue son père le matin en lui baisant la main, puis il attend, dans une attitude respectueuse, une caresse, un ordre ou la permission de s'éloigner; les cadets montrent la même déférence pour leurs aînés.

La superstition du peuple a malheureusement encore une influence pernicieuse sur l'enfance. Toujours dans la crainte du mauvais œil, les mères négligent jusqu'à la sordidité la toilette de leurs enfants, croyant ainsi détourner du pauvre petit être les regards envieux. Persuadées que laver les yeux nuit à la vue, elles laissent les paupières de leurs enfants dans un état de malpropreté qui fait mal à voir. Ces malheureux, sans cesse en proie à des essaims de mouches collées sur leur visage, cherchent à peine à se débarrasser d'une torture à laquelle ils finissent par s'habituer. L'inflammation qui résulte d'un pareil état est la principale source des ophthalmies qui désolent l'Égypte.

CIRCONCISION.

La circoncision a lieu entre six et neuf ans, et coïncide avec le moment où l'enfant sort du harem. L'époque à laquelle cette cérémonie doit avoir lieu n'est pas exactement précisée; il faut néanmoins que l'enfant n'ait pas atteint l'âge de la puberté, parce qu'alors il est astreint à la prière, et qu'il ne serait pas regardé comme étant en état de pureté recommandée par la religion s'il n'était pas circoncis.

L'usage veut qu'avant l'opération, le petit garçon (*moutaher*) soit promené dans les rues qui avoisinent la demeure des parents, au son d'une musique bruyante. Très souvent, par raison d'économie, plusieurs familles font la cérémonie en commun, ou bien l'on attend qu'un mariage ait lieu dans le quartier, et les deux processions se font en même temps. Autrefois l'enfant était promené sur un cheval tout chamarré de clinquant; aujourd'hui on le place dans une voiture découverte, et, pour conjurer le mauvais œil, on l'affuble d'un riche costume recouvert d'ornements éclatants qui doivent attirer les regards et les détourner de l'enfant; par surcroît de précaution, on lui fait tenir sur la bouche, avec la main droite, un mouchoir blanc brodé qui lui cache presque tout le visage, et une femme répand autour de lui le *melhh moubarek* (sel béni).

Le domestique du barbier qui doit procéder à l'opération, ouvre la marche, portant sur sa tête en guise d'enseigne, le *heml*, espèce de caisse demi-cylindrique ornée de plaques de cuivre et surmontée de huit ou dix petits clochetons de même métal; cette caisse contient ou est censée contenir les instruments du barbier. Quelquefois on fait une visite à la mosquée la plus proche où de jeunes écoliers, conduits par un *aarif* (moniteur), psalmodient des prières pour attirer sur le *moutaher* la protection de Dieu et l'intercession du Prophète. Ensuite on ramène l'enfant dans sa famille, où un dîner est préparé. C'est ordinairement à l'issue du repas que le barbier, qui joue pour la circonstance le rôle de personnage important, se fait amener l'enfant dans un appartement éloigné, et pratique sur lui l'opération, au milieu du bruit assourdissant des cymbales qui étouffent les cris du patient. Les convives félicitent alors le nouveau circoncis, lui font quelques cadeaux, et passent une partie de la nuit à boire et à fumer, sans se préoccuper davantage de l'incident.

La circoncision est considérée comme marquant la séparation entre deux phases de la vie : elle clôt l'enfance; après avoir été circoncis, le jeune musulman est presque considéré comme un homme. S'il est riche, il sort du harem où il a reçu une première éducation, et ses études prennent une tournure plus grave; s'il est pauvre, il commence à aider ses parents dans l'exercice de leur profession.

MARIAGE.

Le mariage est considéré par les musulmans comme une obligation morale, à laquelle il est mal de chercher à se soustraire. Sans imposer le mariage, la religion veut toutefois qu'un homme prenne femme dès qu'il a atteint l'âge requis par la raison, et qu'il n'y est empêché par aucun obstacle majeur. Souvent même les parents, soit dans le but d'une alliance avantageuse et dans la crainte qu'elle ne leur échappe plus tard, soit pour toute autre raison d'intérêt ou pour simple affaire de convention, marient leurs enfants dès l'âge le plus tendre, et gardent les jeunes époux, chacun dans sa famille, jusqu'à l'époque de la puberté. Voici ce qui est dit à ce sujet dans l'article 56 du *Droit musulman :*

« La femme mariée trop jeune ne doit pas être conduite chez son mari avant d'être en état de remplir le but du mariage. Son père, qui ne pourra pas être contraint à la livrer, aura le droit de demander et de toucher pour elle la partie exigible de la dot. — En cas de contestation entre le mari et le père de la jeune femme, relativement à son état, le magistrat préposera une ou deux matrones de confiance pour examiner la constitution de la jeune fille. Si le rapport des matrones confirme la prétention du mari, la femme sera conduite au domicile conjugal; dans le cas contraire, elle continuera à garder provisoirement la maison paternelle. — C'est la constitution physique et non l'âge qu'il faut consulter [1]. »

Le musulman peut contracter mariage avec une chrétienne ou une juive, qu'elle soit sujette de l'État ou étrangère; les enfants issus de cette union devront suivre la religion de leur père. La différence de religion ôte tout droit à la succession de la femme par le mari et du mari par la femme. Quant à la femme musulmane, elle ne peut épouser qu'un musulman (V. art. 120 et suiv.)

Le code de l'islam est d'une extrême sévérité pour ce qui touche la délicatesse de l'union conjugale. Ainsi, outre les cas naturels où le mariage est défendu, un musulman ne peut épouser sa nièce, sa belle-fille, sa sœur de lait, ni une femme qu'il aura répudiée trois fois, à moins qu'elle n'ait été remariée et répudiée par le dernier mari. L'union contractée avec la sœur de l'épouse, sans que celle-ci soit répu-

---

[1] Droit musulman. — Statut personnel. Alexandrie, *Mourès*, 1875.

diée, est également entachée de nullité radicale (art. 131, 375 et suiv.).

Le père de famille a le pouvoir d'imposer le mariage à ses enfants mineurs, garçon ou fille; mais la femme libre et majeure doit être consultée et appelée à donner son consentement. « Si, consultée avant le mariage, dit l'article 53, ou instruite après sa conclusion, par un proche parent ou par son mandataire, ou par un tiers irrécusable, la fille *bikr* (vierge) se tait volontairement après avoir eu connaissance du mari auquel elle est destinée ou auquel elle a été unie, et de la valeur de la dot assignée à son profit, ou si elle sourit sans moquerie ou si elle pleure sans cris, le silence, le sourire et les pleurs équivaudront à un consentement s'ils ont lieu avant la conclusion du mariage, et à une ratification s'ils ont lieu après. » L'article suivant ajoute : « La femme *saïb* (déflorée) ne pourra être mariée qu'autant qu'elle y consentira par des paroles ou par un acte qui laisse à présumer son adhésion; et si, consultée comme il est dit plus haut, elle se tait, son silence n'aura pas la valeur d'un consentement. »

Lorsqu'un homme a fait demander une jeune fille en mariage et que les conditions de la dot sont acceptées, le prétendant peut voir la figure et les mains de sa fiancée, « car, disent les musulmans, la figure est le siège de la beauté, et les mains font connaître la conformation du corps ». Le mariage est, en Égypte, un acte de convention privée qui n'exige ni sanction religieuse, ni formalité civile : l'union est arrêtée par le consentement des époux exprimé devant deux témoins. La femme se fait représenter par un *ouàly* ou mandataire qu'elle a le droit de choisir elle-même si elle est majeure, mais qui est ordinairement son père ou son tuteur dans le cas contraire. — « Je t'épouse (*zaouagtak*) », dit simplement le représentant de la future au prétendant. — « Je te reçois (*gabetak*) », répond celui-ci. Quelquefois, et surtout quand la femme est présente à la conclusion de son mariage, on emploie une formule plus explicite. Par exemple, le prétendant dit à l'ouàly que la femme a choisi pour porter la parole en son nom : « M'accordes-tu la main d'une telle, à la charge par moi de lui apporter une dot de tant? » L'ouàly répond : « Je t'accorde pour femme et épouse une telle, à la charge par toi de lui payer une dot de telle valeur. » C'est à ce moment même que le rire, le silence ou les pleurs de la jeune fille doivent tenir lieu d'adhésion. Les nouveaux époux vont ensuite faire déclaration de leur mariage au cadi. Un grand nombre négligent de remplir cette formalité, qui du reste n'est pas absolument nécessaire pour la validité du mariage.

Dot. — Le mari doit toujours apporter à sa femme une dot dont le minimum est fixé par la loi. Dans une société où le divorce est permis, cette loi est une sage mesure de prévoyance, car elle assure quelque dédommagement à l'épouse répudiée. On peut constituer en dot des immeubles, des effets mobiliers, des bijoux, des bestiaux, et même l'usufruit des biens meubles et immeubles. La dot peut être payée intégralement à la célébration du mariage ou après, à échéance plus ou moins longue ou partagée en deux parties, l'une payable au moment de l'acte, l'autre à termes, suivant les usages de chaque localité. La dot appartient à la femme seule ; elle a le droit d'en disposer dans tous les cas sans avoir besoin de l'autorisation de son mari ; elle peut l'aliéner, l'engager, l'affermer et en faire donation à son mari, à ses parents ou à des tiers.

Cérémonies du mariage. — C'est ordinairement huit ou dix jours après la conclusion du contrat que commencent les cérémonies du mariage. Les jours choisis pour la célébration des noces sont le lundi, le mercredi, le jeudi et le vendredi, les autres jours étant réputés néfastes. Le mariage est annoncé au public par une quantité de petits drapeaux rouges et verts, au croissant blanc, parsemés d'étoiles, et fixés à des ficelles tendues d'un côté à l'autre de la rue, aux abords de la maison de chacun des époux. L'avant-veille du mariage, la jeune femme se rend au bain en grande pompe, sous un dais, le corps enveloppé dans un grand voile rouge, la tête et la poitrine ornées de bijoux. Le cortége est composé des parentes et des amies de la mariée, et précédé de musiciens et baladins Au bain l'épouse est peignée, tressée, parfumée et pour la première fois épilée. En outre on lui peint avec du *henné* les ongles, la paume des mains, les orteils et la plante des pieds; le henné laisse sur la peau une couleur de rouge orangé dont l'empreinte dure plusieurs jours. Elle est ensuite ramenée chez son père, dont la maison est brillamment illuminée, et où les invités se livrent à des réjouissances à la manière orientale.

Lorsque l'épouse est conduite dans la demeure de son mari, on déploie le même cérémonial que celui de la visite au bain. Le cortége marche lentement et fait de grands détours pour donner plus de relief à la solennité et en rehausser l'éclat. Les femmes poussent de temps en temps une sorte de cri aigu trembloté, appelé *zagharit*, en signe d'allégresse.

Pendant qu'on promène ainsi l'épouse, le mari est tout entier à ses invités. La cour de la maison est richement décorée et éclairée par des lustres en cristal et des girandoles en verres de couleur. Au milieu de la cour est une sorte d'estrade carrée formée par des bancs sur lesquels sont installés des chanteurs et des musiciens. Le mari reçoit les félicitations de ses amis et veille au service. Le café, le tabac, les sorbets circulent avec profusion; les tables, confortablement servies, se succèdent avec rapidité. Ces tables sont de grands plateaux circulaires placés sur des escabeaux, et autour desquels se pressent dix ou douze convives. L'étiquette en pareil cas, sauf de rares exceptions, veut que l'on mange avec les doigts, et que l'on arrose avec l'eau délicieuse du Nil, bue dans un verre commun à toute la table, les douze ou quinze plats (souvent davantage) dont se compose le dîner oriental.

Un festin non moins somptueux attend l'épouse à son arrivée. Le mari n'y assiste pas ; il reste parmi ses invités jusqu'à une heure assez avancée de la soirée. Enfin l'impatient époux est conduit dans l'appartement de sa femme ; mais auparavant ses amis lui font faire une petite promenade hors de sa maison, à la lueur des bougies et aux sons discordants des instruments de musique conduits par des artistes qui sont censés exécuter, dans ce moment suprême où l'Amour va rejoindre Psyché, les morceaux les plus harmonieux de leur répertoire. C'est à l'issue de cette sorte de retraite aux flambeaux que le marié entre dans le harem où l'attend son épouse.

En vertu d'une très ancienne coutume qui a force de loi, le mari ne doit communiquer avec sa femme que sept jours après qu'il s'est assuré de sa vertu. Le moyen qu'il emploie pour arriver à cette constatation n'est pas entouré d'un pudique mystère : c'est en présence des mères, de plusieurs parentes et de plusieurs matrones, que le mari se rend compte de la chasteté de son épouse, au moyen de l'index de la main droite enveloppé d'un mouchoir de mousseline blanche, qui est ensuite exhibé aux assistantes. La malheureuse qu'une faute, une maladie ou un vice de conformation empêcherait de fournir ce témoignage de sa virginité, serait sur-le-champ renvoyée par son époux. Heureusement ces cas sont très rares, et il est aisé de suppléer par des moyens factices aux indices naturels dont une jeune fille peut avoir été privée par quelque accident.

Devoirs de l'époux. — D'après le code musulman, le mari n'est obligé judiciairement de ne cohabiter qu'une seule fois avec sa femme durant toute la vie conjugale (art. 151). Il doit traiter sa compagne avec bienveillance et pourvoir à son entretien (art. 150). Tout homme libre peut épouser jusqu'à quatre femmes, même par un seul acte (art. 19); il est obligé de passer alternativement dans l'habitation de chacune de ses femmes, vingt-quatre heures, ou trois jours, ou sept, selon la durée du tour et l'ordre qu'il a le droit de fixer et d'établir lui-même (art. 154), sans avantager aucune d'elles au préjudice de la femme intéressée, à moins que cette dernière n'ait donné son consentement (art. 155), ou qu'elle n'ait renoncé à ses droits en faveur d'une de ses co-épouses (art. 156).

Dissolution du mariage. — Le mari a seul le droit de recourir à la voix répudiaire pour dissoudre le mariage. La répudiation prononcée, même par contrainte ou par plaisanterie, produit son effet, pourvu que le mari se serve d'une certaine formule qui contienne le mot *talak* (répudiation), art. 217 — 225. Il peut juridiquement divorcer, moyennant qu'il donne en compensation à sa femme une somme supérieure à la dot qu'il lui a payée (art. 276). En cas d'apostasie de l'un des époux musulmans, le divorce est établi de droit, sans qu'il soit besoin de recourir à une décision judiciaire (art. 303).

Chez les Coptes, c'est le prêtre qui dresse le contrat et qui fixe le temps nécessaire pour les préparatifs de la noce. Le contrat est établi d'après une somme d'argent que donne le futur. L'épouse ne touche que la moitié de cette somme, appelée *dakhleh*, c'est-à-dire l'entrée; l'autre moitié, dite *el-khargeh*, ou la sortie (de ce monde), est destinée à son enterrement. Si le mari meurt le premier, la femme prélève cet argent sur la succession.

Trois jours avant le mariage, le futur doit prévenir la famille de sa fiancée que l'on conduit immédiatement au bain avec le même cérémonial que chez les musulmans. Le jour des noces la jeune fille, le visage couvert, est conduite dans la maison du mari, à la deuxième heure de la nuit (deux heures après le coucher du soleil). Au moment où elle entre, on égorge devant elle un mouton sur le sang duquel on la fait passer; c'est un présage de longs jours heureux. Les fiancés reçoivent la bénédiction nuptiale en présence des parents et des invités; ensuite le prêtre leur met au doigt un anneau béni. Vers le milieu du festin, on apporte sur la table deux pigeons emprisonnés sous une légère croûte de pâtisserie que le plus vieux des convives brise avec une baguette; aussitôt les pigeons prennent leur vol :

4.

c'est un nouveau présage de bonheur que rien ne saura désormais altérer. La nuit se passe en divertissements. Avant l'aurore, le père du marié prend l'épouse dans ses bras et la porte dans la chambre nuptiale. Pour le reste de la cérémonie, les coptes suivent les mêmes usages que les musulmans et comme eux sont soumis aux mêmes lois.

L'Orient est la terre de la défiance parce qu'elle fut toujours celle de l'exaction; on y cache son bien comme ailleurs on en fait parade; on se rappelle le temps, qui n'est pas très éloigné de nous, où il n'était pas prudent de produire son bien au grand jour, de peur d'éveiller la cupidité des maîtres toujours prêts à s'en emparer. Il résulte de cette méfiance universelle, qui n'a plus de raison d'être aujourd'hui, un usage assez bizarre en apparence : beaucoup d'Égyptiens musulmans, chrétiens ou juifs, placent en pierreries une partie notable de leur capital et les font passer sur la tête de leurs épouses; dès lors ce capital devient inviolable, sacré, et il échappe sous cette forme à tout danger de spoliation, par suite de la protection dont la législation musulmane couvre la propriété des femmes.

FUNÉRAILLES.

Tant qu'un musulman qui est à l'agonie respire encore, les assistants demeurent calmes et froids. C'est en vain qu'un médecin les avertit que la mort approche; ces paroles ne les émeuvent pas; ils sont tellement persuadés que Dieu seul peut connaître ce qui doit arriver, qu'il n'appartient à aucun homme de se prononcer, même à la dernière minute et malgré les symptômes les plus alarmants, sur le sort d'un être qui donne encore signe de vie. Mais lorsque le moribond a rendu l'âme, la douleur se manifeste tout d'un coup par des cris déchirants accompagnés des marques du désespoir le plus violent. Les femmes se frappent la poitrine et la figure, s'arrachent les cheveux et font entendre des lamentations lugubres entrecoupées d'exclamations à l'adresse du défunt. A la mort d'un père de famille, par exemple, les femmes s'écrient : « O notre maître! ô puissant dromadaire qui portais notre nourriture et qui soutenais le fardeau de notre existence! ô lion regretté, notre unique appui!... etc., pourquoi nous as-tu abandonnés? Que te manquait-il au milieu de nous? nos soins n'ont-ils pas été assez dévoués? notre soumission n'était-elle pas sans bornes? les témoignages de

notre amour n'avaient-ils pas touché ton cœur?... »
Les femmes du voisinage viennent unir leurs gémissements aux plaintes de la veuve. Souvent on appelle des *neddabeh* (pleureuses) qui, au milieu de sanglots étouffés, font une énumération exagérée et banale des qualités physiques et morales du défunt. Les hommes conservent presque toujours leur impassibilité dans ces moments pénibles. Leur douleur ne se révèle pas par des signes extérieurs; ils évitent pendant plusieurs jours la société de leurs amis, comme pour concentrer encore plus en eux-mêmes le chagrin qu'ils éprouvent, et méditer dans le recueillement sur la perte cruelle qui les a éprouvés.

Avant l'ensevelissement, on laisse quelques instants le mort exposé, le visage tourné vers la Mekke; un mouchoir passé sous le menton et noué sur la tête, lui maintient la bouche fermée. Des *fiqi* accompagnés de jeunes écoliers, viennent sur le seuil de la porte réciter des versets du Qoran. Pendant ces prières le corps est lavé, épilé, purifié de toutes souillures, puis enveloppé dans un suaire de toile neuve ou de soie. Ensuite on le dépose dans une bière par-dessus laquelle on étend un châle ou un drap rouge orné de broderies. A l'avant, cette bière est surmontée du poteau qui supporte, suivant le rang ou la distinction de la personne décédée, si c'est un homme, son tarbouche, sa ceinture, son sabre, etc. ; si c'est une femme, ses voiles brodés garnis de sequins, ses colliers et tous ses bijoux. Le corps est porté sur les épaules d'une dizaine d'hommes, souvent davantage, qui se pressent autour du cercueil. Le convoi est précédé d'un groupe d'aveugles et d'enfants qui chantent la profession de foi musulmane. *La ilaha ila Allah ou Mohammed rasoul Allah.* Ensuite viennent les serviteurs du mort, puis les pleureuses vêtues de longues robes bleues, la figure et les mains souillées de cendre ou teintes en indigo en signe de douleur, et agitant des mouchoirs de couleur qu'elles tortillent en faisant des contorsions ridicules, et en poussant en guise de pleurs, de petits cris stridents. Le cercueil s'arrête un instant dans une mosquée, puis reprend sa marche vers le cimetière. Sur le bord même de la tombe, le corps enveloppé de son linceul est retiré de la bière, et déposé dans sa dernière demeure, la tête tournée vers l'Orient.

Dans les enterrements de premier ordre, le cortége funèbre est précédé d'un *kaffâra*, sorte de convoi expiatoire composé de chameaux portant des caisses pleines de pains, d'oranges, de dattes, etc., que l'on distribue aux pauvres pendant la marche, et de buffles destinés à être égorgés sur la tombe. Les amis du défunt, placés sur deux files, portent en forme de tablier un grand foulard en soie rayé de couleurs éclatantes et tiennent à la main un *asqi*, sorte de brûle-parfum d'argent suspendu à des chaînettes, dans lequel brûlent des plantes aromatiques ou de l'encens.

Les prières et les lamentations pour les morts durent trois jours consécutifs, puis recommencent le jeudi de chaque semaine pendant quarante jours. Tous les vendredis, il est d'usage d'aller de grand matin prier sur la tombe d'une personne dont le souvenir est cher; on a soin d'y porter des pains, des fruits, etc., destinés aux pauvres, afin d'attirer les faveurs célestes sur l'âme de celui qui n'est plus.

ESCLAVAGE.

La traite des esclaves n'existe plus en Égypte, et c'est au khédive Ismaïl que revient l'honneur d'avoir décrété l'abolition de l'esclavage dans ses États. Des expéditions militaires ont été dirigées contre les *gellabs* qui exploitaient ce honteux trafic; de nombreux convois de marchandise humaine ont été confisqués et les marchés publics sont à jamais fermés. Malgré l'exécution de ces mesures philanthropiques, et la sévérité des lois sur la répression de la traite, il y a encore des marchés secrets, même au Caire. Dans la Haute-Égypte, principalement à Qeneh et à Esneh, rien n'est plus facile que d'acheter un esclave noir.

Le mot esclavage comporte avec lui une signification qui ne doit pas être appliquée à la servitude telle que la comprennent les musulmans; chez eux cette condition n'est ni cruelle ni flétrissante, elle ne considére pas l'esclave comme une chose, un objet matériel ainsi que le faisait la loi grecque ou romaine, et n'est pas souillée par les actes de barbarie que l'on a si souvent remarqués chez les colons d'Amérique, par exemple, qui n'estiment dans le nègre qu'une valeur purement matérielle. Le musulman au contraire voit toujours un homme dans son esclave, dont l'état est minutieusement réglé par la loi religieuse; il le traite avec bienveillance, de telle sorte qu'on pourrait dire qu'un esclave, en Égypte, est souvent moralement plus rapproché de son maître qu'un domestique en Europe. Aujourd'hui la liberté accordée aux esclaves leur permet de vivre à leur guise sans être inquiétés; cependant très peu profitent de ce privilége : ils préfèrent leur état de servitude exempte de toute oppression, à l'insécurité d'une situation qui souvent ne serait pour eux qu'une source de peines et d'embarras.

Loin d'être malheureuse, la condition des esclaves en Égypte les élève presque toujours au-dessus de celle d'où ils ont été tirés. Beaucoup d'entre eux, les blancs principalement, sont arrivés aux postes les plus éminents. Un enfant né d'une esclave est l'égal de l'enfant légitime, et s'il est l'aîné de la famille, il a droit à toutes les prérogatives attachées à son rang. Cette fameuse milice des mamelouks qui a si longtemps gouverné l'Égypte, ne se recrutait que parmi les esclaves. Ali-Bey, Ibrahim-Bey, le farouche Mourad-Bey défait à la bataille des Pyramides, avaient été achetés dans les bazars. Aujourd'hui encore il n'est pas rare de rencontrer un officier supérieur ou un fonctionnaire de haut rang qui a été esclave dans sa jeunesse; on en voit même, devenus fils adoptifs, ayant reçu une éducation soignée, épouser la fille de leur maître.

HAREM.

Le harem est la partie de la maison exclusivement réservée au logement des femmes. En Europe on se fait généralement une fausse idée du harem; ce mot est souvent confondu avec *sérail* qui signifie palais. Les Orientaux désignent sous le nom de harem, non-seulement l'appartement spécialement affecté aux femmes, mais encore tout le personnel que cet appartement renferme. La distribution intérieure du harem n'a rien de particulier : c'est d'abord le divan, salle de réunion où les dames de la maison se voient entre elles et reçoivent les visites de leurs amies, puis des chambres particulières et d'autres pièces pour les esclaves et les besoins du ménage. On évite autant que possible d'avoir des fenêtres sur la rue; elles donnent presque toutes sur un jardin ou sur une cour intérieure, et de plus sont protégées par un léger grillage en bois à lames fines et serrées, qui oppose une barrière aux regards indiscrets.

Bien des gens s'imaginent volontiers qu'un harem est une sorte de lieu de débauche, où le libertinage d'un peuple énervé a placé le foyer des jouissances lascives. C'est là une grande erreur... L'aspect moral et social de la vie de harem, notamment en ce qui touche la famille, doit être envisagé en toute franchise et sans arrière-pensée si l'on veut en avoir une juste idée. On a souvent attribué à tort la création de la polygamie et surtout du harem aux musulmans, sans se rappeler que leurs institutions religieuses et sociales dérivent de celles des juifs. L'antique loi israélite ne reconnaissait-elle pas le fils de l'esclave comme celui de la femme libre? N'avons-nous pas sous les yeux, entre des milliers d'exemples, la vie d'Abraham, Sarah et Agar, de Jacob, Lia et Rachel? sans parler de David et de Salomon. Des douze patriarches, quatre étaient fils de mères esclaves, et partagèrent avec leurs frères l'honneur d'être les ancêtres du peuple de Dieu.

Il ne faut pas croire que dans les harems, même dans ceux qui comptent un grand nombre de femmes, toutes soient pour le plaisir du maître. Le harem d'un homme riche nécessite un grand train de maison. Des grades distincts marquent les degrés de servitude. Les esclaves qui appartiennent au maître occupent le premier rang; viennent ensuite celles des femmes légitimes; celles qui sont attachées aux enfants, suivant l'âge de ces derniers; celles des esclaves-mères, puis enfin les esclaves des esclaves; ces dernières sont presque toujours des négresses originaires de l'Abyssinie ou des contrées du Soudan Égyptien.

Les principales esclaves de chaque catégorie sont nommées *calfas;* elles sont l'objet d'une grande déférence et, au bout d'un certain nombre d'années de service, on leur trouve un époux, en même temps qu'elles reçoivent une maison avec des esclaves, et une allocation mensuelle. L'espoir de cet établissement les rend intéressées à s'attirer les bonnes grâces du maître ou de la maîtresse. Il en résulte de fréquentes injustices de la part des calfas envers les esclaves inférieures qu'elles sont chargées de dresser et de surveiller, et sur lesquelles elle rejettent leurs propres fautes.

Les esclaves sont particulièrement attachées au service de qui les commande, et chacune a des attributions qui lui sont propres et desquelles elle ne se dessaisit presque jamais. Ainsi la maîtresse n'aurait garde de donner à la *hasnagîeh* (femme de chambre) un ordre concernant la *chiboukieh* (préposée aux chibouks), et ne se permettrait même pas de demander la chose la plus insignifiante à l'esclave d'une visiteuse. Si une esclave se trouve sur le passage de son maître au moment où il traverse le harem, son devoir est de se tenir debout, immobile, les mains croisées, jusqu'à ce qu'il soit hors de vue ; continuer une occupation commencée passerait pour une irrévérence. Le maître ne possède en réalité, dans le harem, qu'une seule chambre dans laquelle il pénètre par une porte communiquant avec le *salamlik*, ou salon de réception des hommes; ses esclaves seules y ont accès pour le servir ; les autres n'approchent même pas du corridor qui conduit à cette pièce.

D'après la loi musulmane, les enfants de mères esclaves sont légitimes et, à la mort du père, ils ont une part proportionnelle à sa fortune avec les enfants des épouses. Les esclaves-mères ont dans le harem un rang reconnu, une position marquée, bien que toujours subordonnée à celle des épouses, en présence desquelles elles se tiennent debout dans une attitude respectueuse. Le rang de l'esclave-mère dépend du sexe de l'enfant : elle a le titre de *oum-el-bey* ou de *oum-el-hanem*, suivant qu'elle est mère d'un garçon ou d'une fille.

Pendant le repas, les esclaves-mères servent elles-mêmes leurs enfants. Derrière elles se tiennent des servantes pour apporter les mets. La *kyahia*, ou intendante, veille à ce que le service soit bien fait.

Les esclaves qui appartiennent à une maîtresse sont plus heureuses que celles qui sont au service d'un maître, parce qu'elles ne sont pas exposées aux effets de la jalousie. Ce sont en général de jeunes filles qui vivent fort retirées; aussitôt que leur ouvrage du matin est terminé, elles se réunissent dans une chambre du harem, où quelque vieil Arabe vient leur donner des leçons de musique sous l'œil hébété d'un eunuque renfrogné.

Les femmes légitimes occupent des appartements séparés, ou des maisons communiquant l'une avec l'autre; chaque épouse a autour d'elle une sorte de petite cour composée d'esclaves ou de favorites attachées à sa personne, et dont chacune a la responsabilité d'un service particulier. C'est un honneur pour une dame d'avoir beaucoup d'esclaves. Autrefois quand elle sortait, elle les menait à sa suite et en faisait parade comme d'un luxe brillant.

Les musulmanes sont loin de se considérer malheureuses dans la vie de réclusion que leur impose le harem. Nées pour la plupart dans son enceinte, elles y ont grandi sans savoir qu'il pût exister, parmi les autres personnes de leur sexe, un autre séjour et une manière de vivre préférables; elles regardent comme n'étant pas de bon ton la liberté dont jouissent les Européennes. C'est le harem qui a été le théâtre des jeux de leur enfance, de leurs premières joies, de leurs premiers soucis. L'habitude, dit-on, est une seconde nature, la vie du harem est à ce titre la nature pour les filles de l'Orient : accoutumées à se mouvoir dans un cercle dont elles connaissent les limites, la pensée ne leur vient même pas de le franchir. Lorsqu'arrive l'époque du mariage, elles passent du harem de leur mère dans celui de leur époux; elles sont entourées de jouissances nouvelles, et leur cœur, dans lequel une éducation raffinée n'a pas allumé des passions inquiètes et dangereuses, va au-devant du bonheur que leur offre la vie qui s'ouvre à elles. Les soins que leur époux leur prodigue rendent ce bonheur facile à atteindre. Tout ce qu'un musulman a de beau et de riche, il le consacre à son harem ; il aime à déployer dans les appartements de ses femmes une somptuosité éclatante, tandis qu'il se contente pour lui-même d'un logement relativement modeste ; ses dépenses sont particulièrement affectées à l'achat de chevaux et d'équipages de luxe. Du reste, bien que les femmes passent pour être esclaves en Orient, là comme partout ailleurs elles exercent une grande influence. Plus d'un événement politique a eu son ressort caché dans les mystères du harem ; plus d'un chef d'État a souvent accordé aux irrésistibles sollicitations d'une épouse favorite, la nomination d'un fonctionnaire ou l'avancement rapide d'un officier de sa cour.

La vie quotidienne des esclaves-mères est excessivement monotone ; elles n'ont pas de devoirs spéciaux comme les calfas, et ne jouissent guère de leurs enfants qui sortent très souvent du harem pour aller à la promenade en compagnie d'une institutrice ou d'une gouvernante, et escortés d'un eunuque. Les mères ainsi livrées à une triste solitude, passent leur temps à se visiter entre elles ; elles occupent leurs loisirs à jouer, et s'estiment très heureuses quand une marchande obtient la permission de leur apporter des étoffes, des dentelles et divers autres articles, ce qui leur fournit l'occasion de dépenser les quelques livres qui leur sont allouées mensuellement. Cette monotonie n'est rompue que par la promenade du vendredi.

Les femmes légitimes ont une vie moins uniforme ; elles reçoivent et rendent fréquemment des visites. Durant ces visites, elles s'étendent sur le même divan, s'appellent mutuellement *kardach* ou *okht* (sœur) et, tout en fumant leur cigarette, usage qui aujourd'hui a remplacé le chibouk, elles se racontent les incidents de leur vie intérieure et les nouvelles qu'elles ont apprises par les dames européennes qui sont venues les voir. Dans leurs heures d'ennui, elles invitent les esclaves-mères à venir les amuser par leur babil et à jouer aux cartes ou au trictrac. En général, elles ne reçoivent guère d'éducation ; aussi s'en trouve-t-il parmi elles de fort ignorantes qui sont obligées d'avoir recours à la *katib*, secrétaire féminin, chargée de tenir les comptes et la correspondance de la maison. Il n'y a pas encore trente ans, il était très rare de rencontrer une musulmane sachant lire et écrire ; elles s'adonnaient de préférence à la couture, au tissage et à la broderie ; mais aujourd'hui l'instruction s'est beaucoup répandue dans les harems, et l'on voit fréquemment des dames et des jeunes filles parlant et écrivant l'arabe, le français, l'anglais et le turc. Très souvent, au sein même du harem, lorsque plusieurs musulmanes de distinction sont réunies, la conversation s'établit en français. La loi de l'islam ne soumet pas les femmes à l'observance des devoirs essentiellement religieux : une dame de haut rang ne va pas à la mosquée ; elle est censée faire cinq fois par jour sa prière chez elle.

Les calfas ont chacune leur occupation spéciale qui les garantit de l'ennui. Il ne faut pas oublier qu'elles ne sont que d'un degré au-dessous des *oum-el-bey* et des *oum-el-hanem*. Quelques-unes d'entre elles ayant été au nombre de ces dernières, ont eu le malheur de redescendre au rang des calfas après avoir perdu leur enfant, en attendant qu'un mariage vienne les tirer de cette position anormale. Les calfas qui appartiennent à un pacha sont à la merci des épouses, tout autant qu'Agar était à la merci de Sarah. Abraham reconnaissait lui-même cette dépendance lorsqu'il disait à sa compagne : « Ta servante est dans ta main, fais-en ce qu'il te plaira. » Seulement Agar ne vivait pas en recluse ; si sa maîtresse la maltraitait, elle pouvait fuir ; mais il n'en est pas de même des esclaves en Égypte : si l'une d'elles tentait de s'évader, elle serait bientôt découverte et sévèrement châtiée. Et puis, en supposant qu'elle réussit dans son évasion, que deviendrait-elle ? L'esclavage étant aboli en principe, elle ira à la Préfecture de police se faire délivrer une « carte d'affranchissement », c'est son droit ; mais après ? Cette femme qui n'a jamais connu la liberté, ne saura qu'en faire, et à l'exception de quelques cas extrêmement rares où l'intrigue est en jeu, elle sera bien aise d'aller implorer son pardon, et de supplier son ancienne maîtresse de la reprendre comme esclave.

Si une calfa devient mère, elle a dès lors ses appartements particuliers avec des esclaves pour la servir, elle et son enfant. L'épouse peut par jalousie négliger la mère, mais elle témoigne un intérêt vrai ou simulé à l'enfant qu'on lui apporte chaque jour pour être caressé. Lorsque l'enfant a huit jours, la mère et lui ont à subir les visites, les compliments, les réjouissances et la musique obligée, indispensable, sans laquelle il n'y a point de fête. Dans ces occasions les épouses doivent au moins faire une apparition dans l'appartement de la mère; leur visite, si courte qu'elle soit, est une félicitation, une marque de bienveillance du moins envers l'enfant.

Une observation frappante sur la vie du harem, c'est la constante répression de tout sentiment extérieur chez les esclaves lorsqu'elles sont en présence de leur maîtresse. Elles exercent un tel empire sur elles-mêmes, qu'il est impossible par moments de lire sur leur physionomie ou dans leurs yeux ce qui se passe dans leur cœur. Cette faculté de dissimuler est une sauvegarde que les circonstances semblent justifier dans certains cas. Une fois hors de vue et au milieu de ses pareilles, l'esclave jette le masque et donne un libre cours à son humeur naturelle.

Les Égyptiennes élevées dans des habitudes d'indolence, deviennent paresseuses et molles. Leur principal objet est de plaire à leur époux. En général elles ont beaucoup de penchant à la volupté ; forcées de rester vertueuses jusqu'à l'époque de leur mariage, parce qu'elles doivent donner à leurs parents et à leur mari des preuves irrécusables de virginité, elles deviennent moins scrupuleuses quand elles sont mariées ; mais comme elles n'ont aucune relation avec les hommes, il est rare qu'elles puissent nouer des intrigues amoureuses, et l'honneur des maris est plus en sûreté en Orient qu'en Europe.

EUNUQUES.

Les eunuques sont presque tous originaires de la Nubie et du Soudan ; eux seuls, avec le maître de la maison, ont le droit de pénétrer dans le harem. L'usage des eunuques remonte à une époque très ancienne ; c'est, dit-on, une reine d'Assyrie, Sémiramis, qui la première imagina le genre de mutilation qui distingue ces infortunés gardiens de la vertu des femmes. L'opération est ordinairement pratiquée en automne ; cette saison est en effet regardée comme la plus favorable. On procède de deux manières : la moins dangereuse, et celle qui réussit le mieux, est la castration simple. Les eunuques ainsi traités sont ceux dont on fait le moins de cas ; on les emploie aux services extérieurs, dans les jardins, aux portes des palais. Mais depuis une aventure survenue à un grand dignitaire de l'Arabie, aujourd'hui l'ablation totale, complète, absolue, est obligatoire pour tout eunuque chargé de la surveillance intérieure. Voici les motifs qui ont déterminé ces mesures de hautes précautions. Un chérif avait remarqué parmi les gens de sa suite un nègre magnifique, taillé en Hercule, nommé Taher ; il eut aussitôt la fantaisie de le placer à la tête des gardiens de son harem, et ordonna sur l'heure qu'on lui fit subir l'opération, très périlleuse à son âge, mais cependant de toute nécessité pour occuper dignement le poste éminent auquel il avait l'honneur d'être appelé. Or il arriva que Taher se trouvait précisément faire partie de ces êtres incorrects que l'histoire naturelle désigne sous le nom de monorchides, et après examen, le barbier-chirurgien, assisté de ses deux aides, déclara de bonne foi que la mutilation partielle, la seule alors exigée, avait été pratiquée dès l'enfance. Taher entra donc immédiatement en fonction en qualité de chef des eunuques. Il avait le droit de circuler partout où il lui plaisait ; l'entrée des appartements les plus retirés des femmes lui était même recommandée. Sa mission étant de veiller sur le trésor le plus précieux de son maître, il devait par conséquent s'assurer à toute heure du jour et de la nuit de la régularité du service de ses subordonnés. Un jour, un enfant mulâtre fut présenté au chérif qui était lui-même parfaitement blanc; l'accouchée était circassienne... Le chérif émerveillé compulsa les prophéties, interrogea les astrologues, et ne trouvant rien qui annonçât ce phénomène, il eut un soupçon terrible. Le chef des eunuques fut épié, surpris en flagrant délit et décapité. Les maris durent faire de sérieuses réflexions et chercher un remède à ce grave inconvénient; dès lors la castration complète fut décidée.

L'émasculation est pratiquée à l'aide d'un rasoir, tout d'un coup, sans se préoccuper des artères; on verse ensuite de l'huile bouillante sur la blessure. Le petit patient est étendu sur une table, les membres maintenus par ses bourreaux. Les souffrances sont atroces... Pour ne pas entraver les fonctions urinaires, on introduit dans la vessie un morceau de roseau saillant de cinq ou six centimètres; on applique sur la plaie un emplâtre de henné, puis on enterre le jeune mutilé jusqu'à mi-corps; il reste ainsi pendant deux jours dans l'impossibilité absolue de faire aucun mouvement; après ce temps l'hémorragie n'est plus à craindre.

On reconnait généralement un eunuque à sa physionomie : il est imberbe, presque toujours affligé d'une obésité excessive, sa voix est féminine, ses jambes sont démesurément allongées, ses hanches prennent des proportions disgracieuses, et un air de stupidité est répandu sur sa figure. Il est orgueilleux, mais sa fierté a quelque chose de sombre. Il est méchant, ombrageux, irascible, et ses défauts sont la conséquence de la conscience qu'il a de sa dégradation. Jamais un sentiment noble ne fait battre son cœur haineux. En perdant sa virilité, il se sent séparé de l'humanité et la prend en exécration ; les larmes, les douleurs, le supplice de ses maîtres, voilà ce qui fait la joie de ce personnage tronqué.

Les eunuques peuvent aspirer aux fonctions les plus importantes. On en a vu qui sont devenus colonels, généraux, ministres, gouverneurs ; il y en a même qui possèdent des harems !

MUSIQUE, DANSES.

La musique telle qu'on la comprend en Orient, est fort goûtée des Égyptiens; mais ils regardent comme indigne d'un homme sérieux de consacrer une partie de son temps à l'étudier. Cependant leurs dispositions naturelles pour cet art l'emporte, et tous, hommes, femmes, enfants se plaisent à égayer par le chant leurs loisirs ou leurs travaux. Sans musique il n'y a point de fêtes civiles ou religieuses, publiques ou privées; on ne sort guère dans les rues du Caire, surtout le soir, sans entendre chanter ou jouer de quelque instrument.

Les Égyptiens ont l'instinct de la cadence et de la mesure. Lorsque plusieurs hommes travaillent ensemble, ils doivent à cette aptitude la facilité qu'ils ont de régler leurs mouvements avec précision, et d'accélérer ainsi leur besogne. Dans tous les travaux qui demandent plusieurs bras et de l'ensemble dans l'exécution, ils obtiennent cet accord en chantant à l'unisson. Plusieurs métiers ont des airs qui leur sont propres. Les poëtes anciens Eschyle, Martial, Ovide, ont parlé de la beauté des chants du Nil ; et sans trop s'écarter de la vérité, si l'on considère combien en Orient les habitudes sont peu sujettes à changer, on pourrait présumer que les airs que nous entendons sortir de la bouche des mariniers de ce fleuve, sont les mêmes, du moins pour le rhythme, qui retentissaient sur ses rives il y a plusieurs milliers d'années.

La musique arabe est tout à fait primitive, et en général les Européens n'éprouvent aucun sentiment de plaisir à l'entendre ; cependant le caractère mélancolique qui lui est propre, la simplicité de ses mélodies, lui donnent souvent une douceur qui n'est pas sans agrément. Pour les indigènes elle a des charmes indéfinissables, et de temps en temps un *ah* prolongé et plein de langueur, vient en signe d'applaudissement interrompre un air et prouver que l'auditoire est transporté au comble du ravissement. Quelle que soit d'ailleurs l'opinion des Occidentaux sur la musique arabe, tous reconnaissent ce qu'il y a de grave, de majestueux, de solennel dans les chants des *mouezzin'* qui psalmodient lentement, du haut des minarets, l'appel à la prière.

Les chanteurs de profession, *alâty,* forment une caste méprisée ; on les rencontre dans quelques cafés arabes où ils débitent, sur un ton nasillard, des chansons dans lesquelles l'amour et la passion font invariablement tous les frais de la poésie. Les couplets, interrompus par une sorte de ritournelle exécutée par des instruments à cordes et des *târ* (tambours de basque), sont répétés cinq ou six fois et même plus, afin que les assistants soient bien pénétrés de la beauté des paroles et du sentiment de la mélodie. Les chanteuses s'appellent *almées* (au plur. *aoualem*), mot qui signifie femme lettrée, et que les Européens ont appliqué improprement à toutes les danseuses. Autrefois les almées formaient une société célèbre, elles jouissaient d'une certaine considération; c'étaient les véritables artistes de l'Orient. Pour faire partie de leur corporation, il fallait bien posséder sa langue, en connaître toutes les règles, et pouvoir sur-le-champ composer et chanter des couplets adaptés aux circonstances. Les almées savaient par cœur toutes les chansons nouvelles et les œuvres des poètes les plus en renom. Il n'était point de fêtes sans elles, point de festins dont elles ne fissent l'ornement. Quelquefois, après avoir chanté pendant le repas, elles descendaient de la tribune où elles étaient placées, et exécutaient des danses dont les nôtres ne sauraient donner une idée. C'étaient des ballets, des pantomimes, par lesquels elles représentaient des actions de la vie commune. Elles étaient appelées dans tous les harems et apprenaient aux femmes les airs nouveaux; elles leur racontaient aussi des histoires ou déclamaient en leur présence des poëmes d'autant plus intéressants, qu'ils offraient le tableau de leurs mœurs. Ces filles avaient une conversation agréable et parlaient avec pureté; l'habitude de se livrer à la poésie leur rendait familières les expressions les plus douces et les plus imagées. Elles se faisaient payer fort cher et n'allaient que chez les grands et chez les riches.

D'après ce qu'étaient autrefois les almées, il faut convenir qu'aujourd'hui elles sont grandement déchues de leur ancienne position; elles sont descendues au rang des courtisanes les plus vulgaires. Abbas-Pacha, voulant préserver les mœurs des provinces du Delta et particulièrement celles de la capitale, les a exilées dans la Haute-Égypte. Les chanteuses publiques que l'on rencontre à Qeneh, à Louqsor, et principalement à Esneh, ne méritent certainement pas le titre d'almées. Confondues avec les *ghaouâzi* (danseuses), on voit tour à tour les mêmes femmes chanter et danser l'une après l'autre ou par groupe de deux ou quatre. Leur chant monotone, lent, singulièrement primitif et absolument étranger à toutes les notions musicales de nos pays, a un charme indéfinissable; sa monotonie même fait sa puissance; elle plonge l'âme, à la longue, dans une sorte d'extase et la berce mélancoliquement dans une rêverie profonde.

Les instruments de musique qui servent à accompagner le chant et la danse sont : les *sagat*, sortes de castagnettes en métal; le *darabouk*, tambour en terre cuite de forme conique, et terminé par une sorte de manchon; le *târ*, tambour de basque; le *eoúd*, espèce de luth à sept cordes; le *kemengeh*, violon; le *souffara*, flûte en roseau, et le *rebába*, genre de violoncelle à une seule corde en crins.

Le petit nombre d'almées qui sont encore au Caire ont beaucoup plus de réserve que celles de la Haute-Égypte; elles habitent des quartiers très peu fréquentés par les étrangers. Ce n'est que par occasion que le voyageur peut en voir dans les soirées données par quelque riche Égyptien. Les danseuses (ghaouâzi) sont aussi rares au Caire que les almées; on les rencontre au delà de Syout, à Qench; mais sous l'influence européenne, elles ont perdu leur cachet original; elles n'en exécutent pas moins leurs danses avec tous les accessoires qui en sont la suite obligée; seulement, en présence des dames, elles observent une plus grande retenue dans leurs mouvements.

La danse égyptienne n'a aucune ressemblance avec la danse telle que nous l'entendons en Europe; elle consiste en une succession de poses, de contorsions, de gestes, qui ont pour but unique d'exprimer ou de provoquer des sensations voluptueuses. Les danseuses sont généralement vêtues de robes de soie à couleurs voyantes, où le rouge et le jaune se marient au vert clair et au bleu de ciel; elles ont les bras et les pieds nus, ornés de larges anneaux; une légère bande de gaze couvre à demi leur poitrine. Leurs yeux vifs, bordés de *kohl*, se dessinent fortement sur leur peau mate; un diadème de pièces d'or ceint leur front, et dans leurs cheveux noirs, flottant sur leurs épaules, scintillent de nombreuses petites pièces de même métal passées dans un fil. La générosité des spectateurs augmente incessamment ces rivières éclatantes. Les danses et une partie du costume sont absolument les mêmes que l'on voit représentés dans les peintures des anciens hypogées, et nul doute qu'ils ne soient conservés par la tradition.

Quand les danseuses sont appelées dans une maison particulière, elles ne paraissent jamais devant les hommes et les femmes réunis. Chez les hommes, la danse a lieu ordinairement dans le *mandarah* (salon au rez-de-chaussée). Un petit orchestre composé d'instruments à cordes, du *târ* et du *darabouk* qui sert à marquer la cadence, est placé dans un coin; les danseuses occupent la partie du salon appelée *dourqah*, et les assistants, silencieusement assis sur les divans, savourent les douceurs du spectacle qui se déroule devant eux. Les artistes, qui sont en général de jeunes et jolies femmes, commencent leurs exercices chorégraphiques par quelques pas lents et mesurés en faisant le tour de la salle, et en donnant à leurs bras des mouvements et des contours gracieux. Elles s'accompagnent de castagnettes en cuivre, *sagat*, fixées au pouce et au médius de chaque main, et dont elles jouent avec une dextérité merveilleuse. Le cliquetis des *sagat* répond à un mouvement saccadé des hanches. Après avoir fait deux ou trois tours sur elles-mêmes en ondulant le corps dans tous les sens, et en prenant les poses les plus provocantes, leurs jambes demeurent immobiles, ainsi que la partie supérieure du corps, excepté les bras qu'elles font mouvoir suivant les diverses phases du sentiment lascif qui paraît les animer. Agitées par une trépidation incessante qu'elles accélèrent avec une audacieuse énergie ou ralentissent langoureusement, leurs formes devenues d'une souplesse sans pareille, frémissent comme la feuille, sous l'action d'une impression nerveuse des moins équivoques. Il est impossible d'imaginer une pantomime plus animée et plus réaliste, des attitudes plus voluptueuses, plus entrainantes, des contorsions exprimant avec moins de retenue toutes les sensations physiques; leur frémissement de hanches, en s'abaissant et se relevant avec une précipitation inimaginable, a quelque chose d'une frénésie amoureuse indescriptible; c'est le *vibrabunt sine fine prurientes lascivos docili tremore lumbos* par lequel Martial dépeint la danse des filles de Gadès. (*Épigram.*, liv. V, 78.)

Il existe plusieurs variétés de danses qui se ressemblent à peu près quant au fond; elles sont toutes exécutées avec une grâce, une légèreté, une ardeur extraordinaires. Une de celles qui sont les plus goûtées des amateurs est la danse de l'*Abeille* (el-Nahleh). Les *ghaoudzi* feignent d'avoir été piquées par une abeille qu'elles cherchent sous leur costume en poussant de petits cris pour saisir l'insecte imaginaire.

Sans discontinuer la danse, elles enlèvent d'un mouvement rapide une première pièce de leur vêtement et la jettent sur le tapis; puis elles se dépouillent d'une seconde en appelant : *nahleh, nahleh* avec des gestes qui expriment tour à tour la crainte d'être piquée et l'espoir de voir bientôt l'ennemi hors de la place. A force de recherches toujours infructueuses, elles finissent par ne conserver qu'un voile très léger qu'elles laissent flotter au gré de leurs mouvements. Peu à peu la danse devient plus vive, les figures s'animent et, par un mouvement « involontaire », la dernière pièce du costume ne tarde pas à rejoindre les autres. Alors les danseuses s'approchent l'une de l'autre, se retirent, se croisent et reviennent sur elles-mêmes comme pour se provoquer à des combats amoureux; elles se complaisent dans les poses les plus lascives; souples comme le roseau, elles tournoient, puis reviennent se placer face à face; immobiles, le corps rejeté en arrière, les bras tendus, les mains crispées, les chairs frémissantes, elles se livrent sans retenue aux impressions que produit sur elles le paroxysme de la passion; à ce moment la musique devient plus douce, l'on n'entend plus que la respiration haletante des actrices et le bruissement des pièces d'or semées dans leur chevelure... S'apercevant avec « surprise » de leur état, elles ramassent d'un geste pudique leur voile qu'elles se passent autour de la taille, et la danse s'arrête pour un instant pendant lequel on fait circuler des petits verres d'*araki*. Les *ghaoudzi*, qui sont loin d'avoir l'humeur farouche, viennent entamer familièrement la conversation avec les invités dont elles désirent capter la faveur ou piquer la générosité. La danse continue ensuite avec une nouvelle vigueur; l'écharpe de gaze qui repose sur leurs hanches est enlevée et voltige dans l'espace; les poses deviennent de plus en plus lubriques; on dirait des bacchantes antiques célébrant des saturnales. Après un certain temps de cet exercice, elles reprennent peu à peu leurs vêtements sans interrompre la danse.

Quand la représentation est terminée, les artistes viennent s'asseoir sans façon à côté des spectateurs ou sur les genoux de ceux qu'elles favorisent de leurs cajoleries. Les heureux mortels qui sont l'objet de cette distinction doivent, suivant les règles du bon ton, humecter quelques petites pièces d'or et les appliquer délicatement au front, sur la gorge ou sur les bras de celles qui les ont choisis.

Quelquefois, pour donner plus d'attrait au spectacle, les intermèdes sont remplis par des exercices chorégraphiques dans le genre de celui-ci : Une jeune Nubienne réputée pour son adresse et son habileté exécute la danse du *Sabre*, danse d'un grand caractère, qui exige beaucoup d'agilité et encore plus de souplesse, car les mouvements des pieds, des bras, du corps tout entier, doivent se combiner, s'accompagner pour ainsi dire les uns les autres et s'harmoniser sans efforts, sans raideur, avec un art poussé jusqu'au naturel. Tantôt le sabre tourbillonne sur la tête de la danseuse en jetant des éclairs, tantôt elle le rabaisse et le tient fixé près du sol comme pour frapper un ennemi terrassé. Les *darabouk* et les *târ* battent aux champs, et le combat se termine de la même manière que la danse de l'Abeille.

Une sorte de ballet qui ne manque pas d'originalité est le *zar-el-soudânia*, exécuté par les *ghaouâzi* du Soudan. Sept ou huit jeunes filles parfaitement noires, choisies parmi une race particulière au nez droit, aux lèvres minces, et remarquable par l'ovale du visage aussi pur que celui des plus jolies Parisiennes, forment le cercle et dansent à la voix, l'une après l'autre, sans tambours de basque ni castagnettes; celles dont ce n'est pas le tour battent la mesure dans leurs mains. Elles n'ont aucun vêtement, à l'exception d'une ceinture étroite appelée *raat*. A mesure que la danse s'anime, le chant s'anime aussi et dégénère en hurlements. Pendant ce temps la danseuse, seule au milieu de ses compagnes comme une statue d'ébène, paraît plongée dans une extase profonde. La tête renversée en arrière, la poitrine tendue, les bras raidis, elle paraît soutenir une lutte intérieure et combattre une force invincible qui l'entraîne où elle ne veut pas aller. Puis bientôt sa poitrine s'enfle, tout son corps est agité de frémissements nerveux; elle s'avance à petits pas, mais en cadence et comme poussée, toujours malgré elle, vers un des spectateurs qu'elle a choisi ou qu'on lui a désigné. Par un dernier mouvement, la Terpsichore africaine arrive enfin devant lui; elle s'arrête en palpitant, elle tombe, et, pour peu qu'il soit poli, il la reçoit dans ses bras... Cette comédie est assez claire, assez diaphane pour être comprise, même à la lecture, sans avoir besoin de commentaire. Quand l'une a fini l'autre recommence. Les poses, les gestes, toutes les gradations, toutes les péripéties de cette passion si naïvement jouée et toujours suivie de la même défaite, sont invariablement répétés et semblent stéréotypés d'avance, comme un programme dont il n'est pas permis de s'écarter.

Les danseuses réputées les plus habiles sont celles qui mettent le plus de vérité dans l'illusion et, représentant la nature avec la fidélité la plus provocante, élèvent la fiction jusqu'à la réalité. A quoi l'on peut ajouter, sans vouloir médire de personne, que la réalité suit bien souvent la fiction.

HISTOIRE DU CAIRE

Lorsque les Perses, sous la conduite de Cambyse, firent la conquête de l'Égypte (527 av. J.-C.), des soldats babyloniens bâtirent, dit-on, sur la rive droite du Nil, au nord de Memphis, une sorte de camp retranché entouré de fortes murailles, auquel ils donnèrent le nom de leur patrie. Plus tard, pendant la domination romaine, la nouvelle Babylone était devenue une citadelle protégée par de hautes tours massives, et servait de quartier général à l'une des trois légions qui occupaient l'Égypte.

En 638 de J.-C., Babylone tomba au pouvoir des Arabes commandés par Amr'. Deux ans plus tard le général musulman jetait, sous les murs mêmes de la forteresse, les fondements d'une ville à laquelle il donna le nom de *Fostat*, qui devint le siège du gouvernement et la résidence des lieutenants chargés de représenter en Égypte l'autorité souveraine des khalifes.[1] Fostat s'agrandit rapidement. Un de ses

[1] Voir notre *Histoire de l'Égypte depuis les temps les plus reculés jusqu'à nos jours.* — Paris, Maisonneuve, 1881.

faubourgs habité particulièrement par les soldats, et nommé pour cette raison *El-Asker* (l'armée), s'étendait au nord-est, et ressemblait à une petite ville bornée par un plateau peu élevé appelé le mont Yechkar, sur lequel fut bâtie plus tard la mosquée Touloun. Le fondateur de cette mosquée, Ahmed ebn-Touloun, qui de gouverneur de l'Égypte s'était rendu indépendant sous le règne du khalife abbasside Motamed ebn-Moutaouakkel (870 à 893), agrandit considérablement Fostat du côté de l'orient; un nouveau quartier s'éleva, et fut comme une troisième ville à côté de Fostat et d'El-Asker; on l'appela *El-Qataïah* (les fiefs).

En 969 Djouhar, général d'*El-Moez-le-din-Illah*, khalife fatimite, s'empara de Fostat et bâtit une cité nouvelle. Créer des villes et s'attacher à les embellir de palais magniques, était alors en Orient une mode générale. Les souverains et leurs vice-rois laissaient les villes déjà existantes s'écrouler et devenir désertes; mais à proximité de la ville abandonnée, souvent même de ses débris, ils en bâtissaient une nouvelle à laquelle ils donnaient leur nom ou une dénomination allégorique, jusqu'à ce que, tombée en ruine à son tour, elle fournit des matériaux pour une autre. En Égypte les capitales ont changé de place suivant les circonstances; ainsi Memphis se vit supplantée par Thèbes, qu'elle remplaça à son tour; plus tard elle dut le céder à Alexandrie; l'invasion musulmane avait déshérité celle-ci en faveur de Fostat, la ville d'Amr[1]; Fostat avait perdu toute son importance à côté des cités militaires d'El-Asker et d'El-Qataïah qui l'avaient envahie; le nouveau conquérant de l'Égypte prétendait à son tour consigner aux siècles futurs la mémoire de sa conquête, par la fondation de la métropole des Fatimites, rivale de Baghdad des khalifes abbassides.

L'an 970 (359 de l'hégire), le tracé de la nouvelle ville fut exécuté; l'enceinte devait partir des anciens murs de Fostat, en face l'île de Raoudah, remonter au nord en s'éloignant du fleuve, tourner brusquement à l'est, puis revenir au midi jusqu'au-dessous du mont Moqattam et rejoindre encore le Nil, embrassant ainsi un vaste terrain borné au sud par Fostat et ses quartiers d'El-Qataïah et d'El-Asker. Suivant l'usage, les fossés qui devaient servir aux fondations des murailles extérieures furent creusés avant qu'aucune construction fût commencée. L'instant précis pour l'ouverture des travaux avait été déterminé par les astronomes et devait coïncider, d'après les ordres du khalife, à celui de l'ascension de la planète Mars, dont le nom arabe, *el-Qaher*, signifie « le vainqueur ». La ville nouvelle fut appelée pour cette raison *Masr-el-Qahîrah* (la capitale victorieuse), le nom de Masr ou Mesr[1], qui est

---

[1] Dérivé de *Mesraïm*, fils de Cham et petit-fils de Noé. Il est à remarquer qu'en Orient le même nom désigne le pays et sa ville principale.

celui de l'Égypte elle-même, ayant toujours été commun au pays et à sa capitale. Cette appellation fut bientôt abrégée par l'usage en celle d'el-Qahirah (le Caire) qu'elle a conservée jusqu'à nos jours « non-« seulement, disent les écrivains orientaux, comme « témoignage de la victoire qui venait d'être rem-« portée par les Fatimites, mais encore comme « présage de celles que le Ciel leur accorderait par « la suite sur leurs ennemis »

La fondation du Caire fut une solennité extraordinairement remarquable. Les astronomes placés sur les hauteurs du Yechkar et sur le Gebel-Moqattam, passaient leurs nuits en observation et sondaient les profondeurs du ciel avec la plus grande attention, pour ne pas signaler trop tard l'apparition de la planète, qui devait avoir tant d'influence sur les destinées de la capitale à laquelle elle donnait son nom. Les postes des astronomes étaient reliés entre eux par des courriers qui transmettaient aux savants les impressions particulières et les supputations de chacun d'eux, afin de ne pas s'exposer à commettre la moindre erreur. Enfin des crieurs publics annoncèrent au peuple que le moment suprême approchait. Les ouvriers étaient prêts; des cordeaux garnis de sonnettes avaient été tendus autour du tracé, pour avertir en même temps tous les travailleurs. Au signal donné, des milliers de bras se mettent en mouvement, une foule immense fait retentir des cris d'allégresse, et les chefs de la religion, rassemblés sur le parvis de la mosquée Touloun, adressent à Dieu leurs prières et font des vœux pour la prospérité de la nouvelle cité.

Suivant quelques historiens arabes, le signal des travaux aurait été donné d'une façon assez singulière : Pendant que les astronomes se livraient à des discussions sur une question, sans doute de la plus haute importance, à propos de la planète Mars, des oiseaux de proie vinrent se percher sur les cordeaux et firent tinter les clochettes. Les ouvriers se mirent aussitôt à l'œuvre, sans s'inquiéter si cet avertissement était dû au hasard ou s'il provenait du résultat de calculs astronomiques.

Pendant que l'on travaillait avec une infatigable ardeur à la construction de l'enceinte, Djouhar fit élever dans la partie nord de la ville, un palais pour le khalife El-Moez et un autre pour son vizir. Le quartier où ces monuments furent érigés s'appelle encore aujourd'hui *el-Qasrein* (les deux palais). En peu de temps la nouvelle capitale fut ornée de grands édifices, autour desquels les principaux officiers de l'armée se construisirent de somptueuses habitations avec des jardins magnifiques. Le Caire prit le surnom de Masr, que Fostat portait alors. On continua cependant à donner par déférence cette dénomination à la ville d'Amr', en y joignant le qualificatif d'*Atiqah* ou de *Qadimeh* (ancien), et maintenant encore on l'appelle *Masr-el-Atiqah* (l'ancienne capitale), nom improprement traduit dans les récits de quelques voyageurs par celui de *Vieux-Caire,* attendu que ce dernier nom n'a jamais été appliqué à Fostat.

M. Prisse d'Avennes voit dans la ville du Caire une origine beaucoup plus ancienne dont personne n'a songé à scruter les phases qui furent lentes et progressives. « Les races autochthones, dit-il, aiment à s'attribuer la fondation de leur capitale ; mais les malheureux Coptes ne se sentirent ni l'audace ni les moyens de contester ou de revendiquer la fondation de la ville qui devenait la capitale de l'Égypte musulmane. C'est pourquoi personne ne semble avoir remarqué que l'emplacement judicieux de cette capitale ne pouvait avoir échappé à toutes les dynasties qui ont successivement régné sur l'Égypte, aux Pharaons, aux Ptolémées et aux Césars. Cependant, en raison du triple avantage de sa situation à l'entrée du désert arabique, à la pointe du Delta et à l'extrémité de la longue et fertile vallée qui sillonne l'Égypte du midi au nord, cette position dut paraître, dès le temps des Romains, plus importante que celle de Memphis. »

Dans une description de l'Égypte, *Kétab-el-Khittat,* Makrisy mentionne à plusieurs reprises des édifices chrétiens, des églises jacobites ou nestoriennes et des couvents qui furent détruits sous le règne des khalifes ou des sultans mamelouks, pour céder leur emplacement ou leurs matériaux à des édifices du Caire. Mais si nous pénétrons us o-pr fondément dans les choses, l'étymologie de tous les noms de faubourgs, de places e tde rues nous explique plusieurs appellations coptes qui paraissent n'avoir aucun sens, et qui du reste ne signifient rien en arabe. Ainsi par exemple, la place de l'Esbékieh tire son nom, disent les écrivains indigènes, d'un émir qui y avait fait construire une mosquée et un palais. C'est tout le contraire qu'il faudrait dire : c'est l'émir qui doit son surnom distinctif à cet emplacement, où il fit bâtir une mosquée et une habitation, car *As-baki* veut dire en copte « l'ancienne ville », en opposition avec la ville arabe qu'on venait de bâtir. *Qoroumfich*, nom actuel d'un quartier de la ville, qui n'a aucune traduction en arabe, signifie en copte « quartier de séparation », de même que *Margouch* veut dire « lieu de garde et d'observation ». Le nom même de la ville que les Arabes prétendent avoir été tiré de la planète Mars (Qahirah), est tout simplement le nom copte de la province *Ka-i-ra*, « la terre du soleil. »

Trois ans après sa fondation, la ville du Caire était déjà presque entièrement bâtie. L'an 972 (362 de l'hégire), le khalife El-Moez quitta les États barbaresques pour venir jouir de sa conquête et de la nouvelle capitale que lui avait préparée son lieutenant. La présence du khalife donna une plus grande activité aux travaux. Les constructions se multiplièrent rapidement ; les carrières du Moqattam furent de nouveau exploitées, et l'ancienne Memphis fournit de précieux matériaux, dont une partie servit à l'érection d'une mosquée célèbre qui reçut de Djouhar son fondateur, le nom de Game'a-el-Azhar.

Sous le règne d'El-Hakem (996 à 1021) la moitié du Caire fut brûlée par ordre du khalife, dans un moment de folie. En 1067, la capitale fut le théâtre d'une guerre civile fomentée par Nasser-ed-Doulah, général de Mostanser ebn-Zaher. Les ravages qui furent la suite de ces désordres, joints à une crue insuffisante du Nil, avaient rendu le blé tellement rare que l'*ardeb* se payait cent dinars (1500 fr.). On vendait à la criée un œuf un dinar, un chat trois dinars; bientôt il fut impossible de se procurer le moindre comestible. La disette dura sept ans!... Mais l'année 1070 fut celle où la famine se fit le plus cruellement sentir; les détails que nous en donnent les historiens arabes sont réellement effroyables : les habitants se mangeaient entre eux; les enfants, les femmes, les hommes même, étaient enlevés au passage dans les rues. Le vizir se rendant au palais fut jeté à bas de sa mule qui fut dévorée sous ses yeux. Le khalife lui-même, pressé par la famine, s'était vu obligé de vendre à vil prix quelques bijoux précieux échappés à la voracité des insurgés, et jusqu'aux vêtements de ses femmes qui sortaient presque nues du palais pour aller tomber mortes de faim hors de la ville... La peste, cette compagne inséparable de la famine, acheva de désoler le Caire.

Salah-ed-Din (Saladin 1171 à 1193) construisit la Citadelle sur un des versants du Moqattam, donna plus d'extension à la ville, principalement au nord, et l'entoura de fortes murailles ; la plupart des portes de l'enceinte primitive se trouvaient alors dans l'intérieur même de la cité. Les matériaux nécessaires pour l'exécution de ces travaux furent abondamment fournis par la démolition de petites pyramides ; depuis longtemps du reste, les monuments des anciens pharaons servaient de carrières pour les constructions des khalifes. Depuis l'an 1176 jusqu'en 1867, le Caire n'a pas eu d'accroissement, si ce n'est le prolongement du quartier el-Hassanieh ; en deux siècles il avait atteint ses limites actuelles. Jadis la partie située en dehors de Bab-el-Nasr était regardée comme un faubourg de la ville, de même que l'emplacement qui se trouve entre Bab-el-Zoueyleh et la Citadelle, et les habitations qui restaient encore de l'ancienne *Qataïeh* d'Ahmed ebn-Touloun, qui s'étendaient du côté du cimetière de l'imam Chafei. Du Caire au Nil s'élevaient un grand nombre de constructions entourées de vastes jardins recouverts chaque année par l'inondation.

En 1262 (660 de l'hégire), les débris de la famille des Abbassides qui avaient échappé au fer des Tartares dans le désordre de Baghdad leur capitale, vinrent se réfugier au Caire à la cour de Beybars, sultan mamelouk. Parmi ces fugitifs était le fils du khalife El-Zaher-bi-amr-Illah, que Beybars combla d'honneurs et proclama khalife sous le titre d'El-Mostanser-b-Illah. Dès lors cette seconde branche du khalifat abbasside eut pour siége le Caire ; mais tout pouvoir temporel était désormais perdu : ce ne fut plus qu'une dignité purement spirituelle, dont l'autorité s'exerça obscurément pendant environ trois siècles sous la protection des sultans d'Égypte. Beybars embellit le Caire de plusieurs monuments remarquables ; il fit à la grande mosquée d'El-Azhar d'importantes réparations et institua divers colléges avec des bibliothèques publiques. En 1262, une affreuse famine vint encore désoler le pays, et particulièrement la population du Caire. La misère était extrême ; les pauvres se traînaient dans les rues implorant la pitié. Vingt ans plus tard, la capitale fut livrée au sabre des soldats mamelouks par ordre du sultan El-Mansour-Qalaoun, dans un accès de colère provoqué par un refus d'obéissance à une de ses ordonnances. Les innocents comme les coupables furent enveloppés dans cette exécution sanglante. Le massacre dura trois jours ; les rues étaient jonchées de cadavres d'hommes, de femmes et d'enfants. En expiation de cet acte de barbarie, le sultan fit bâtir plus tard l'hôpital du Moristán. Sous Melek-el-Nasser, fils et successeur de Qalaoun, de nombreux monuments s'élevèrent sur tous les points de la ville ; jamais époque ne fut plus féconde en constructions de toutes sortes. Sous les dynasties des Mamelouks, les arts et les sciences florissaient, non dans le peuple, il est vrai, mais au moins dans la classe lettrée. Des édifices superbes parmi lesquels on peut citer les mosquées des sultans Barqouq et Qaït-Bây, ainsi qu'un grand nombre d'autres que l'on remarque dans les nécropoles à l'est du Caire, sont des modèles d'élégance et nous montrent encore aujourd'hui que l'art de la décoration avait atteint alors son plus haut point de magnificence et de perfection.

Le règne des sultans mamelouks (1250 à 1517) ne fut qu'une suite non interrompue de révolutions, de pillage et de meurtres. La plupart de ces princes habitaient la Citadelle pour leur sécurité personnelle. Sous le gouvernement de Melek-el-Nasser, qui fut deux fois déposé et deux fois remis sur le trône, les églises furent fermées et les chrétiens tellement persécutés, que beaucoup embrassèrent l'islamisme. En 1389, lorsque à la suite d'une révolte Barqouq fut arrêté et envoyé dans la forteresse de Karak, devenue l'exil ordinaire des souverains d'Égypte, l'anarchie la plus effrénée régnait au Caire; les criminels avaient enfoncé les portes de leurs prisons et, s'étant mis à la tête de la populace, pillèrent les palais des émirs et les maisons des particuliers. A peine ces désordres étaient-ils apaisés, que les mamelouks partisans de Barqouq, s'emparèrent de la Citadelle et replacèrent le sultan sur le trône.

Jusqu'à la conquête ottomane, l'Égypte, ou plutôt le Caire, présente invariablement le même tableau de révolutions et d'intrigues. Les princes mamelouks avaient trop intérêt à ménager leurs milices pour les punir aussi sévèrement qu'elles le méritaient;

encore ne fallait-il pas trop compter sur la fidélité des soldats que les chefs dévorés d'ambition, conduisaient à leur guise. Une simple rixe entre soldats et marchands ou employés civils dégénérait souvent en émeute sanglante, dont le résultat était le pillage et quelquefois l'incendie. Si la révolte était amenée par une division de partis, les désordres n'avaient plus de bornes; rien ne pouvait arrêter la fureur des vainqueurs; aveuglés par la vengeance, ils se livraient sans frein aux atrocités et aux excès les plus abominables.

En 1517, le sultan ottoman Selim I" s'empara de l'Égypte. Une bataille décisive fut engagée aux environs du Caire, le vendredi 29 Zil-Haggeh 922 de l'hégire (23 janvier 1517), et l'armée égyptienne fut écrasée sous le nombre des ennemis. Toumân-Bây II qui régnait alors, rallia au Caire les restes mutilés de ses troupes, acheta chèrement le concours de nombreuses tribus arabes et revint, avec le courage du désespoir, attaquer le sultan victorieux qui avait déjà établi son camp dans l'île de Raoudah, aux portes de la capitale. Repoussé avec pertes par les janissaires de Selim, il se replia de nouveau sur le Caire, fit fermer les issues et barricader les rues. La ville fut emportée, malgré la défense opiniâtre de Toumân-Bây et des mamelouks qui lui étaient restés fidèles. Résistant pied à pied, de terrasse en terrasse, de barricade en barricade, chaque rue eut son combat, chaque maison eut son siège. Le sol fut jonché de cadavres ottomans; mais aussi les représailles furent terribles : la ville fut livrée au plus affreux pillage et à l'incendie; la Citadelle fut emportée d'assaut et la garnison massacrée.

Le malheureux sultan d'Égypte avait réussi à échapper au carnage; il avait pu atteindre le Nil, se jeter dans une nacelle et traverser le fleuve. Il fut arrêté par des Arabes rôdeurs qui le vendirent aux Ottomans. Selim fit amener devant lui le monarque vaincu et parut touché de l'état déplorable où sa vengeance l'avait réduit; on put croire qu'au moins il épargnerait la vie d'un souverain détrôné. En effet, lui faisant enlever les chaines dont on l'avait chargé, Selim eut pendant plusieurs jours des conférences suivies avec le prince que la victoire remettait en son pouvoir; il l'interrogeait sur les affaires et les ressources de l'Égypte, et sur les détails concernant l'administration du pays; dix journées entières furent employées à ces entretiens instructifs. Enfin, après une dernière conférence, Selim n'ayant plus de renseignements à recueillir de son royal prisonnier, ordonna froidement sa mort... L'exécution de cet ordre barbare eut lieu aussitôt; l'infortuné sultan Toumân-Bây II fut pendu sous l'arcade de la porte dite *Bab-el-Zoueyleh*. Son cadavre resta huit jours entiers exposé aux regards du peuple, sur le lieu même du supplice, comme pour témoigner d'une manière incontestable que l'Égypte était devenue désormais l'esclave d'un maître étranger.

Le sultan Selim retourna à Constantinople, emmenant avec lui, dit l'historien Mohammed ebn-Aby-l-Sorour, mille chameaux chargés d'or et d'argent, sans compter le reste du butin, parmi lequel figuraient les plus riches colonnes de marbre arrachées au palais de Salah-ed-Din à la citadelle. A partir de Selim Ier l'Égypte fut sous la dépendance directe de la Turquie, et le Caire descendit au rang de simple capitale de province gouvernée par un pacha turc, dont l'autorité s'affaiblit peu à peu pour faire place à l'influence toujours croissante du parti mamelouk. En 1598, une famine désola le pays; la mortalité était si grande que le gouverneur Ali-Pacha défendit d'inhumer publiquement les cadavres pour ne pas augmenter la frayeur générale. Vingt ans plus tard, une peste violente enleva plus de six cent mille victimes. En 1642, le même fléau sévit avec tant de force qu'il frappa, tant au Caire qu'aux environs, plus de neuf cent mille habitants qui succombèrent. Ce chiffre extraordinaire, et certainement exagéré, est rapporté par Ebn-aby-l-Sorour qui se donne comme témoin oculaire.

A l'époque de l'expédition française (1798) le pacha turc, depuis longtemps déjà, n'avait qu'une autorité illusoire; le Caire souffrait patiemment sous l'administration tyrannique des beys mamelouks, redevenus les véritables maîtres du pays. La bataille des Pyramides ouvrit à Bonaparte les portes de la capitale, et le 24 juillet 1798 (10 Safer 1213), les

Français firent leur entrée solennelle dans l'ancienne ville des khalifes. Le 21 octobre suivant (28 Gamady-el-Aouel), une insurrection éclata; le peuple du Caire se souleva contre la faible garnison que les Français avait laissée pour veiller à l'ordre public. Depuis quelques jours déjà, les mosquées retentissaient de prédications fanatiques; les émissaires des beys Mourad et Ibrahim parcouraient les rues en proclamant la guerre sainte contre les infidèles. Bonaparte était dans l'île de Raoudah lorsqu'il fut instruit des troubles qui agitaient la ville. Par son ordre, le général Daumartin établit sur les buttes qui dominent le Caire du côté du Gebel-Moqattam, une batterie dont les effets ne se firent pas attendre, et le 23 l'ordre était parfaitement rétabli. Le 14 juin 1800, Kléber fut assassiné dans les jardins de l'hôtel du Gouvernement (ancien palais d'Elfy-Bey), par un Syrien fanatique nommé Soleyman'. (V. page 130.)

Après le départ des Français (1801), le Caire retomba au pouvoir de ses anciens oppresseurs. Mohammed-Ali, nommé par la Porte pacha d'Égypte (1805), extermina les mamelouks réunis à la citadelle à l'occasion d'une fête (1er mars 1811). Depuis Mohammed-Ali, grâce à l'influence européenne, à un gouvernement pacifique, le Caire marche rapidement dans la voie du progrès; d'importants travaux d'utilité publique ont été exécutés; une nouvelle ville s'est élevée à côté de l'ancienne; encore quelques années, et la capitale de l'Égypte n'aura pas de rivale en Orient.

Palais d'Elfy-Bey et jardin où fut assassiné Kléber.

Voici ce qu'écrivait Marmol, il y a environ deux siècles et demi :

« Le Caire a commencé par vne forteresse et vne habitation, étenduë à la façon d'vn grand bourg le long du rivage du Nil, et qui contient actuellement six mille maisons bien basties, avec plusieurs riches palais qui répondent sur la rivière, et vne Mosquée admirable pour sa structure, sa beauté, sa grandeur et sa force.

« Vis-à-vis du Caire au milieu du fleuve est l'isle Méqyas; et du costé du Caire contre les maisons du faux bourg de Bab-Zoueyleh, qui est vn des principaux de la ville et qui compte plus de quatorze mille feux, est vne forteresse où demeurent ceux qui gouvernent pour le Grand-Seigneur; elle est sur le penchant de la montagne du Moqattam, environnée de hautes murailles, et ayant tout autour de grans et de somptueux palais, qui causent de l'estonnement à ceux qui les regardent. Tous les partis, arcades, piliers, canaux, alcoves, sont de jaspe et d'albâtre de diverses couleurs, et tous les lambris et plat-fonds, d'or et d'azur.

« L'autre ville, qu'on nomme aussi Caire ou Cahire, selon les Arabes, a plus de huit mille maisons, où demeurent des personnes de condition; elle est fermée d'vn bon mur de pierre de taille. C'est là qu'est le riche trafic, et où accourent les marchans chrestiens, maures, turcs et juifs. Les murailles sont fortes, et les portes couvertes de grosses lames de fer. Il y en a trois principales, la porte de la Victoire du costé du levant, vers le désert de la mer Rouge, la seconde de Zoueyleh du costé du Nil et de la vieille ville, la troisième la porte des Triomphes, par où l'on va au lac et ailleurs. Il y a vne grande ruë depuis la porte de Zoueyleh jusques à celle de la Victoire, où demeure la plus grande partie de la noblesse, et où sont plusieurs grans colléges fort bien construits, et plusieurs superbes mosquées, qui méritent nostre admiration pour leur beauté.

« La même ville a vn hospital de deux cens mille serafins de rente, et qui a esté fondé par vn Soudan (sultan); on y traite les blessez et toutes sortes de maladies, et il y a des médecins et des chirurgiens gagez pour cela; l'on y manque de rien, mais l'hospital hérite de tous les malades qui y meurent.

« Vn autre bourg nommé Touloun, qui borde celui de Zoueyleh vers le levant, s'étend vers le couchant jusques aux ruines des bastimens anciens qui sont du costé de la vieille ville; il y a plus de six mille feux. Il fut construit et peuplé par Touloun, esclave d'vn Calife de Bagdad, et son lieutenant en Égypte.

« Bab-el-Louq est autre grand bourg de plus de quatre mille feux, à vn grand quart de lieuë du Caire; il y a de toute sorte de marchans et d'artisans, et vne grande place devant vn très-beau palais, et vn admirable collége. Tous les Vendredis, après la prière, la plus grande partie de ceux du Caire se rendent sur cette place, parce-qu'il y a plusieurs cabarets et plusieurs logis de courtisanes. Les charlatans et les bateleurs y font danser des chiens, des chameaux et des asnes, ou ont des oiseaux en cage qui prennent l'argent de la main de celuy qui veut savoir sa bonne aventure, et le mettant dans leur cage, ils en tirent un billet où elle est écrite. D'autres s'escriment avec vn baston ou vne épée, d'autres lutent. Quelques-vns, montez sur des bancs fort hauts, chantent en vers les batailles des Égyptiens et des Arabes; mais ils y mesle une infinité de fables.

« Boulaq est un grand bourg qui donne sur le Nil, à trois quarts de lieuë de la ville, et il n'y a entre eux deux que des meules que des bestes tournent pour faire moudre le grain. Ce bourg est fort ancien, et a plus de cinq mille maisons.

« Le peuple du Caire est civil envers le monde, et promet plus qu'il ne tient. Il s'occupe aux arts et au trafic; mais il ne s'éloigne guère de son pays où il est arrêté par les délices. Tous les habitans portent également honneur à la loy. Les criminels sont punis sévèrement; on y pend sans rémission les rôdeurs. Deux hommes tiennent en l'air les assassins, par les pieds et par la tête devant le juge, et dans cet estat vn bourreau les coupe par le milieu avec vne épée à deux mains, et mettant le tronc de la ceinture en haut sur vn brasier de chaux vive, il l'interroge quelque tems et le patient répond. On écorche tout vif les voleurs de grans chemins, et les rebelles, puis on promène le malheureux sur un chameau, et l'on publie partout son crime. Ce supplice est très-rigoureux, car le criminel ne meurt point que le bourreau ne luy ait écorché le nombril, ce qu'il ne peut faire sans la permission du juge. Ceux qui sont prisonniers pour debtes, et qui n'ont pas de quoy satisfaire, le géolier paye pour eux, et les envoye tous les jours avec vne chaisne au cou, sous la conduite d'vn garde, demander l'aumosne pour s'aquiter, sans les laisser aller qu'ils ne soient quites. »

LE CAIRE ACTUEL

DESCRIPTION. — ASPECT GÉNÉRAL

Le Caire est situé par 28° 58′ 30″ de longitude est, et par 30° 2′ 21″ de latitude nord sur la rive orientale du Nil. A l'est, la ville est limitée par le désert, la nécropole des sultans mamelouks, et le Gebel-Moqattam sur le versant duquel s'élève la Citadelle ; au sud, par les cimetières de Sette-Nefisah, de l'Imam Chafei, et des terrains sablonneux qui marquent le site des anciennes cités d'El-Asker et d'El-Qataïah ; à l'ouest, par les nouveaux quartiers d'Ismaïlieh et le Nil ; au nord, s'étendent les jardins de Choubrah et les plaines de l'Abbassieh. Sa population atteint près de 400,000 habitants. L'enceinte fortifiée construite par Salah-ed-Din n'existe plus que du côté du désert, depuis l'Abbassieh jusqu'à la Citadelle ; ce sont des murailles épaisses flanquées de tours et percées de portes dont les plus remarquables sont celles de *Bab-el-Nasr* et de *Bab-el-Foutouh*. Une troisième, appelée *Bab-el-Zoueyleh*, qui se distingue par ses formes massives, s'ouvre au sud près de la mosquée dont elle porte le nom, et marque la limite de l'ancienne ville fondée par Djouhar ; mais de ce côté, comme du reste à l'ouest et au nord, les agrandissements de la ville ont dépassé de beaucoup les anciennes fortifications.

A l'exception des quartiers neufs et de ceux qui ont été endommagés par l'exécution des plans d'amélioration dont on a exagéré la mesure, le Caire ressemble aux autres villes de l'Orient par l'architecture de ses édifices, par l'étroitesse et l'irrégularité de ses rues. Les maisons ont conservé leur caractère original ; toutes les fenêtres sont grillées ou garnies de *macharabich*, sortes de balcons couverts composés de petits morceaux de bois tournés, et assemblés de manière à former un treillage de dessins compliqués et gracieux. La porte d'entrée généralement très basse, n'a toujours qu'un seul vantail ; lorsqu'elle est ouverte, la vue est arrêtée par un mur qui fait face à la rue, et qui masque une première cour dans laquelle on pénètre par une porte latérale. Dans cette cour, sur le mur du fond, un rideau chamarré d'arabesques multicolores et d'inscriptions, indique l'entrée du harem ; à côté, mais plus près de la porte, se trouve le *mandarak*, salon extérieur pour recevoir les étrangers.

Non-seulement les rues ne sont pas bordées de maisons dont l'aspect satisfait la vue, mais encore elles ne sont soumises à aucune loi d'alignement ; comme chaque propriétaire ne consulte que sa fantaisie et sa commodité lorsqu'il se construit une

demeure, il donne souvent à sa maison une position
oblique à la rue. Les façades sont quelquefois si rapprochées que les rayons du soleil ne tombent qu'un
instant sur le sol vers le milieu de la journée, et que
l'air ne peut circuler librement dans certaines rues.
Toutes sont dépourvues de pavage, et tantôt une
poussière épaisse, tantôt une fange bourbeuse en
rendent le parcours désagréable et difficile. Quelques-unes sont larges, mais toutes sont tortueuses;
elles sont coupées par une infinité de ruelles et
d'impasses décrivant les zigzags les plus bizarres, et
forment des labyrinthes inextricables pour quiconque
n'a pas l'habitude de les fréquenter.

Les rues principales, et par conséquent les plus
larges, sont en été de véritables zones torrides, et
l'on ne pourrait résister à l'action du soleil, si l'on
n'avait soin de les couvrir de planches, de nattes ou
même de vieilles loques. Ces rues bordées par une
double rangée de boutiques, sont à toute heure du
jour encombrées par la foule; d'autres, par un contraste frappant, ont un aspect presque désert; là un
tumulte incessant, ici un silence absolu. Quand pour
la première fois on s'engage dans ce dédale de rues
étroites, on croit volontiers qu'il va s'y passer quelque
scène extraordinaire. Les maisons sont hautes et
d'apparence mystérieuse; dans les rares ouvertures
dont les façades extérieures sont percées, on aperçoit
de temps en temps la tête noire d'une esclave qui disparaît tout à coup à la vue d'un visage étranger.

Tous ces anciens quartiers rappellent à chaque pas les *Mille et une Nuits.*

« Comment décrire, dit M. Rhoné, ce milieu d'enchantements, ce fouillis de rues, de venelles, de places irrégulières et charmantes de caprice, où chaque maison, chaque édifice presque est un chef-d'œuvre d'originalité délicate et pleine de sève! Comment dépeindre ce calme dans les airs, cette lumière éblouissante où baignent les minarets sculptés, puis l'ombre intime et douce qui règne au fond des rues! Ici tout est en fête, en joie perpétuelle : le pittoresque, la couleur, le mouvement y règnent sans partage; tout chatoie, miroite et bruit; tout s'agite et poudroie, comme les atomes joyeux dans un rayon de soleil... En quittant la place inondée de soleil et de foule, on s'enfonce dans les mystères d'étroits passages où le soleil n'est plus qu'un mince filet de lumière éclatante qui serpente derrière les *macharabieh* à jour. » Ces rues étroites sont parfaitement appropriées au climat, quoique beaucoup le soient un peu trop. Les *macharabieh,* quand elles en ont, se touchent parfois et forment une voûte sous laquelle on marche à l'ombre. Ce qui est moins agréable, ce sont les étendages qui souvent les traversent d'une maison à l'autre et qui distillent une pluie suspecte sur la tête des passants.

Les *okels* ou caravansérails (oukâla) sont de grands bâtiments carrés aux formes lourdes et sans mérite architectural. Au milieu est une vaste cour, toujours encombrée de marchandises apportées par les caravanes; les magasins sont au rez-de-chaussée; les étages, divisés en plusieurs chambres, servent d'habitations aux étrangers; une galerie percée de larges ouvertures à arcades, s'étend sur toute la longueur des quatre faces intérieures pour faciliter les communications. Au milieu de la cour est quelquefois un oratoire avec une fontaine aux ablutions; les marchands y font leurs prières tout en veillant sur leurs magasins. Les okels sont placés dans les quartiers les plus commerçants; c'est là où se traitent les grandes affaires en coton, étoffes, tapis, ivoire, gomme, etc.

En Orient tous les artisans du même métier et les marchands qui exploitent le même genre de commerce, sont réunis dans un quartier commun que l'on désigne sous le nom de *souq* (marché) en y ajoutant le nom de la profession qui s'y exerce. Ainsi le quartier où l'on vend des armes, s'appelle *Souq-el-Silah* (marché aux armes); celui où l'on fabrique des ustensiles de cuivre, *el-Nahasîn'* (du mot *nahas*, cuivre), etc. On remplace quelquefois le mot arabe *souq* par *bazar*, son équivalent en persan.

Les principaux bazars du Caire sont les suivants : Le *Gamalieh*, situé au nord-est de la ville, où sont les plus grands okels, et particulièrement celui de Zoul-Fiqar, pour le commerce en gros du café, du tabac, de l'ivoire et du coton. C'est dans cette partie du Caire que s'élevaient les palais des khalifes avant l'avénement du sultan Salah-ed-Din.

Vient ensuite le *Khân-Khalil* (du nom de *Khalil* son fondateur), où l'on trouve les plus belles étoffes orientales, soie, cachemires, châles de l'Inde, draps de Constantinople et de Smyrne brodés d'or ; des plumes d'autruche, des tapis de Perse et de Karamanie, des coffrets et des escabeaux arabes en bois rare ou incrustés de nacre et d'ivoire, des armes et d'anciennes armures sarrasines damasquinées. L'entrée de ce bazar fait face à la mosquée Hassanein. Les boutiques comme toutes les boutiques arabes, ressemblent à de misérables échoppes ; cependant des richesses y sont entassées et sans cesse renouvelées par les okels contigus, qui alimentent les magasins de détail au fur et à mesure de leurs besoins. Le Khan-Khalil occupe l'emplacement où étaient autrefois les tombeaux des khalifes. Le seul monument funéraire qu'on y voit aujourd'hui est le tombeau de Melek-el-Saleh ebn-Kâmel, de la dynastie des Ayoubites, mort en 1250 (648 de l'hégire).

Près du Khan-Khalil est le quartier des ouvriers en cuivre (el-nahasin') et des orfévres. Un étranger passera vingt fois devant les ruelles de ce quartier sans songer à y entrer. Des portes basses donnent accès à des couloirs si resserrés, que deux personnes qui se rencontrent doivent se tourner de côté pour continuer leur marche en avant. On parcourt un labyrinthe de ruelles boueuses et couvertes en planches ; de chaque côté sont de petites boutiques dont la plus large place est occupée par un coffre-fort, sur le devant duquel est accroupi le marchand; quelquefois une vitrine d'un pied cube, renfermant des échantillons, complète l'agencement du magasin. Ce qu'il y a de trésors enfouis dans ces bouges est incalculable; mais on n'irait pas les chercher là, car si riche que soit ce temple du dieu Plutus, il ne paye pas de mine, non plus que les prêtres attachés à son culte. A côté des marchands de bijouterie, sont des ateliers d'orfèvrerie dont l'outillage est d'une simplicité primitive; on y fabrique sous les yeux des visiteurs, des bracelets en or ou en argent tordu, des pendants d'oreilles, des colliers ornés de sequins, et des pièces d'argenterie qui ne dépareraient pas le bazar d'Ispahan. D'assourdissants ateliers de chaudronnerie s'étendent au nord de ce quartier jusqu'à la mosquée du sultan Qalaoun.

Le *Hamzaouy* est le bazar le plus considérable après celui du Khan-Khalil. On y trouve de la parfumerie, des épices, des papiers, des cristaux, de la porcelaine, de la mercerie, des cotonnades et des étoffes dont la plupart sont de fabrique européenne.

Citons encore les bazars *el-Aqqadin'* où sont les marchands de passementerie en soie et en fils d'or et d'argent; *el-Ghourieh,* drap, toile, mousseline; *el-Soukkarieh,* sucre, fruits secs, confitures de dattes. Le *Sourougieh* est la réunion des selliers, des cordonniers, et le *Souq-el-Silah,* des armuriers. Tous ces bazars sont sur la grande rue qui traverse la ville du nord au sud, c'est-à-dire depuis le Bab-el-Foutouh jusqu'à la mosquée du sultan Hassan.

Le *Souq-el-Abîd* n'existe plus. On voit encore aujourd'hui, entre la porte de Zoueyleh et le Bab-el-Ghoraib, un ancien okel aux trois quarts ruiné, dont la fondation remonte au règne du khalife Melek-el-Saleh ebn-Kâmel, suivant l'inscription arabe que nous avons lue au-dessus de l'archivolte d'une ogive, sur la face intérieure nord-est, et qui porte la date de l'an 644 de l'hégire (1246 de J. C.). A cette époque l'irruption des Mogols dans la Haute-Asie, avait chassé loin de leur pays les habitants des régions caspiennes et caucasiennes; leurs tribus se dispersaient devant le flot des hordes tartares. Répandues jusqu'en Syrie, sur les frontières de l'Égypte, elles avaient hâte de fuir car les retardataires, hommes ou femmes, étaient impitoyablement massacrés ou réduits en esclavage. Les marchands d'esclaves de tout l'Orient étaient accourus au-devant des conquérants, nouveaux fournisseurs abondants de leur commerce, et avaient transporté dans tous les marchés de l'Asie méridionale et de l'Égypte, la marchandise humaine dont les Tartares venaient de les approvisionner. Les deux plus riches *gellabs* (marchands d'esclaves) du Caire Ali-Karracheh et Nour, surnommé el-Bendoûqi, s'étaient empressés de suivre l'exemple de leurs confrères, et avaient ramené de Syrie plus de deux mille esclaves des deux sexes. C'étaient des esclaves d'élite, jeunes, d'une beauté remarquable; le choix avait été facile à faire : la qualité inférieure, marchandise encombrante et d'un débit difficile, avait été passée au fil de l'épée. Ces malheureux jeunes gens conduits comme un troupeau, avaient traversé les déserts de l'isthme de Suez pour venir peupler le nouvel okel, et de là passer dans les harems des grands ou être incorporés dans les milices.

Depuis, ce marché, jusqu'à l'expédition française, est resté le mieux achalandé du Caire. En 1799, le chirurgien Larrey avait transformé l'okel en ambulance. Dans l'angle gauche de la cour, au fond, on lit cette curieuse inscription en français : « Les femmes de *se* pays sont jolies, — mais elles ne *vallent* pas Rosalie — à qui je reste fidèle tout de bon, —*jusqua* mon retour à Toulon. — Signé L. Lebon, sergent à la 32e demi-brigade. »

Parmi les places et les rues les plus fréquentées, celle de l'*Esbékieh* attire le plus l'attention; c'est le centre du commerce européen. Sur cette place viennent aboutir, au nord et près de l'hôtel d'Orient, le boulevard Clot-Bey qui conduit à la gare, à l'avenue de Choubrah et aux nouveaux quartiers de Fagallah et de l'Abbassieh; à l'ouest, l'avenue de Boulaq qui traverse le canal Ismaïlieh; au sud, et en longeant le côté occidental de la place, la rue d'Abdin' qui passe devant les hôtels Shepheard et New-Hotel, et finit au palais d'Abdin'.

Sur l'avenue de Boulaq, un peu avant d'arriver à l'usine de la compagnie des Eaux, commence le long boulevard de Qasr-el-Nil, qui traverse en ligne droite le quartier Ismaïlieh et se prolonge jusqu'au Vieux-Caire.

A l'angle sud-est de l'Esbékieh, en face le tribunal mixte, était autrefois un cimetière qui a été transformé en place publique, au milieu de laquelle se dresse la statue équestre en bronze d'Ibrahim-Pacha, fils aîné de Mohammed-Ali. Cette statue est l'œuvre de M. Cordier. De ce point partent deux grandes rues qui traversent l'ancienne ville : l'une directement à l'est, va aboutir à la nécropole des sultans mamelouks par la porte d'el-Ghoraïb, c'est le *Mousky*, un des quartiers les plus commerçants du Caire; l'autre au sud-est, nouvellement percée, est le boulevard Mohammed-Ali, qui va en ligne droite à la mosquée du sultan Hassan, à la Citadelle, aux places Roumeileh et Mohammed-Ali (ancien Qarameïdan'); sur cette dernière place est la gare du chemin de fer de Hélouan'.

Le Mouski est la rue principale qui conduit à tous les bazars et aux monuments les plus curieux. L'entrée était encore en 1881 couverte en planches; mais par mesure de prudence, cette toiture à moitié vermoulue a été démolie, et ne sera probablement jamais remplacée, au grand déplaisir des marchands qui n'ont plus aujourd'hui que des vérandahs étroites pour se garantir du soleil.

Pendant les dernières années du règne d'Ismail-Pacha, le Mousky a été complètement transformé, surtout dans la partie la plus voisine de l'Esbékieh. Les modestes boutiques d'alors ont fait place à de riches magasins à l'européenne. Voici la description qu'en donnait M. Rhoné en 1864 : « Le Mousky commence par des étalages d'armes nubiennes, africaines et autres sauvageries prises sur le fait. Le crocodile empaillé s'y balance d'un air horriblement vexé, parmi des poignards, des lances, des flèches, des boucliers, des tambourins, et des objets de parure à formes étranges et couleurs terreuses... Cette rue est bordée de maisons en partie nouvelles, mais où le style arabe se conserve et n'a pas fait place encore au genre ennuyeux, moderne... Tous les marchands bayent le nez au vent avec leurs marchandises. On ne voit que burnous rayés, brodés, que ceintures de soie écarlate et des abayeh dorées qui pavoisent la rue comme pour une fête. Par-ci par-là, dans un coin sombre où sont de riches étoffes, c'est quelque famille de vieux vases de cuivre rêveurs tout gravés, chamarrés de splendides versets du Qoran, et reluisant pacifiquement comme de gros bijoux fabuleux et invraisemblables, sévèrement gardés par des chimères. Ou bien, du fond d'un trou noir et derrière une échoppe, surgira une tête de Levantin ou de Grec, doux comme miel, subtil comme chat, et qui, toujours épiant et souriant, va vous mettre dans la main des bagues de serpentine et de turquoise, des colliers de poissons d'or, des chapelets d'agate, de gros bracelets d'argent massif, puis de vilains sabres dont il essaye le mauvais tranchant sur le vieux bois de sa vitrine. » Cette description ne peut plus être appliquée au Mousky d'aujourd'hui, mais convient parfaitement au bazar du Khan-Khalil et autres.

Le Caire n'aura bientôt plus rien à envier aux premières villes de l'Europe; comme elles, cette capitale a ses jardins publics, ses boulevards, ses théâtres, ses cafés-concerts, ses voitures de place, ses omnibus, etc. Depuis longtemps l'éclairage au gaz s'est répandu jusque dans les réduits les plus obscurs de la ville; d'immenses réservoirs, sans cesse alimentés par de puissantes machines à vapeur, distribuent l'eau à domicile et sur les points les plus élevés; les puits d'eau saumâtre sont remplacés par des fontaines publiques. D'anciens quartiers ont été entièrement transformés par mesure d'intérêt général, mais l'édilité ne s'est pas toujours préoccupée si l'art avait à perdre ou à gagner à tout ce mouvement progressiste. L'industrie a envahi toute la banlieue, principalement entre le canal Ismailieh et Boulaq; là, sur des terrains jadis marécageux et malsains, s'élèvent des ateliers métallurgiques, des manufactures, de vastes chantiers de construction. La vapeur est appliquée à tous les grands travaux : pompes d'irrigation, moulins, machines pour l'égrenage du coton, huileries, distilleries, etc.

Les petits industriels enrichis et qui ont vécu au contact des Européens, sont les premiers à appliquer à leurs métiers les innovations d'outre-mer. Mais le flot du progrès moderne se brise dès qu'il touche au cœur de la ville indigène : l'Égyptien qui s'est conservé pur, enveloppe d'un regard dédaigneux ces *excès* d'inventions européennes; la voiture de place, le chemin de fer, voilà à peu près tout ce qu'il goûte. Cela n'empêche pas qu'il ne soit grand admirateur de mécanique; mais à quoi bon pour lui toutes ces machines tapageuses? Il y a vingt ans rien n'existait de tout cela ici, et les affaires n'en allaient pas plus mal. Aussi dans sa profession, dans ses relations commerciales, a-t-il conservé jusqu'à présent tout le caractère primitif oriental qui le distingue; et quant à faire usage dans ses travaux manuels des moyens autres que ceux qu'il tient de ses devanciers, il a sur ce point des idées bien arrêtées dont il ne lui arrive de se départir que dans des cas extrêmement rares.

Le Caire est divisé en huit arrondissements :

1° *Abdin'*, qui comprend les quartiers de Bab-el-Louq, Ismailieh, Bab-el-Khalq.

2° *Khalifah* : Sayida-Nefisah, Sayida-Sakinah, Qala'a-el-Kabch, el-Menchieh (Roumeilch), Salibah.

3° *Darb-el-Ahmar* : Soukkarieh, Qasabet'-Radouân, Khiamieh, Hart-el-Roum.

4° *Qaïçoun* : Syoufieh, Mogharbelin', Sourougieh.

5° *Gamalieh* : el-Azhar, Khân-el-Khalil, Nahasin', Gouanieh, Sayidna-Houssein.

6° *Bab-ech-Charieh* : Hart-el-Yaoud, Ouasaah, Tambali.

7° *Sayida-Zeynab* : Darb-el-Gamamiz, Nasrieh, Ismailieh, Qasr-el-Ali.

8° *Esbékieh* : Mousky, Hart-el-Yaoud, Hart-el-

Nassarah, boulevard Clot-Bey (charea Clot-Bey), Faggalah, Kom-el-Dikkah, charea Qaoualah, charea Abd-el-Aziz.

L'ESBÉKIEH.

De toutes les places du Caire, la plus belle es celle de l'Esbékieh. Suivant les historiens arabes, ce nom viendrait de l'émir *Esbéky*, général du sultan Qaït-Bay, qui avait fait construire, au quinzième siècle, une mosquée en cet endroit; mais nous avons vu précédemment (page 102) qu'il faudrait plutôt faire remonter l'origine de ce nom à une époque beaucoup plus ancienne : *As-baki*, qui signifie en copte l'ancienne ville, servait à désigner les constructions qui existaient déjà sur ce terrain bien antérieurement à la fondation de la ville des Fatimites. L'Esbékieh était autrefois une plaine basse recouverte chaque année par l'inondation, et comme aujourd'hui entourée d'habitations. Mohammed-Ali fit subir à cette place une première transformation. Les buttes de décombres qui se trouvaient entre le Caire et le Nil, au delà du pont de Bab-el-Louq, furent employées à relever le niveau du sol; le lac fut transformé en un vaste jardin entouré d'un canal qui allait déverser ses eaux dans le Khalig-el-Mogherby, qui lui-même rejoignait le canal intérieur du Caire sur la route d'Héliopolis, près de la mosquée El-Zaher.

Aujourd'hui le jardin de l'Esbékieh, depuis les travaux exécutés en 1867 par le khédive Ismail, est formé de pelouses sillonnées par de nombreuses allées aux contours gracieux, et plantées d'arbres de toutes sortes. Un personnel nombreux est chargé de veiller à l'entretien du jardin. Chaque matin les gazons parsemés de fleurs, les massifs et les allées, sont arrosés avec de longs tuyaux à roulettes exactement comme dans nos parcs d'Europe. Au centre est un lac en miniature dont les eaux sont amenées par une petite rivière qui sort d'une grotte artificielle, au fond de laquelle tombent les flots d'une cascade. Cette grotte est surmontée d'un belvédère rustique d'où l'on a une vue magnifique : Au milieu des bosquets, et à moitié cachées sous les rameaux touffus des grands arbres, on aperçoit d'élégantes constructions de tous styles; à droite, des cafés-concerts où l'on entend le soir des romances arabes accompagnées d'instruments indigènes; en face, un pavillon chinois, un théâtre d'été, un restaurant, un atelier de photographie; à gauche, des cafés en plein vent et un kiosque où la musique militaire vient jouer tous les jours, de quatre heures à neuf heures du soir, des airs européens et turcs. Le jardin de l'Esbékieh est de forme rectangulaire à angles coupés; il occupe une surface d'environ huit hectares, c'est-à-dire plus d'un tiers en moins qu'auparavant. Les travaux qui l'ont transformé dans l'état où il est aujourd'hui, ont été dirigés par MM. Barillet-Deschamps et Delchevalerie.

Du côté ouest, à l'angle même de l'avenue de Boulaq, est le palais d'Elfy-Bey que Bonaparte avait choisi pour quartier général. C'est dans le jardin de ce palais que fut assassiné Kléber. On se rappelle les circonstances de ce drame qui porta un coup si violent à l'armée française : Un jeune fanatique d'Alep, nommé Soleyman', sans cesse en proie à une profonde exaltation religieuse, était arrivé à se persuader, dans son imagination malade, qu'il était investi d'une mission divine et résolut la mort du général en chef. Après avoir passé quarante jours en prière, presque en jeûne, il se mit, à partir du 10 juin 1800, à suivre Kléber et à épier l'occasion de frapper sa victime. Le 14 il s'introduisit dans le jardin du Gouvernement, se cacha dans une citerne abandonnée et attendit. Au bout de quelques heures Kléber parut, accompagné de l'architecte Protain auquel il montrait plusieurs réparations à entreprendre. Soleyman' sortit alors de sa retraite, se jeta aux genoux du général en lui remettant une pétition et, se relevant soudain, il plongea à quatre reprises son poignard dans le cœur de Kléber qui tomba sous la violence des coups. Protain se précipita sur l'assassin et reçut à son tour un coup de poignard qui le renversa. Aux cris qu'avaient jetés les deux victimes, des soldats accoururent, et le meurtrier fut découvert blotti derrière un monceau de décombres.

L'endroit où Kléber fut frappé se trouve actuellement dans le jardin appartenant à l'hôtel Shepheard qui touche à l'ancien palais d'Elfy-Bey. Grâce aux indications précises de l'histoire, et surtout aux relations arabes sur l'expédition d'Égypte, rien ne serait plus facile que de retrouver aujourd'hui la place exacte où Kléber est tombé. Personne n'a sans doute songé à le faire, car pas une pierre, pas la moindre inscription ne vient rappeler aux voyageurs français, qu'un de leurs plus vaillants capitaines, le vainqueur d'Héliopolis, est tombé là sous les coups d'un lâche assassin.

ARCHITECTURE ARABE

L'architecture arabe ne paraît pas remonter au delà de l'établissement de l'islamisme, c'est-à-dire au septième siècle de notre ère, époque à laquelle les traditions de l'art ancien achevaient de se perdre dans le monde nouveau. « L'Orient, dit M. J. Bourgoin, est le terroir natif de tous les arts comme de toutes les religions, et les communications incessantes entre tous les Asiatiques ont amené une telle diffusion des différentes formes de l'activité industrieuse de ces peuples, qu'il est fort difficile de démêler ce qui revient à chacun d'eux. On reconnaît dans toutes les productions de l'art en Orient des influences infiniment variées, et l'on peut dire que l'art oriental est un syncrétisme de tous les éléments byzantins, persans, indiens, mauresques, etc., qui se mêlent et s'enchevêtrent sous la civilisation arabe. » Chez tous les peuples, les premiers monuments furent érigés en l'honneur de la divinité; ces édifices sacrés ont même souvent entre eux une certaine analogie de caractère. Les Arabes inaugurèrent une architecture nouvelle qui n'offre aucun rapport avec les temples de l'époque pharaonique : les constructions massives, imposantes, renfermant des retraites sombres et mystérieuses, ne pouvaient convenir aux disciples de la nouvelle religion où tout se fait au grand air. Du reste l'instinct des races n'était pas le même ; autant l'ancien Égyptien semblait rechercher la solidité inébranlable dans les édifices, autant l'Arabe semblait avoir un goût particulier pour la légèreté des supports, et la disproportion entre le plein et le vide. Soumis aux dogmes d'une religion sévère qui interdisait la représentation des êtres animés, il dut rompre avec le passé et se créer un type qui n'empruntât rien au culte des images. « Limité dans ses moyens d'orner les surfaces, dit M. Charles Blanc (V. E. Isambert, *Itinéraire de l'Orient*), l'Arabe a été amené fatalement à la complication, qui est l'un des caractères les plus frappants de son art. De là ses enchevêtrements de figures géométriques, d'entrelacs inextricables, qui intriguent et charment le regard, et dont la contemplation donne le vertige. Et pourtant il est prouvé aujourd'hui, notamment dans le bel ouvrage de M. Bourgoin (*les Arts arabes*), que la confusion de ces trapèzes dispersés, de ces triangles interrompus, de ces polygones emmêlés, de ces disques intermittents, n'est qu'une confusion apparente ; il est prouvé qu'une méthode parfaitement simple a présidé à l'embrouillement aimable de ces arides figures, et que l'on peut aisément retrouver le fil de ce mystérieux labyrinthe. »

Dans les mosquées principalement, le portail a souvent ce caractère étrange que l'on rencontre dans l'art arabe et qu'on admire surtout au Caire dans les splendides mosquées du sultan Hassan, de Qaït-Bây et d'El-Mouayyad. D'une hauteur considérable en proportion de sa largeur, il présente un profond renfoncement au pied duquel se trouve la porte d'entrée; les côtés et le mur plein du fond sont ornés d'arabesques, de mosaïques représentant des inscriptions en caractères koufiques, ou de colonnes torses à cannelures. Mais ce qui frappe le plus les yeux et qui se retrouve dans presque tous les monuments arabes, ce sont ces petites niches superposées en saillie, que l'on a comparées avec raison à des *stalactites,* et que l'on désigne sous le nom d'*encorbellement.* Pour quiconque a vécu en Orient au milieu des restes magnifiques de l'art arabe, la combinaison des stalactites est un souvenir ineffaçable; il est non-seulement difficile d'en décrire la nature et l'effet, mais même de les reproduire. Tous les architectes arabes qui ont cherché à les imiter dans les édifices modernes, n'ont produit que de grossiers pastiches qui ne supportent pas un instant la comparaison avec leurs modèles. Pour remédier à l'inconvénient que présentent ces larges plans de maçonnerie, l'art arabe n'a pas la ressource de la statuaire; d'un autre côté l'arabesque en relief ne se prête pas à l'ornementation des surfaces concaves ; la difficulté a donc été écartée par l'emploi de l'encorbellement.

Par leur agencement les stalactites, ornements si simples dans le principe, permettent d'arriver aux effets les plus divers. Placées en ligne droite les unes à côté des autres, elles forment des corniches d'une grande richesse dont ne peut se rendre compte que celui qui les a longuement admirées. Au-dessus des fûts de colonnes, elles deviennent d'élégants chapiteaux. Dans les lacunaires, et c'est là leur plus esthétique emploi, elles produisent, grâce à leur nombre qui augmente à mesure que s'élargit la voûte, la plus gracieuse transition entre les pilastres et la coupole, et s'harmonisent admirablement avec les arabesques qui, elles aussi, arrivent aux effets les plus compliqués, à un véritable méandre d'ornements. Les stalactites qui garnissent le haut du renfoncement des portails, sont fréquemment terminées par une coquille aux nervures puissamment tracées et viennent rejoindre, vers le sommet, l'ogive extérieure ordinairement tréflée.

Les édifices religieux semblent avoir le privilége exclusif des richesses de l'architecture arabe. Aucun monument civil élevé par les khalifes et les sultans mamelouks n'est parvenu jusqu'à nous. Tout ce qui rappelle aujourd'hui en Égypte le souvenir de l'ancienne domination musulmane n'est que mosquées, tombeaux et fortifications. Il est donc permis de supposer que les palais des anciens souverains arabes étaient construits, comme ceux de nos jours, avec des matériaux qui n'offraient aucune garantie sérieuse de solidité.

Les maisons particulières sont complétement dépourvues extérieurement de tout caractère architectural, et présentent dans leur ensemble le même type d'uniformité. Les palais se distinguent seulement par leurs dimensions ; presque toujours ils sont entourés de hautes murailles qui les protégent contre les regards indiscrets des voisins. Les ornements sont tout à fait inconnus dans la décoration de la maison arabe; tout ne concourt qu'à assurer au propriétaire les commodités qu'il recherche et à l'envelopper de mystère ; rien n'est sacrifié au goût, aux exigences du public ; souvent sous une apparence misérable, le plus grand luxe est déployé à l'intérieur. Cette négligence de l'ornementation extérieure tient sans doute à une vieille coutume mise en pratique sous l'ancien régime : cette manière de bâtir était alors une précaution contre l'envie des grands, desquels le peuple avait appris par une longue expérience, qu'il était trop dangereux d'offrir des tentations à leur insatiable cupidité.

Mosquée du Sultan Qaït-Bey.

MOSQUÉES [1]

La mosquée n'est point, comme on le croit chez certains peuples, un temple où Dieu habite ou s'y manifeste d'une façon particulière ; ce n'est qu'un monument destiné à réunir les fidèles pour l'accomplissement de leurs devoirs religieux, et la sainteté du lieu consiste surtout dans le *mihrab* ou sanctuaire, qui marque sa position par rapport à la Kaabah vers laquelle tout croyant doit avoir le visage tourné quand il prie. La mosquée n'a point de forme déterminée par la loi religieuse ; on en trouve au Caire qui sont élevées sur les plans les plus irréguliers. Les plus anciennes présentent ordinairement une cour rectangulaire entourée de portiques. La seule condition requise, est que l'endroit où l'on se prosterne en priant soit orienté vers la Mekke, considérée par les musulmans comme le centre du monde. C'est dans

[1] V. P. Coste, *Architecture arabe*; Prisse d'Avennes, *l'Art arabe*; J. Bourgoin, *les Arts arabes*.

cette partie du temple, plus spacieuse que les autres, que se trouve la *qiblah*, appelée aussi mihrab comme le sanctuaire dont elle fait partie ; c'est une niche plus ou moins riche en ornements, pratiquée dans l'épaisseur du mur, ou quelquefois, comme à la mosquée et au tombeau de l'imam Chafei, ménagée dans un angle, mais invariablement placée dans la direction de la Kaabah, chapelle au milieu de la mosquée de la Mekke, qui renferme la pierre sacrée que l'ange Gabriel apporta à Abraham lorsqu'il bâtissait ce temple. « En priant, a dit le Prophète, tourne « ton front vers le temple antique qu'Abraham père « d'Ismaël consacra au Seigneur. En quelque lieu « que tu sois, porte tes regards vers ce sanctuaire « auguste. »

Près de la qiblah est placé le *membar*, chaire à prêcher du haut de laquelle se fait chaque vendredi la *khotbah* ou prière publique, par l'*imam* assisté de son *merakki* (diacre). En face de la qiblah et du membar, s'élève à une hauteur d'environ deux mètres et demi, le *dikka* (banc), tribune en bois ou en pierre supportée par des colonnes, et sur lequel se tiennent le *mouballegh* et ses desservants. Ce mouballegh est particulièrement chargé de rappeler aux fidèles certaines maximes et de leur expliquer les paroles de l'imam. L'imam est un ministre de la religion, mais qui n'est revêtu d'aucun caractère sacré.

Au milieu de la cour (*sahn*) est le *meïdah*, bassin

carré ou octogone, abrité ou découvert, et rempli d'eau pour les ablutions légales. Dans les grandes mosquées, près du meïdah, est un autre bassin couvert, *maghtas,* sorte de piscine destinée particulièrement à la classe pauvre. Tout à côté est une fontaine pourvue de robinets, appelée *hanafïeh.* Les quatre sectes orthodoxes de l'islamisme ayant des manières différentes de faire leurs ablutions, le musulman qui n'oserait les accomplir dans le bassin public où l'eau est stagnante et malpropre, se sert de préférence aux *hanafïeh* où l'eau coule toujours pure. Près des fontaines aux purifications est souvent un *mousallah* (oratoire), où les pauvres font leurs prières. L'ablution (*el-woudou*) consiste à se laver le visage, la bouche, les narines, les oreilles, la barbe, les mains, les bras jusqu'au coude et les pieds jusqu'à la cheville. On prie en accomplissant cet acte de purification rigoureusement obligatoire non-seulement avant les cinq prières quotidiennes, mais encore après le contact des femmes ou toute espèce de souillure corporelle.

Dans certaines mosquées le sanctuaire est isolé par des clôtures à jour, et forme une sorte d'enceinte réservée appelée *maqsourah.* Ce même nom s'applique aussi à l'endroit où se trouve le tombeau du fondateur. Les trois autres côtés de la cour, quand ils sont garnis de portiques intérieurs, se nomment *liwân.*

Les mosquées sont toujours extrêmement propres;

elles ne contiennent ni chaises ni bancs; le sol est couvert de nattes ou de tapis sur lesquels les fidèles se tiennent assis sur les talons. Avant de pénétrer dans l'intérieur, les musulmans ôtent leurs chaussures, les laissent à la porte ou les tiennent à la main semelle contre semelle, toujours très attentifs à mettre le pied droit le premier en franchissant le seuil de l'entrée. Leurs gestes, leurs regards sont calmes et modestes, leur attitude est recueillie. Malgré tout le respect qu'ils portent à leurs temples il n'est pas rare d'en voir y manger, dormir, travailler même dans les heures qui ne sont pas affectées à la prière. Avant l'expédition française, il y avait plusieurs mosquées devant lesquelles les chrétiens et les juifs ne pouvaient passer à cheval. Bonaparte fit cesser cet usage en opposant aux oulémas un argument sans réplique : « Si c'est par respect pour vos mosquées, leur dit-il, que vous ne laissez pas passer devant elles à cheval les membres des religions différentes de la vôtre, pourquoi ne vous astreignez-vous pas vous-mêmes à cette loi? Est-il raisonnable d'exiger pour les objets de votre culte, et de la part des étrangers, des témoignages de vénération que vous ne leur donnez pas vous-mêmes? » Aujourd'hui la tolérance est arrivée à un tel point que les Européens peuvent visiter toutes les mosquées du Caire (trois cents environ) sans crainte d'être inquiétés.

Chaque mosquée a un intendant (*nazir*) qui est chargé de l'administration des revenus provenant de propriétés léguées à la mosquée. Deux imams y sont attachés, l'un appelé *khátib*, chargé de faire la prière publique du vendredi; l'autre, *tartib* ou aumônier, qui a mission de réciter la prière tous les jours aux cinq heures canoniques établies par le Qoran : « Publie la gloire du Très-Haut avant le lever et le coucher du soleil, pendant la nuit et aux extrémités du jour, afin que ton cœur soit content de lui-même. XX, 130. »

Les minarets (*maadneh*) sont aux mosquées ce que les clochers sont aux églises; leur nombre et leur forme sont abandonnés au goût de l'architecte; la décoration extérieure varie suivant l'importance de l'édifice. C'est du haut des balcons de ces tours que le *mouezzin'* chante l'*adán* ou invitation à la prière, à l'aurore (*el-feggr*), à midi (*ez-zór*), trois heures avant le coucher du soleil (*el-asr*), au coucher du soleil (*el-maghreb*), et une heure et demie après le coucher du soleil (*el-aéchah*). Quand il n'y a qu'un seul minaret, il est ordinairement à côté ou au-dessus de la porte principale.

L'intérieur des mosquées est revêtu d'ornements, en sculptures ou en mosaïques, composés de lignes droites, et d'un mélange gracieux de feuillages. Souvent une large frise portant une inscription monumentale en caractères koufiques ou arabes, règne sur les trois côtés du sanctuaire. On sait que le Prophète, voulant frapper au cœur l'idolâtrie, a sévèrement défendu la reproduction, par le pinceau ou le ciseau, de tout être vivant; aussi ne rencontre-t-on jamais dans les temples musulmans des figures d'hommes ou d'animaux. L'imagination de l'artiste arabe n'interroge dans la nature que les parures les plus brillantes de la végétation, ou bien toute son attention se porte sur les entrelacs, ingénieuse combinaison de figures géométriques qui présentent à première vue un fouillis de lignes brisées, dont la clef a été retrouvée par M. Bourgoin.

Souvent les voyageurs frappés de l'état de délabrement dans lequel se trouvent la plupart des mosquées, ne savent comment concilier cette marque de négligence avec la piété ardente des musulmans, et le respect qu'ils professent pour les édifices de leur culte. Mais c'est ce respect même poussé à l'excès qui est la cause de leur négligence apparente. Ils craignent, en effet, de violer la sainteté du lieu en y faisant des réparations, et il faut vraiment que l'édifice menace ruine pour en arriver à ces extrémités profanes. Le nom du fondateur et la date de l'érection d'un monument religieux, sont toujours rappelés dans une inscription murale, soit par des chiffres, soit par un *tarikh* ou chronogramme formé par le dernier hémistiche d'un vers dont les lettres, qui ont une valeur numérique conventionnelle, représentent le nombre que l'on veut exprimer.

MOSQUÉE TOULOUN.

La mosquée *Touloun* ou *Teyloun* remonte à près d'un siècle avant la fondation du Caire; c'est le plus ancien monument que cette ville renferme dans ses murs; elle est située à l'extrémité de la partie sud, sur le versant d'une colline appelée Gebel-Yechkar. Elle fut bâtie en 876 (263 de l'hégire), par Ahmed ebn-Touloun qui gouvernait l'Égypte pour son propre compte tout en reconnaissant la suzeraineté du khalife abbasside El-Motamed ebn-Moutaouakkel.

Histoire. — A l'époque où Ahmed ebn-Touloun paraît sur la scène politique, l'empire de l'islam était en proie à des intrigues et à des conspirations permanentes. Il était rare alors que les personnages influents appelés aux fonctions de gouverneurs, se déterminassent à quitter la cour du khalife pour aller prendre possession du commandement qui leur était confié; mais ils faisaient gérer les provinces en leur nom par des lieutenants. Le territoire de l'Égypte était partagé entre divers vice-gouverneurs et administrateurs : les uns commandaient à Fostat, les autres à Alexandrie, d'autres encore dans la Haute-Égypte. Le pouvoir n'était pas même concentré dans les mêmes mains; dans chacune de ces divisions l'armée avait un chef particulier, tandis qu'un autre fonctionnaire était chargé de l'administration civile et du prélèvement des impôts.

La réputation dont jouissait Ahmed ebn-Touloun avait déterminé Bakbak, gouverneur titulaire de l'Égypte, à le choisir pour son représentant militaire à Fostat; l'administration financière était déjà confiée à Ahmed ebn-el-Modabber. Celui-ci vint à la rencontre du lieutenant militaire escorté de cent esclaves indiens, et lui offrit un présent de dix mille dinars (environ 150,000 fr.). Ahmed ebn-Touloun refusa l'or et demanda en échange les cent esclaves armés. Ebn-el-Modabber, bien que soupçonnant l'intention de cette demande imprévue, n'osa s'y refuser et céda son escorte. A partir de ce moment tout le pouvoir passa entre les mains d'Ahmed ebn-Touloun, qui devint bientôt assez puissant en Égypte pour y égaler en autorité le gouverneur dont il n'était que le représentant, et soumettre par la force des armes, soit les ennemis qui voulaient s'opposer à l'agrandissement de sa puissance, soit d'autres vice-gouverneurs qui prétendaient conserver leur indépendance envers lui. Il s'établit au quartier d'El-Asker, sur un pied de défensive assez redoutable pour n'avoir à craindre aucune attaque ni à l'intérieur ni au dehors. Mais il ne put habiter longtemps le palais de ses prédécesseurs; l'enceinte qui renfermait El-Asker et Fostat était devenue insuffisante pour contenir les vastes magasins que nécessitaient ses immenses préparatifs de guerre, le nombre toujours croissant de ses chevaux et de ses esclaves, et les richesses immenses qu'il avait amassées. Il chercha donc un nouvel emplacement qui pût réunir l'avantage de la position avec la proximité de Fostat et de son faubourg; son choix se fixa alors sur le plateau qui s'étend à l'orient du Nil jusqu'au pied du mont Moqattam. Cette place était remplie de tombeaux chrétiens et juifs; Ahmed les fit démolir et commença par y bâtir une citadelle et un manége. Bientôt tout le terrain fut couvert de constructions, et ce nouveau quartier devint rapidement une ville remarquable par ses riches palais, ses jardins magnifiques, ses bains et ses bazars; on l'appela *El-Qataïah* (les fiefs), en souvenir des terres qui avaient été concédées par Ahmed aux chefs de son armée et à ses principaux partisans. L'édifice qui surpassait tous les autres par son étendue et sa magnificence, était le palais du vice-gouverneur. La porte principale de ce monument était surmontée d'un belvéder aux formes élégantes d'où l'on découvrait un panorama admirable : c'était d'abord Fostat avec sa vieille forteresse aux lourdes murailles; puis l'île de Raoudah verdoyante et fleurie qui se mire au milieu des eaux tranquilles du Nil; plus loin, derrière les bois de palmiers de la rive occidentale du fleuve, le désert aride et, tout au fond, sur le plateau de la chaîne libyque, les imposantes pyramides qui ferment l'horizon de ce côté.

Cette ancienne ville d'Ahmed ebn-Touloun, sa

forteresse, son palais, appelé el-Meïdan du nom de la place sur laquelle il s'élevait, ont subi l'effet inévitable du temps et des catastrophes que tant de révolutions, et principalement celles qui ensanglantèrent le règne d'El-Mostanser, ont amenées depuis cette époque en Égypte. Le Caire, bâti plus tard, a envahi et renfermé dans sa vaste enceinte la ville moins étendue qui l'avait précédé; mais des traces de l'ancienne cité sont parfaitement reconnaissables de nos jours, et la belle mosquée qui existe encore suffit pour attester son ancienne splendeur. L'étang qui est au-dessous de la colline sur laquelle les Français établirent le fort Muireur en 1799, porte encore le nom de *Birket-Touloun;* il aurait, dit-on, fait partie des jardins d'Ahmed ; la colline de décombres serait elle-même formée des débris de son palais.

L'an 258 de l'hégire (871 de J. C.) Ahmed ebn-Touloun fut nommé officiellement, par le khalife El-Motamed, seul maître des pouvoirs civils et militaires, c'est-à-dire de toute l'administration politique et financière de l'Égypte. Le premier acte du nouveau gouverneur général fut de supprimer une partie des impôts et de mettre un terme aux vexations excessives établies par l'intendant des finances Ebn-el-Modabber. Il fit ensuite réparer le Nilomètre, créa des fontaines publiques, fonda un hôpital dans le quartier d'El-Asker, et fit élever deux mosquées, l'une à proximité de son palais, l'autre sur le mont Moqattam.

Pendant qu'Ahmed s'occupait ainsi des affaires

intérieures, une guerre sérieuse vint menacer sa puissance et la tranquillité de l'Égypte. La capitale fut mise en état de défense; l'île de Raoudah fortifiée et protégée par une ligne de cent galères armées. Des signaux établis sur différents points, des pigeons voyageurs, devaient avertir les chefs de corps des mouvements de l'ennemi. L'armée d'invasion envoyée par El-Mouaffaq, frère du khalife, s'arrêta aux frontières du Delta. Quelque temps après la paix était signée.

Après avoir gouverné l'Égypte pendant dix-huit ans, Ahmed ebn-Touloun mourut à l'âge de cinquante ans en 884 (270 de l'hégire) et fut inhumé sur le Moqattam. Ce prince avait étendu son pouvoir jusque sur la Syrie; c'est lui qui fit bâtir à Jaffa la première citadelle qui ait défendu cette place, jusque-là dépourvue de fortifications. La ville de Sour, l'ancienne Tyr, lui dut aussi son entière reconstruction. Ahmed était doué d'un esprit droit et d'un heureux naturel; il s'était livré particulièrement à l'étude des traditions musulmanes, et sa réputation s'étendait des bords du Nil à Samarrah alors capitale du khalifat. Lorsqu'ils voulut bâtir la mosquée qui porte son nom, il recommanda de ne rien épargner pour en faire un édifice qui surpassât en dimension et en richesse la mosquée d'Amr à Fostat; il voulait, disent les historiens arabes, que les portiques fussent soutenus par trois cents colonnes de marbre; mais on lui objecta qu'un aussi grand nombre de colonnes ne pourrait jamais se trouver dans toute l'Égypte, à moins qu'on ne les enlevât aux anciens monuments de Memphis ou aux églises des chrétiens. Ahmed, à qui il répugnait d'employer de semblables moyens, consulta un architecte copte qui lui avait déjà exécuté plusieurs travaux et en qui il avait toute confiance. L'architecte lui proposa de bâtir une mosquée aussi belle qu'il le désirait, sans employer une seule colonne, à l'exception toutefois de celles qui doivent être placées de chaque côté de la qiblah. Le plan fut trouvé parfait et Ahmed donna aussitôt l'ordre de se mettre à l'œuvre. Le monument fut élevé en chaux et en briques, sans aucuns matériaux combustibles. « Je veux, avait dit le fondateur, que si Fostat et ses « faubourgs périssent un jour par l'eau ou par le-« feu, ma mosquée puisse survivre à cette destruc-« tion. »

En deux ans l'édifice fut achevé ; trois cents lampes d'airain suspendues à la voûte par de longues chaînes de cuivre, décoraient l'intérieur ; des nattes et des tapis couvraient le sol. Au mois de Ramadân 263, Ahmed annonça que le temple était ouvert à la piété des fidèles ; cependant personne ne se présenta : on craignait que les fonds qui avaient servi à payer tant de richesses, n'eussent été acquis par des voies illicites ; mais le prince se justifia de ce soupçon, et déclara avec serment qu'il n'avait rien dépensé qui fût au delà de ses moyens ; il acheva de rassurer le peuple en affirmant que dans ses courses aux environs de la ville, il avait trouvé un trésor suffisant pour bâtir sa mosquée et la doter.

—La mosquée Touloun est entourée d'une double enceinte afin d'isoler le lieu de la prière des bruits du dehors. L'entrée principale est sous une arcade transversale qui s'ouvre sur la face nord, ou plus exactement nord-ouest, de l'édifice. Trente-quatre petites fenêtres en ogive, forment comme un attique le long de chaque façade; leurs ouvertures répondent deux à deux aux dix-sept arcades des galeries intérieures. Les plafonds sont en bois de dattier, et les poutres revêtues de planches afin de paraître équarries. Immédiatement au-dessous de ce plafond, règne une frise en bois sur laquelle est sculpté, en caractères koufiques, le Qoran tout entier. Quelques historiens arabes prétendent que cette frise, qui existe encore en partie, était formée « des planches de l'arche de Noé, dont Ahmed avait retrouvé les débris sur le mont Ararat en Arménie! »

Au milieu de la cour s'élevait un pavillon surmonté d'une haute coupole soutenue par huit colonnes de marbre, et ornée extérieurement d'une sorte de galerie à treillage doré, supportée par seize autres colonnes entre lesquelles étaient suspendus des vases en bronze remplis de parfums que l'on brûlait tous les vendredis pendant la prière solennelle. Sous la coupole d'azur parsemée d'étoiles d'or, était un bassin en mosaïque d'où l'eau jaillissait en gerbe, et entretenait dans cet endroit une douce fraîcheur.

Près de l'entrée principale de la mosquée s'élevait un palais appelé la *Maison du Gouvernement*, où Ahmed s'arrêtait en venant assister aux prières publiques. Ce palais communiquait avec la mosquée par une chambre entourée de rideaux, qui formait une sorte de *maqsourah* où se tenaient le prince et sa famille pendant les cérémonies. Sur le côté sud-ouest du mur d'enceinte était un collège public, où les disciples de Rabieh ebn-Soleyman' enseignaient la théologie et la jurisprudence.

La mosquée Touloun peut être considérée comme le type le plus pur de l'architecture arabe en Égypte pendant la première époque. Elle est exempte de cette foule de détails inutiles qui choquent l'œil dans la plupart des autres mosquées. L'édifice a été construit d'un seul jet, et les réparations faites par le sultan Melek-el-Mansour Lagin'en 1296 (696 de l'hégire), n'y ont apporté aucune modification importante. Les murs sont en briques rouges recouvertes d'un fort enduit sur lequel se détachent des ornements, des moulures en stuc, et de petites colonnes engagées aux angles des pilastres qui supportent les arcades à angle aigu très peu sensible; au-dessus de chaque pilastre, une ouverture ogivale a été ménagée pour donner plus de grâce et de légèreté aux portiques. La décoration a de l'ensemble et de l'unité. Les fenêtres pratiquées dans les murs extérieurs sont en pierre calcaire et découpées à jour sans vitraux. Le pourtour des ouvertures ainsi que le dessous des arcades sont couverts d'arabesques et d'inscriptions.

Le sanctuaire a cinq rangs de portiques. Le *membar* est en bois de noyer, à compartiments incrustés d'ivoire et découpés à jour; la porte, délicatement sculptée, est surmontée d'une corniche à stalactites. La *qiblah* se détache sur un panneau chargé d'ornements en couleur encadrés de moulures; elle est soutenue par quatre colonnes dont deux en marbre noir; le fond est en mosaïque; la partie supérieure a été réparée et la mosaïque maladroitement raccordée avec de la peinture. Au-dessus de la qiblah s'arrondit gracieusement une petite coupole à jour soutenue par des pendentifs en bois. Une autre qiblah, toute formée d'appliques en plâtre, et de beaucoup moins ancienne que le reste du monument, est placée à vingt-cinq mètres à gauche du membar.

Le bassin aux ablutions qui existe aujourd'hui a remplacé l'ancien pavillon, brûlé en 1294 (694 de l'hégire) sous Melek-el-Adel-Ketboghâ. Ce bassin est abrité par une coupole en brique, reliée à une base carrée par des pendentifs couronnés d'une inscription monumentale en caractères naskhys. Le mur intérieur de la cour est terminé par une large frise avec des rosaces en creux inscrites dans un encadrement octogone. La partie supérieure du mur d'enceinte, découpée en forme de créneaux échancrés, ressemble de loin à une immense bordure de dentelle.

La mosquée a trois minarets qui tombent en ruine; le plus grand est de forme assez bizarre : la base carrée et massive supporte une tour ronde terminée par une autre tour octogone à deux étages. Au pied du minaret, une porte en fer à cheval s'ouvre sur l'escalier extérieur qui décrit une ligne en spirale jusqu'à la galerie supérieure. Le sommet du massif est couronné par une girouette de bronze en forme de barque dans laquelle on mettait autrefois du blé et de l'eau pour les oiseaux. « Cette girouette, dit un écrivain arabe, a été longtemps un sujet de superstition pour le peuple : ses mouvements correspondaient aux « révolutions du soleil », et si parfois le vent la faisait dévier, on devait s'attendre à de grands évènements. »

En 1847 Mohammed-Ali transforma la mosquée Touloun, déjà abandonnée, en hospice pour les vieillards et les infirmes. C'est Clot-Bey qui fut chargé de cette charitable fondation. « C'est à Clot-Bey, dit M. Prisse d'Avennes, qu'est due la ruine d'un aussi beau, d'un aussi ancien monument de l'art arabe, car pour approprier ce vaste édifice à sa nouvelle destination, il a bouché toutes les arcades par de mauvais murs percés de fenêtres vitrées, et il en a divisé l'étendue en petits logements. Il n'est pas possible aujourd'hui d'embrasser l'ensemble de la mosquée, ni même d'en dessiner les principaux détails. On ne peut s'empêcher de déplorer l'inutilité d'un tel acte de vandalisme caché sous un masque de philanthropie. »

La mosquée Touloun présentait encore en 1880

l'aspect d'une *cour des Miracles;* toutes les misères de la vie humaine s'y trouvaient réunies. Le voyageur pouvait à peine se défendre contre les pauvres et les infirmes à demi nus qui le poursuivaient sans relâche de leurs sollicitations importunes, accompagnées de contorsions repoussantes. Sous les portiques étaient groupés des vieillards affaiblis couverts d'un haillon, et qui semblaient n'avoir plus la force de tendre la main. Des idiots couraient en poussant des cris assourdissants, ou grimaçaient quelque rire stupide en roulant des yeux égarés, pour essayer d'apitoyer le visiteur sur leur sort. La vue de ces malheureux, à tout moment rudoyés par leurs gardiens, offrait un spectacle émouvant et dégoûtant à la fois. Le khédive a ordonné que ces infortunés fussent transférés au *moristân* de Boulaq où ils sont mieux traités.

Aujourd'hui la mosquée est déserte; aucun bruit ne vient troubler le silence profond qui règne dans son immense enceinte. En traversant les nefs du sanctuaire où pas même l'écho ne répond au bruit des pas, on se reporte malgré soi aux premiers temps de l'islamisme, et ce vieux temple semble alors revivre pour un instant au milieu de ses ruines désolées. Mais l'on revient bientôt à la triste réalité en se retrouvant parmi ces pierres qui s'émiettent, ces plafonds qui s'écroulent, et l'on a le cœur navré en songeant que les derniers vestiges de ce chef-d'œuvre ne tarderont pas à disparaître sous un amas de décombres.

9.

MOSQUÉE EL-AZHAR.

La mosquée d'*El-Azhar* est dans la partie orientale de la ville, à droite de la rue Neuve qui fait suite au Mousky, à une courte distance de la porte d'*el-Ghoraïb*. Elle fut bâtie par Djouhar, général du khalife fatimite El-Moez-le-din-Illah en 362 de l'hégire (973 de J.-C.), c'est-à-dire trois ans après la fondation du Caire. *Game'a-el-Azhar* signifie la « mosquée des fleurs ou florissante » ; ce nom lui fut donné probablement par allusion au surnom de *Zahara* (fleurie) que portait Fatma fille du Prophète, de laquelle El-Moez prétendait descendre. Cette mosquée est des plus remarquables par son étendue, sa magnificence et la richesse des fondations pieuses léguées en sa faveur. Djouhar avait fait de cet établissement un véritable monument de la munificence royale. Sous le règne d'El-Aziz-b'Illah, fils et successeur d'El-Moez, la mosquée fut dotée d'une riche bibliothèque et érigée en collège où les musulmans des contrées les plus éloignées venaient étudier la théologie, et toutes les sciences cultivées à cette époque par les Arabes. Dès lors ce temple ne cessa de s'accroître et de s'embellir; son collège surtout acquit en peu de temps une immense réputation.

Actuellement encore, El-Azhar est l'université la plus célèbre de tous les États de l'islam.

En partie détruite par le désastreux tremblement de terre de 1302 (702 de l'hégire), El-Melek-el-Nasser ebn-Qalaoun confia la reconstruction de cette mosquée à l'émir Rokhn-ed-Din-Beybars. Qaït-Bây-Abou-l'Nasr y fit construire vers 1483 une grande piscine et une fontaine publique; vingt ans plus tard Qansou-el-Ghoury l'embellit d'un minaret nouveau. En 1595-96 elle fut agrandie et réparée par le pacha turc Es-Seyyid-Mohammed qui gouvernait l'Égypte pendant le règne de Mohammed ebn-Mourad (Mohammed III). Enfin de nouvelles réparations furent entreprises en 1720 par le Cheikh-el-Beled Ismaïl-Bey; par Abd-er-Rahman'-Kyahia en 1785, et par Saïd-Pacha en 1859.

Telles sont les dimensions de ce monument que, le 21 octobre 1798, lors de la révolte du Caire pendant l'expédition française, il suffit à donner refuge à quinze mille insurgés refoulés dans les rues par le général Bon. De la mosquée primitive il ne reste plus guère que les colonnes et quelques arceaux. Chaque adjonction successive diffère des autres comme caractère architectural. La construction des époques postérieures est en pierres de taille, par assises régulières; on remarque particulièrement les arcs des portiques composés de quatre lignes droites formant trois angles. Les fenêtres sont à arc aigu à deux courbures : les arcades de l'entrée principale sont plein cintre, soutenues par plusieurs petites colonnes qui rappellent le style des portes de nos églises du quinzième siècle.

Le bâtiment actuel forme un polygone irrégulier dont le plus long côté mesure 150 mètres. L'édifice entier est flanqué de constructions diverses indépendantes de la mosquée, et qui ne laissent d'espace que pour six entrées : *Bab-el-Mouzeyinîn* (porte des barbiers) à l'ouest, c'est la plus grande; *Bab-Goharieh*, au nord; *Bab-ech-Chorba* (porte de la soupe) à l'est; *Bab-es-Saïdieh* (porte du Saïd ou Haute-Égypte); *Bab-ech-Chaouâm* (porte des Syriens); *Bab-el-Magharbeh* (porte des Africains du nord); ces trois dernières sont au sud.

L'entrée occidentale donne accès à une première cour de dimension assez restreinte, et séparée de la grande cour suivante par un portail. C'est une sorte de parvis qui sert de lieu de réunion aux marchands de tout genre, vendeurs de légumes, de fruits, de fèves cuites à l'huile; les barbiers y exercent leur métier. Contre le mur de gauche, sur lequel s'appuie un minaret de mauvais style, quelques étudiants arabes, des Moghrebins, des Berbères, se font raser la tête, et leur crâne disparaît sous une écumante couche de savon. De chaque côté de cette cour sont deux chapelles fréquentées par les musulmans qui ne veulent pas être confondus avec les étudiants. Le second portail appartient à l'époque de la complète décadence de l'art mauresque; les stalactites sont lourdes et surchargées; la rosace bosselée turque remplace dans les ornements les fines sculptures des demi-reliefs arabes; un méchant badigeon azur, rouge et or se détache par plaques sur un fond jaunâtre. En franchissant le seuil du porche, on se trouve dans la vaste cour de la mosquée. Deux des côtés sont de grands murs blancs sur lesquels se dessinent seules de longues lignes d'ombre projetées par les aiguilles des cadrans solaires. A droite s'ouvrent les portes des *riwaks*, qui forment une succession de constructions sans ensemble et sans style. Vis-à-vis, bien loin au fond de la cour, l'œil se repose avec plaisir sur la vaste rangée des colonnes du portique. Ici et là se dressent des minarets aussi peu réussis que celui qui est près de l'entrée.

L'aspect de cette cour est étrange. Un millier d'étudiants de tout âge, de toutes couleurs, depuis le Turc au teint pâle, jusqu'à l'Arabe hâlé par le soleil et au nègre du plus beau jais, sont épars par groupes que fait ressortir encore la diversité des costumes. Les uns couchés sur les dalles, font tranquillement leur sieste; les autres apprennent par cœur en se balançant sur leurs hanches; ceux-ci cousent ou tricotent; ceux-là travaillent ensemble et rédigent les leçons qu'ils viennent d'entendre; d'autres prennent leur repas commun.

A la partie est de la cour se trouve la mosquée proprement dite. C'est une salle immense formant un parallélogramme allongé de près de trois mille mètres carrés; 172 colonnes antiques formant neuf rangs de nef, soutiennent un plafond noirci par le temps, et davantage encore par la fumée de 1200 lampes suspendues par des chainettes de bronze. Sur trois côtés les murs pleins sont tapissés, partout où les portes et les fenêtres le permettent, de ces caisses et bahuts qui contiennent les livres d'étude et les hardes des élèves. Au fond s'élève le *membar* avec son escalier en saillie, couvert d'arabesques en bois sculptés, et que domine un petit portail avec une large corniche en stalactites. Cette chaire, où l'imam prend place le vendredi, est couronnée par un dais terminé par une sphère, et que soutiennent quatre sveltes colonnettes ornementées. En face s'élève le *dikka,* large tribune où s'asseyent les *fiqi* pour la lecture publique et solennelle du Qoran. A droite et à gauche sont pratiquées dans le mur les quatre *qiblah* pour la prière, suivant les quatre sectes orthodoxes de l'islam.

Les innombrables colonnes donnent quelque chose de féerique à l'aspect d'ensemble. Une légère dépression du sol, une inégalité de hauteur de la salle et une différence de style dans le raccordement des lambris, marquent une adjonction subséquente. La mosquée primitive était de moitié environ moins profonde que la construction actuelle. Les colonnes du plus beau marbre, les chapiteaux d'ordres divers, et usés vers les angles par la main du temps, paraissent appartenir à l'époque grecque des Ptolémées, qui a fourni tant de matériaux pour les édifices arabes. Du reste rien d'artistique dans l'architecture de la mosquée. Les mille lampes qui tombent des plafonds, les longues lignes de colonnades qui attirent la vue et l'entraînent dans le lointain en faisant paraître cette immense salle plus immense encore, l'écrasement relatif produit par l'absence de voûte, la teinte sombre qui en résulte, obscurcie davantage par le ton de vétusté des lambris, tout cela forme un ensemble saisissant, capable de fasciner un peintre admirateur du coloris de l'école hollandaise, mais qui ne retiendrait pas longtemps les regards d'un architecte.

A gauche du sanctuaire, une petite porte conduit à la *Zaouiyet-el-Omiân'*, la chapelle des aveugles. Le local est assez vaste, et ses dimensions bien proportionnées le font paraître moins écrasé que la mosquée. Un jour douteux pénètre à travers un orifice pratiqué dans le centre du plafond; il tombe au milieu de la salle, laissant les aveugles dans une obscurité perpétuelle; peu importe : ceux qui habitent cette salle ne voient jamais la lumière du jour. Quelquefois un cheikh, aveugle aussi, dirige des exercices de calcul. Sans doute ces études n'ont guère de but pratique, puisque ces infortunés ne pourront peut-être jamais faire l'application de leur modeste savoir, et pourtant ils consacrent à cette étude toute leur attention; on sent qu'ils oublient pendant ces heures de causerie, que la lumière n'a pas été créée pour eux; leurs traits mélancoliques comme ceux de tous les aveugles, s'éclairent de joie quand ils sont arrivés à trouver le résultat demandé. Plus loin un autre cheikh, assis en face d'un second groupe d'aveugles, leur lit lentement des passages du Qoran et de la Tradition, que ceux-ci répètent et conservent religieusement dans leur mémoire; et, à la vue de la douce satisfaction, de la joie intime qui se peint sur leur figure, on se réconcilie presque avec l'aspect des misères humaines. Cette salle sombre a vu bien des dévouements; il y a là une bonne œuvre qui se poursuit dans l'ombre et le silence, d'autant plus admirable qu'elle se fait sans apparat extérieur; on ne l'étale pas devant les yeux des étrangers, et plus d'un peut-être a passé par là sans remarquer ces groupes, où des hommes de bien consacrent de longues heures au soulagement de leurs frères malheureux.

Le nombre d'étudiants de l'Université d'El-Azhar s'élève à environ 9,000, répartis dans des *riwak* ou salles particulières, et des *harat* ou quartiers correspondant aux divers pays qui envoient leur fils à la célèbre mosquée. On compte 31 *riwak* et 12 *harat*; ce sont, pour l'Égypte : les *riwak* de Saïdieh, pour la Haute-Égypte; de Baharouah, pour la Basse-Égypte; de Charaqouah, pour la province de Charqieh, de Fayoumeh, pour la province du Fayoum; le *harat* el-Esnaouieh, de Gisaouieh, pour Esneh et Giseh, etc. Pour les autres pays de l'islam, les *riwak* ech-

Chaouâm, pour la Syrie; el-Baghdadieh, pour Baghdad; el-Hinoud, pour les Indes; el-Yamanieh, pour l'Yémen; el-Magharbeh, pour les Marocains, les Algériens, les Tunisiens; el-Haramein', pour les deux villes saintes de la Mekke et de Médine, etc.

Quel que soit leur nombre, ces salles seraient loin de suffire à héberger tous les étudiants d'El-Azhar. Ceux auxquels leur fortune le permet, vivent dans les okels qui avoisinent la mosquée. En été, les *riwak* n'étant guère habitables, vu la difficulté d'y faire circuler l'air extérieur, la vaste cour sert de dortoir universel, et ce fait n'est pas sans influence sur les nombreuses ophthalmies que l'on constate parmi les élèves.

L'islamisme est partagé en un grand nombre de sectes, soixante-douze environ; les deux principales sont celles des *Sounnites* ou orthodoxes, et des *Chyites* (Chiyah) ou hérétiques. Les Sounnites reconnaissent l'infaillibilité des premiers khalifes Abou-Bekr, Omar et Osman'; ils admettent toutes les explications théologiques, toutes les décisions légales de ces différents chefs. La *sounnah* est une vaste compilation de traditions, qui sert de complément au Qoran. Les Chyites, au contraire, prétendent que le véritable successeur du Prophète est Ali, son gendre et son fils adoptif, désigné par lui comme héritier de l'empire. Toutes les explications du Qoran données par d'autres, sont autant d'hérésies pour eux. Ils nient la prédestination absolue, et ne veulent point admettre l'incréation du Qoran. Les Chyites révèrent Houssein et Ali comme des saints, et même quelques-unes des divisions de cette secte, les *Nassaïris* et les *Mitoualis,* qui habitent une partie des hauteurs du Liban, sont persuadés qu'Ali a été revêtu d'un caractère divin et lui rendent une sorte de culte. Les Chyites sont principalement répandus en Perse et dans la Tartarie.

Les Sounnites sont divisés en quatre classes : les *Chaféites,* les *Malekites,* les *Hanafites* et les *Hambalites.* Le plus ancien de ces rites est celui des Hanafites, fondé par l'imam Nou'man' Abou-Hanifah, mort à Baghdad l'an 150 de l'hégire (767), c'est-à-dire cinq années après la fondation de cette ville. Ce rite est suivi par la cour de Constantinople et les Turcs. Malek ebn-Anis, mort à Médine en 179 de l'hégire (795), fonda la secte des Malekites ; il a ses partisans essentiellement dans l'Occident musulman, à Tunis, Tripoli, Alger et au Maroc. L'Égypte appartient presque tout entière au rite chaféite, qui doit son origine à l'imam Abou Abd-Allah-Mohammed-ech-Chaféi, mort à Fostat en 204 de l'hégire (819). Enfin Ahmed ebn-Hambal, mort trente-sept ans plus tard, a laissé les sectateurs de sa doctrine à Damas et à Baghdad ; ils se sont répandus en Syrie, en Mésopotamie et dans l'Yémen. Les Hambalites sont fort peu nombreux au Caire.

Tout en accentuant le point de vue particulier à son fondateur, chacune de ces divisions a la plus grande vénération pour la mémoire et les idées des premiers imams des autres sectes. Fidèles avant tout au texte du Qoran et à la *sounnah* ou tradition, les chaféites rejettent le concours du raisonnement et de la philosophie. Sans nier l'autorité de la sounnah, les Hanéfites ne l'acceptent que lorsque la logique seule ne suffit pas à l'interprétation du Qoran. Les Malekites et les Hambalites, au contraire, n'adoptent le secours de la raison humaine que là où la tradition fait complétement défaut. A El-Azhar, les quatre rites orthodoxes se répartissent les professeurs et les étudiants; chacun d'eux a son cheikh principal. Les professeurs sont au nombre de 308, dont 145 sont chaféites, 92 malekites, 67 hanafites, et 4 seulement hambalites.

Pour les étudiants, El-Azhar est tout. Ils y mangent, ils y dorment sur les nattes qui couvrent le sol. Seuls le café et la pipe, ces deux compléments indispensables de la vie arabe, y sont défendus. Au pied d'une colonne, le professeur est gravement accroupi; le cercle se forme autour de lui, jeunes et vieux se mêlent. Nombreux aux pieds des cheikhs en renom, les auditeurs le sont moins auprès de quelques autres; il est rare d'en voir plus d'une quarantaine réunis. Les étudiants prennent les postures les plus diverses : la plupart sont assis à l'arabe; les autres sont couchés tout de leur long, la tête appuyée sur le coude, les yeux attachés sur les feuillets qu'ils ont étendus sur le sol, ou dirigés avec persistance sur le maître; placés derrière le premier rang, d'autres se tiennent à genoux, appuyant pour écrire leur papier sur leur main gauche, ou restant debout pour dominer le groupe entier.

Il est impossible à un Européen de prononcer un jugement sur la valeur des études d'El-Azhar. La science spéculatrice de l'Orient est si différente de la nôtre, les idées qui ont cours chez les savants musulmans reposent souvent sur une logique pour nous si étrange, qu'il est plus sage de s'abstenir de toute appréciation. Ce que l'on peut affirmer seulement, c'est que les études qui se font dans la grande mosquée sont infiniment trop machinales. Sans doute on travaille beaucoup; on lit, on comprend et l'on commente encore davantage les ouvrages des anciens maîtres, mais leur génie est mort. On apprend avec zèle, mais ce qu'on apprend ce sont des mots et des phrases, non des pensées. Comme à l'école primaire on a exigé de la mémoire des enfants un tour de force, en leur faisant réciter les six mille et tant de versets du Qoran, on surcharge ici celle des étudiants d'un fatras de subtilités ne reposant, la plupart du temps, sur aucune base solide. Loin de gagner en largeur d'idées, l'esprit se concentre, par ce genre d'exercice, sur des minuties qui tuent l'intelligence et ne permettent qu'aux capacités hors ligne de se développer dans une atmosphère aussi écrasante [1].

---

[1] Voyez Dor, *l'Instruction publique en Égypte.*

El-Azhar a joui de tout temps d'une renommée universelle. On y venait et on y vient encore des Indes, de la Perse, du Soudan, et chaque pays y institue des bourses et des dotations pieuses pour subvenir aux besoins de ses envoyés. Tandis que les grandes facultés de Damas, de Baghdad, de Bassorah s'éteignaient, emportées par la décadence de la vie intellectuelle arabe, El-Azhar gardait son prestige, et elle est aujourd'hui la plus importante, si ce n'est la seule importante, université musulmane. C'est le centre de l'orthodoxie, le foyer de toute l'opposition qui peut se faire à l'introduction des idées modernes. Bien des touristes ont raconté que les musulmans étaient très intolérants pour les chrétiens qui visitent El-Azhar, et que les étrangers y étaient quelquefois insultés. C'est une erreur que nous devons relever. Si le voyageur se présente seul, muni d'une carte qui lui est délivrée par le ministère des *Ouaqfs* (Aouqaf), s'il évite de heurter de front les usages, s'il s'intéresse surtout réellement à ce qu'il voit et à ce qui l'entoure, sans montrer trop évidemment que sa visite n'a pour but que la satisfaction toute superficielle d'un besoin de curiosité, il n'aura jamais à se plaindre de l'accueil qui lui sera fait à El-Azhar; il rencontrera, au contraire, le plus serviable empressement à répondre à ses questions et à lui donner les indications qu'il désire. Mais si, en revanche, et c'est le cas de beaucoup le plus fréquent, les visiteurs se réunissent en joyeuse troupe pour pénétrer dans un lieu de prières, si déjà à l'entrée les rires éclatent lorsque tous ces pieds européens se sont enfouis dans les inévitables babouches qui donnent à la marche une lourdeur comique, si l'étonnement qu'excite bien naturellement le spectacle qui se présente aux regards se révèle par des exclamations trop peu retenues, ont-ils lieu d'être surpris d'entendre parfois résonner à leurs oreilles quelques paroles malsonnantes? Que dirait-on si une troupe de Turcs ou d'Arabes se conduisaient d'une manière quelque peu inconvenante dans une de nos églises? Le musulman se sent à l'aise dans sa mosquée, et c'est justement son sans-gêne qui induit souvent à ne se modérer en rien dans l'expression de ses sentiments.

MOSQUÉE EL-HAKEM

Derrière les anciens remparts qui bordent au nord une partie de la ville, et près de la porte appelée Bab-el-Foutouh, s'élève la mosquée que le khalife *El-Hâkem-bi-amr-Illah* fit bâtir en 1003 (393 de l'hégire), c'est-à-dire trente-quatre ans après la fondation du Caire. La disposition de ce monument imite dans son ensemble la mosquée Touloun. Les deux minarets sont à base carrée dont la forme rappelle celle des anciens pylônes égyptiens. Primitivement ils étaient cylindriques; ce fut un ministre d'El-Mostanser-b'Illah, Bedr-el-Gemaly, qui les fit entourer de la sorte pour protéger les murailles de la ville. Le minaret septentrional est enclavé dans les fortifications entre le *Bab-el-Nasr* et le *Bab-el-Foutouh*. Pendant l'expédition française cette tour portait le nom de fort Vaille qui se lit encore sur la face orientale. L'inscription arabe qu'on voit au-dessus des meurtrières est moderne.

La mosquée El-Hâkem, en partie détruite par un tremblement de terre, fut réparée par le sultan Beybars-el-Djachenkir en 1308. Un siècle plus tard, Melek-el-Achraf-Barschây y fit plusieurs embellissements.

Histoire. — El-Hâkem, troisième khalife fatimite, succéda à son père à l'âge de onze ans, en 996 (386 de l'hégire.); sa tutelle fut confiée au vizir Arghouân. A quatorze ans le jeune souverain déclara vouloir s'occuper seul des affaires de l'État. A cette époque une secte nouvelle, fondée par un certain Darar, venait de s'établir en Égypte. Les *Darariens* avaient proscrit tous les dogmes et plusieurs pratiques du culte musulman, entre autres la solennité du vendredi, les fêtes du Baïram, et avaient remplacé le pèlerinage de la Mekke par celui du temple de *Thalab*, dans l'Yémen. Ils admettaient des principes entièrement opposés à ceux du Qoran, et permettaient le mariage entre les frères et les sœurs.

Le jeune khalife venait de terminer sa mosquée

lorsque, séduit par les nouveaux religionnaires, il s'empressa d'adopter leurs croyances. Il fit plus, il arriva à se persuader qu'il était appelé à remplir une mission divine. Tous les matins avant le jour, il allait seul sur le mont Moqattam, où il prétendait avoir, comme autrefois Moïse, des entretiens avec Dieu. Il portait les habits les plus simples, faisait ses prières au milieu de la foule assemblée qu'il prêchait ensuite. Bientôt il se prétendit le chef légitime, le pontife suprême de l'islamisme, et proclama l'anathème contre les premiers khalifes compagnons du Prophète. Un jour des crieurs annoncèrent dans toute la ville que le khalife invitait le peuple à se réunir dans sa mosquée pour y entendre le récit des communications qu'il avait reçues de Dieu. El-Hâkem déclara alors publiquement qu'il allait abolir la religion musulmane, et qu'il ferait connaître les lois qui lui seraient envoyées du ciel pour fonder une religion nouvelle.

Dès ce moment sa conduite ne fut plus marquée que par des actes de délire et d'inconséquence. Il maltraita d'abord les juifs et les chrétiens, les obligeant de porter sur leurs habits une marque apparente pour les distinguer des musulmans, puis il les contraignit d'abjurer leur religion, confisqua les biens des synagogues et des églises; il permit ensuite à ceux qu'il avait persécutés de retourner à leur ancien culte et augmenta les revenus du clergé, bravant ainsi la loi qui punissait de mort celui qui renonçait à la foi musulmane après en avoir fait ouvertement profession. Par un édit il exigea qu'on maudit avec lui la mémoire des premiers khalifes ; bientôt une autre ordonnance interdisait ces malédictions sous les peines les plus sévères. Il enjoignit aux femmes, sous peine de mort, de ne jamais sortir de leurs maisons pour quelque cause que ce fût, défendant aux ouvriers de fabriquer aucune chaussure à leur usage, et ordonnant aux vendeurs des marchés d'aller leur présenter les comestibles nécessaires dans une grande cuillère à long manche, et d'y recevoir le prix de leurs denrées. Tous les jours à midi il montait sur les minarets de sa mosquée, prononçait tête nue des discours dans un langage inintelligible, et exigeait qu'ils fussent répétés à la prière du vendredi.

Enfin sa folie n'ayant plus de borne, El-Hâkem se déclara dieu lui-même... Ce fut surtout le persan Mohammed ebn-Ismail-el-Dourzi qui le persuada de son essence surnaturelle. Un registre fut ouvert pour inscrire les noms de ceux qui reconnaîtraient la divinité du khalife ; la crainte fit signer seize mille habitants du Caire, et le nouveau dieu, voulant célébrer dignement son inauguration divine, fit mettre le feu à la ville... El-Hâkem, monté sur la terrasse de son palais, jouissait du coup-d'œil de l'incendie et donnait des ordres pour aller avec des torches, allumer tel ou tel quartier qui lui plaisait de livrer aux flammes. Une députation des cheikhs d'El-Azhar étant venue le supplier d'épargner leur mosquée, le fou ordonna qu'ils fussent brûlés vifs. Cependant personne n'eut le courage d'exécuter cet ordre barbare. L'épouvante augmentait tous les jours; les soldats pillaient la ville, et les vizirs se disposaient à fuir en Syrie au moindre geste de leur maitre qui pût compromettre leur liberté.

L'Égypte gémissait ainsi avec la patience la plus inconcevable, sous le joug de ce dévastateur insensé. La terreur était telle, qu'aucune main n'osait se lever pour frapper l'ennemi public. L'intérêt particulier parla plus haut : le khalife, ayant soupçonné sa sœur d'intelligences secrètes avec le chef de ses troupes, avait ordonné la mort des coupables; mais les deux amants, avertis à temps par l'eunuque qui leur était dévoué, firent assassiner El-Hâkem sur le mont Moqattam où il continuait à se rendre sans escorte selon son habitude (1021 de J.-C. — 411 de l'hégire).

Les Druses, qui ont conservé dans leurs croyances les dogmes de la doctrine d'El-Hâkem et qui reconnaissent sa divinité, prétendent encore de nos jours que ce khalife n'est pas mort : il s'est retiré de ce monde à cause des péchés de l'humanité; il doit reparaitre un jour sur la terre comme un nouveau Messie, et étendre sa religion sur tous les peuples.

— Aujourd'hui la mosquée El-Hâkem est en ruine; il ne reste plus que quelques fenêtrages éraillés et des piliers en briques recouverts de stuc, supportant des arcades ogivales en fer à cheval, surmontées d'une longue frise ornée de caractères koufiques. Les plafonds sont en troncs de dattiers non équarris. La cour est encombrée de colonnes et de chapiteaux en marbre et en granit; dans nul édifice de la capitale on ne peut se faire une idée plus exacte de ce qu'a dû être la dévastation des monuments de l'ancienne Égypte au profit des constructions musulmanes, en voyant les énormes blocs qui jonchent le sol. En somme, la mosquée El-Hâkem est tellement dégradée qu'elle n'offre que peu d'intérêt à l'étranger; les minarets seuls sont dignes d'attention. On visite ordinairement celui du nord; l'entrée est un peu difficile, mais l'on rencontre bientôt un escalier en pente douce, construit entre la partie cylindrique de la tour et son enveloppe carrée ajoutée postérieurement. Cet escalier débouche sur une plate-forme d'où l'on jouit d'une des plus belles vues du Caire.

Il est question en ce moment de réparer le sanctuaire de cette mosquée; une partie de l'édifice serait rendue au culte, et l'autre transformée en école publique.

MOSQUÉE QALAOUN

Si de l'Esbékieh on se dirige à l'est de la ville en suivant la rue du Mousky, on rencontre à gauche, près du Khan-Khalil, une rue presque entièrement composée de boutiques d'ustensiles en cuivre; c'est le *Darb-el-Nahassîn*[1] où s'élève, au milieu des échoppes de chaudronnerie, la magnifique mosquée que le sultan mamelouk *Melek-el-Mansour-Qalaoun* fit construire en 1283 (683 de l'hégire). L'aspect de ce monument est des plus grandioses. Les murs sont par assises réglées taillées en carrés alternativement peints en blanc et en rouge; des inscriptions en caractères arabes courent le long de la façade. Le minaret qui s'élance de l'angle nord a trois rangs de galeries, et présente par l'harmonie de ses lignes un des meilleurs modèles du genre. Cet édifice est construit sur un plan très irrégulier, mais tout l'ensemble offre une suite de motifs et de dispositions où le jugement, l'art et le goût ont la plus grande part. Il est divisé en trois parties parfaitement distinctes : à droite de l'entrée, la salle du tombeau; à gauche la mosquée; au fond l'hôpital ou *Moristân*. Ce nom, d'origine persane, a été donné au monument à l'imitation du grand hôpital de Damas appelé *Bimaristân*, mot qui signifie « habitation des malades ».

Histoire. — Qalaoun monta sur le trône d'Égypte après avoir fait exiler le fils mineur du sultan Beybars son prédécesseur, en 1279 (678 de l'hégire), et prit le titre de Melek-el-Mansour (le roi victorieux). Il porta

---

[1] *Darb*, rue; *hârah*, quartier, autrefois fermés par des portes et qui aboutissent au *charea*, grande rue; *aatfah*, rue en ziggag, *qoqdz*, ruelle; *khôkha*, petit passage à travers une maison, qui fait communiquer l'aatfah à une ruelle; *sikkah*, route, chemin.

ses armes en Syrie, réduisit le gouverneur Melek-el-Kâmel qui s'y était rendu indépendant, et chassa les Tartares de toutes les places qu'ils occupaient, depuis l'Arménie jusqu'aux frontières de l'Arabie. En 1283, tandis que l'Égypte n'avait à redouter aucun ennemi au dehors, le Caire fut tout à coup le théâtre de scène d'horreurs jusque-là sans exemple : Le sultan courroucé de voir que quelques-unes de ses ordonnances n'avaient pas été suivies, entra dans une telle fureur qu'il livra la ville au sabre de ses mamelouks. L'innocent comme le coupable furent enveloppés dans cette exécution sanglante; les rues furent inondées de sang et jonchées de cadavres d'hommes, de femmes et d'enfants. Le carnage dura trois jours entiers... Enfin les *oulémas* vinrent à bout de calmer la fureur du prince. Qalaoun se repentit de s'être laissé aller à une vengeance si cruelle, et fit d'abondantes aumônes pour mériter son pardon de la miséricorde divine. Les historiens arabes disent que c'est en expiation de ses excès qu'il conçut le projet d'élever un hospice destiné au soulagement de l'humanité souffrante; cet édifice, achevé par son fils Melek-el-Nasser, devint le célèbre hôpital du Moristân.

Libre de tout ennemi qui pût occuper son activité au dehors, Qalaoun se mit à faire la guerre à ses vizirs; il les déposa, les remplaça, les renomma et les destitua alternativement. Ayant perdu son fils aîné Ali, qu'il avait désigné comme son successeur, il crut se distraire de sa douleur en allant fondre sur

Tripoli de Syrie, alors au pouvoir des chrétiens depuis cent quatre-vingts ans. La place fut prise et rasée, les habitants égorgés, et une nouvelle ville, fondée par le sultan d'Égypte, s'éleva sur les débris de l'ancienne. De retour au Caire, il reçut les ambassadeurs du roi Alphonse d'Aragon, et conclut avec eux un traité d'alliance le 13 du mois de Rabi-el-Aouel 689 (24 avril 1290). Peu de temps après ces négociations, Qalaoun consumé de chagrin, mourut après avoir régné onze ans.

Quand le second fils de Qalaoun, Melek-el-Nasser, fut proclamé sultan, il consacra ses soins à l'achèvement de l'hospice fondé par son père. Les bâtiments furent agrandis et partagés en divers corps de logis où chaque espèce de maladie avait un local particulier et un médecin spécial choisi parmi ceux qui s'étaient illustrés dans la science. Une grande partie du monument fut réservée pour les aliénés des deux sexes. La chapelle où repose Qalaoun fut agrandie et convertie en belle mosquée; puis une autre mosquée non moins splendide que celle du tombeau, fut construite en face de la première, c'est-à-dire à gauche de l'entrée principale.

L'hôpital servait d'asile à plus de cent malades. La grande salle, où étaient les hommes alités, est sur le côté gauche d'une grande cour bordée de galeries à colonnes, et au milieu de laquelle s'élève un petit oratoire. Les pièces du fond étaient destinées aux convalescents, aux cuisines et dépendances. Les lits étaient rangés contre les murs, et au milieu des salles jaillissait une fontaine ou coulait un ruisseau d'eau vive pour entretenir la propreté et la salubrité. Les logements des infirmiers et des gardiens, les vastes magasins remplis de vivres et de médicaments faisaient face aux chambres des malades. Les salles des femmes se trouvaient derrière celles des hommes. D'autres cours avec des cellules et des couloirs étaient affectées aux aliénés.

Les médecins du Moristân apportaient plus d'attention à l'air qu'aux aliments : ils plaçaient les malades dans de grands ou de petits appartements dirigés vers le midi ou vers le nord, chauffés par des fumigations aromatiques, ou refroidis de différentes manières suivant la nature de l'affection. Ils donnaient du mouvement à l'air au moyen d'immenses éventails suspendus aux plafonds; ailleurs ils couvraient le sol de plantes odoriférantes. Des musiciens venaient chaque jour distraire, par le chant ou le son des instruments, les malades de leurs souffrances.

— La décoration de la salle du tombeau est d'une grande magnificence. Les vastes arcades de la coupole reposent sur quatre piliers carrés et quatre grosses colonnes; les fenêtres sont à colonnettes et rappellent assez la construction intérieure de nos monuments gothiques. Les unes et les autres sont chargées d'ornements éxécutés avec beaucoup de goût et de précision. « On y remarque, dit M. Pascal Coste, des chapiteaux à feuilles refendues qui sont évidemment une imitation des chapiteaux corinthiens des édifices romains, qui ont, dans les premiers temps, servi comme par hasard à la construction des édifices, et qui par la suite ont été imités par les artistes arabes. » Les murs sont revêtus de mosaïques en marbre et de panneaux au milieu desquels sont tracés des monogrammes en caractères koufiques ; au-dessus de ces panneaux règne tout autour de la salle une inscription arabe restaurée ou plutôt détériorée par un artiste moderne. La *qiblah* est des plus belles ; le fond est à quatre rangs de colonnettes en marbre, qui ressortent sur un champ de fines mosaïques décrivant des lignes brisées et des entrelacs d'un travail admirable. De chaque côté de la qiblah sont trois colonnes ; les premières, en marbre blanc et octogones, ne servent que de simple ornement, tandis que les quatre autres, en porphyre, sont douées de vertus miraculeuses : il suffit de les lécher pour être guéri de la fièvre. Les taches noirâtres que le visiteur remarque sur leur surface proviennent du sang de la langue des fidèles animés d'un zèle trop ardent. On a même vu des femmes stériles être guéries de leur infirmité à la suite de quelques visites pieuses à la qiblah de Qalaoun.

On conserve dans le vestibule de la salle du tombeau deux fauteuils en bois avec panneaux à jour, ayant appartenu à Qalaoun, un *qouftan'* en soie et une ceinture que ce sultan portait. On attribue à ces vêtements des vertus miraculeuses. Les malades, hommes ou femmes, viennent souvent en grande vénération demander à ces précieuses reliques la guérison de leurs souffrances; ils se couvrent de la robe usée par les siècles, et se passent la ceinture autour des reins; ainsi accoutrés il font respectueusement trois fois le tour du tombeau en prononçant quelques prières, puis s'en retournent pleins de confiance dans l'efficacité du procédé.

A l'exception du tombeau de Qalaoun, qui est entretenu avec un soin vraiment religieux, l'intérieur du Moristân est méconnaissable, et en présence de ses débris, il est difficile de se faire une idée du splendide édifice consacré au soulagement des malheureux. Il ne reste guère de sa décoration primitive que des fragments, et deux portes en bois dont les ornements en bronze sont à moitié dégradés; elles ont été mutilées dans leur partie supérieure pour les adapter à la hauteur de la baie qu'elles ferment aujourd'hui. Le Moristân a subi maints changements à différentes époques; mais surtout depuis que les aliénés en ont été retirés pour être transférés à la mosquée Touloun et de là à Boulaq. Les logements ont subi de grossières réparations afin de pouvoir les louer aux marchands du voisinage, qui en font des entrepôts. On est malgré soi saisi d'un sentiment d'indignation à la vue de ce monument rempli de souvenirs si touchants, envahi par des magasins de marmites, de bassines, d'aiguières, de lanternes, en un mot de tout le grossier attirail de la chaudronnerie et de la ferblanterie.

« En voyant ce désordre, dit M. Prisse d'Avennes, on se demande pourquoi on n'a pas réparé cet hôpital consacré de temps immémorial, plutôt que de détériorer la mosquée de Touloun pour la convertir en hospice ; l'art et les deux monuments y auraient gagné. L'étude du grand Moristân est d'autant plus précieuse pour l'histoire de l'architecture arabe, qu'il n'y a plus debout aucun palais de son époque, et qu'il rappelle par sa distribution et son genre d'ornementation, les édifices civils des premiers temps. »

Le portail extérieur, d'une hauteur imposante, est en marbre noir et blanc, soutenu par deux colonnes à chapiteaux corinthiens ; une inscription en relief sur fond rouge orne la partie supérieure de l'entrée. Le grand couloir a un plafond à poutrelles d'un très bel effet ; les autres, à voûtes croisées, ont beaucoup perdu de leur régularité primitive par suite des réparations faites par Saïd-el-Mabroûki et Ahmed-Pacha Taher. La seconde porte à droite de ce couloir conduit à une sorte de grand vestibule qui précède la salle du tombeau. Cette pièce sert actuellement de bureau à l'administration des biens de la mosquée. C'était autrefois une bibliothèque riche surtout en exégèses du Qoran, en ouvrages de médecine et de jurisprudence. La mosquée proprement dite n'offre aucun intérêt ; l'entrée fait face à la chapelle funéraire.

MOSQUÉE EL-NASSER

La mosquée *El-Nasser* est contiguë à la salle du tombeau de Qalaoun. Ce monument n'a de remarquable que son portail à colonnettes qui présente une analogie frappante avec ceux de nos anciennes églises. Le minaret à base carrée s'élève au-dessus de la porte d'entrée. La mosquée El-Nasser date du commencement du quatorzième siècle; elle n'est presque plus fréquentée aujourd'hui. L'intérieur se compose de deux pièces séparées : à droite le tombeau, à gauche le sanctuaire; ces deux salles sont blanchies à la chaux, et recouvertes par endroits de peintures grossières. Le *membar* lui-même, tout sculpté à jour, disparait sous les couches éclatantes de vert et de rouge dont l'artiste arabe moderne est si prodigue.

Histoire. — Melek-el-Nasser fils de Qalaoun succéda à son père à l'âge de neuf ans, en 1293 (693 de l'hégire). L'émir Ketboghâ, tuteur du jeune prince, le renversa du trône après un an environ de règne, l'exila et se fit proclamer sultan à sa place. Ketboghâ ne tarda pas à être déposé à son tour par les émirs réunis en grand divan; il eut pour successeur Hossam-ed-din-Lagin'gouverneur de Syrie. Après deux années de règne, Lagin' fut poignardé par un de ses gardes et remplacé, quarante et un jours plus tard, par Seyf-ed-din-Taadjy, qui fut massacré par ses mamelouks le lendemain de son inauguration. Melek-el-Nasser ebn-Qalaoun fut alors rappelé d'exil pour reprendre possession de l'héritage paternel (1299). La deuxième année de son nouveau règne, El-Nasser entreprit une campagne contre les Tartares qui avaient envahi la Syrie. Dans une première rencontre qui eut lieu près de Hémesse, les musulmans furent battus et reprirent la route de l'Égypte; mais le sultan ayant trouvé des renforts considérables, rallia ses troupes et marcha de nouveau aux Tartares qui cette fois furent taillés en pièces.

Les troubles qui avaient précédé le rappel du sultan recommencèrent peu à peu. Les émirs, séparés les uns des autres par l'intérêt et l'ambition, se réunirent dans un sentiment commun d'hostilité envers leur souverain. Melek-el-Nasser redoutant leur violence, prétexta un voyage à la Mekke, et se retira en Syrie dans la forteresse de Karak, lieu de son premier exil, puis il renvoya au Caire les insignes de la royauté en disant qu'il abdiquait, laissant le trône à qui le voudrait (1309). Les Mamelouks élirent alors pour chef Beybars, second du nom, surnommé el-Djachenkir, comme le fondateur de la première dynastie des sultans mamelouks. Cette nomination déplut à Melek-el-Nasser. Se repentant alors d'avoir par son abdication volontaire, livré l'Égypte à un ancien esclave de son père, il rentra au Caire à la tête de nombreux partisans, chassa Beybars et ressaisit pour la troisième fois l'héritage de Qalaoun (1310-709 de l'hégire). Cette fois El-Nasser resta sur le trône jusqu'à sa mort, c'est-à-dire trente-trois ans. Pendant ce temps, éprouvé par les révolutions qui avaient déchiré l'intérieur du royaume, il sut maintenir la paix et se faire aimer de son peuple par sa bonne administration et sa justice.

Melek-el-Nasser fonda au Caire plusieurs établissements utiles, acheva l'hôpital du Moristân et, six ans avant sa mort (1335), construisit sa mosquée à côté du tombeau de son père. Le portail de ce monument faisait partie, dit-on, d'une église chrétienne de Saint-Jean-d'Acre d'où il fut rapporté lors du sac de cette ville en 1291 (690 de l'hégire), par le frère d'El-Nasser, pour être placé au Caire comme un trophée de gloire.

Le sultan n'avait pas encore rendu le dernier soupir, que les émirs, avides de s'emparer des richesses de leur maître, pillèrent son palais sous prétexte qu'ils étaient, disaient-ils, ses légitimes successeurs. La cérémonie funèbre, préparée en grande hâte, eut lieu la nuit; quelques amis prévenus à temps, assistaient seuls au convoi, marchant silencieusement à la lueur de deux torches. « Ainsi, fait remarquer un historien arabe, le fils de Qalaoun estimé de tous ses sujets, termina sa vie comme un étranger, enseveli comme un malheureux et porté au tombeau comme un homme sans famille... »

MOSQUÉE EL-BARQOUQIEH.

La mosquée *El-Barqouqíeh* fait suite à la précédente ; elle fut construite à la fin du quatorzième siècle par le sultan *Melek-el-Zaher-Barqouq*. L'ensemble de la façade est d'un effet assez médiocre ; le minaret, élevé à l'extrémité nord, attire le regard par ses contours gracieux et sa légèreté.

La porte d'entrée est en bronze ; c'est un véritable chef-d'œuvre de ciselure ; les ornements qui consistent principalement en entrelacs et en bossages, ne peuvent être comparés, pour leur richesse et leur fini, qu'à ceux de la porte de la mosquée El-Mouayyad.

En suivant un couloir à droite du vestibule, on arrive à la cour intérieure dont les hautes murailles sont bordées d'une rangée de merlons en forme de fleurs de lis. Sur les côtés s'ouvrent trois grandes baies ogivales formant trois salles destinées particulièrement aux fidèles qui suivent les différents rites orthodoxes ; le côté oriental est occupé tout entier par le sanctuaire, séparé de la cour par un *maqsourah* qui tombe de vétusté. Ce qu'il y a de plus remarquable dans cette partie du monument, sont les mosaïques du pourtour de la *qiblah*, ornées de pâtes vitrifiées et de nacre ; le *membar* est de construction récente. Sous la coupole est le tombeau des filles du sultan mortes en bas âge. Le plafond où l'on aperçoit encore des arabesques en couleur et des ornements dorés, repose sur quatre piliers cylindriques. Le sol de la mosquée est tout entier recouvert de dalles en marbre, rondes et rectangulaires, alternativement blanches et noires.

La mosquée El-Barqouqieh possède une école appelée *Madrasset-el-Zaherieh,* du surnom d'El-Zaher que portait Barqouq. La mosquée sépulcrale de ce prince est une des plus belles de la nécropole des sultans mamelouks, à l'est du Caire. (V. plus loin *la Vallée des Tombeaux.*)

MOSQUÉE BEYBARS.

La mosquée du sultan *Beybars,* surnommé *el-Bendoqdary,* est située dans le quartier Gamalieh, à droite de la rue qui conduit à Bab-el-Nasr.

Histoire. — En 1260 (658 de l'hégire), le meurtre du sultan El-Mozzaffar-Qottouz valut le trône d'Égypte à l'émir Beybars qui se fit proclamer sous le nom d'*El-Melek-el-Zaher-Abou-l'Foutouh* (le roi illustre père des conquêtes). Les premiers actes de Beybars firent oublier les moyens violents dont il s'était servi pour arriver au pouvoir; il rappela au

Caire les émirs exilés, fit sortir de prison les détenus politiques, réduisit considérablement l'impôt et sut mériter l'estime générale.

Après une campagne heureuse en Syrie, il rétablit au Caire le khalife abbasside qui s'était enfui de Baghdad saccagée par les Tartares; mais le khalife n'eut alors qu'une dignité purement spirituelle, dont l'autorité s'exerça obscurément encore pendant environ trois siècles sous la protection des sultans d'Égypte. En 1263 une affreuse famine vint désoler le pays tout entier; Beybars fit rassembler tous les malheureux dans de vastes asiles, où chaque jour il leur faisait distribuer des vivres et les secours que réclamait leur état. Pendant qu'il sauvait ainsi la vie à des milliers d'indigents, il faisait venir de Syrie et de Grèce des vaisseaux chargés de blé, et bientôt grâce à ses soins vigilants l'abondance ne tarda pas à reparaître.

Beybars qui voyait avec regret les chrétiens posséder encore plusieurs places importantes de la Palestine, prépara une expédition en Syrie. Il commença la campagne en s'emparant de Césarée; ensuite il marcha sur Damas, prise par les Tartares puis abandonnée par eux, se jeta sur l'Arménie dont Hayton, roi chrétien, était souverain, prit la ville de Sis, capitale du royaume, et étendit ses conquêtes jusqu'en Anatolie. Forcé par les Tartares de battre en retraite, il se replia sur la Syrie et rentra au Caire en 1267, pour y lever une nouvelle armée. Les années 1268, 1272, 1275 revirent encore Beybars en Syrie; partout les armes du sultan furent victorieuses. En 1276 (674 de l'hégire), une autre expédition fut dirigée contre la Nubie, sous la conduite de l'émir Aqsonqor-el-Farghâny; la bataille d'Assouân décida du sort de cette contrée et donna à l'Égypte toute la vallée du Nil supérieur. Cette même année les armées de Beybars se signalèrent également au delà des déserts de Libye par la conquête du royaume de Barqah.

C'est au milieu de cet apogée de gloire que la mort attendait le sultan. En 1277 il y eut une éclipse totale de lune; les astrologues consultés sur ce phénomène, tombèrent d'accord pour affirmer que c'était là un funeste présage annonçant la mort d'un grand prince. Beybars s'imagina être personnellement menacé... Persuadé que sa mort serait l'effet d'un complot tramé par quelque rival, il voulut se défaire du seul dont il pensait avoir à redouter les droits au trône, c'est-à-dire du prince Daoud, dernier rejeton de la race des Ayoubites. Un jour à l'issue d'un banquet, Beybars présenta une coupe empoisonnée à Daoud qui ne but qu'une partie du breuvage mortel; croyant la coupe entièrement vide et sans danger, le sultan la fit remplir de nouveau pour lui-même, but, et expira à côté de sa victime. Au lieu d'un prince, les astrologues en eurent deux pour justifier leur prédiction.

Ainsi mourut El-Melek-el-Zaher-Beybars le premier mois de l'année 676 de l'hégire (1277). L'Égypte lui dut un grand nombre de travaux utiles : Alexandrie, des fortifications nouvelles et la réparation de son phare; Damiette, sa réédification presque entière; le Vieux-Caire, des greniers publics et la mosquée d'*Açar-en-Nebi* (les traces du Prophète) où est conservée une pierre qui porte, dit-on, l'empreinte des pieds de Mohammed; enfin le Caire, d'importantes constructions parmi lesquelles le pont des Lions (kantarat'el-Sabaa) dans le quartier el-Nasserieh, et la mosquée El-Zaher, au nord de la ville, sur le boulevard actuel de l'Abbassieh.

— Le tombeau du sultan Beybars se trouve à gauche du petit vestibule d'entrée; on y pénètre par une porte basse en bois blanc fraîchement sortie de l'atelier d'un artiste indigène. La salle est de toute beauté; malheureusement elle tombe en ruine faute d'entretien. Les murs, jusqu'à moitié de leur hauteur, sont revêtus de mosaïques et de panneaux à inscriptions koufiques ou chargés d'entrelacs; au-dessus des lambris est une inscription arabe qui se prolonge sur les quatre faces. La *qiblah* est ornée de deux rangs de galeries formées par des colonnettes supportant un entablement à coquilles séparées par de fines arabesques ciselées dans le marbre blanc. Sous la coupole, au centre de la salle, repose le corps du sultan. La corniche de la porte pratiquée au milieu du grillage en bois qui ferme l'entrée du tombeau, contient un *tarikh* dans lequel est rapportée la date de la mort de Beybars.

La mosquée qui avoisine la salle sépulcrale est d'une simplicité qui offre le plus frappant contraste avec la première partie du monument. Le sanctuaire est complétement nu ; la qiblah, le membar, le dikka sont des plus misérables et ne valent pas la peine d'être signalés.

MOSQUÉE EL-ZAHER.

Ce monument fut construit en 1266 (665 de l'hégire) par le sultan *Beybars-el-Bendoqdary*. Sa disposition diffère un peu de celle des autres mosquées : elle ne présente que deux nefs du côté de la *qiblah;* le reste de l'enceinte forme une vaste cour entourée de portiques.

L'historien arabe Makrizy dit que la mosquée El-Zaher fut bâtie dans le quartier appelé Housseniyeh, sur un champ de courses au nord de la ville, où le sultan allait souvent avec ses émirs se livrer au jeu de la paume à cheval. Dès que le plan de l'édifice eut reçu la sanction du sultan, des ordres furent expédiés dans toutes les provinces de l'empire pour faire venir des dalles de marbre rare et des bois d'un grand prix pour la construction des portails et des plafonds.

Le poëte Fakhr-ed-Din rendant hommage à la piété et aux vertus de Beybars, raconte que le sultan, au retour d'une expédition de Syrie, fut si indigné de la conduite scandaleuse des habitants du Caire qui se livraient à la débauche la plus corrompue, qu'il fit fermer tous les établissements où se débitait le hachich, et les maisons des danseuses publiques. Ce serait alors en expiation des outrages faits à la religion, qu'il aurait bâti une mosquée hors de la ville afin que les prières des fidèles « pussent monter librement vers Dieu sans être empestées par l'air impur qui se dégageait de certains quartiers. »

— La porte principale de la mosquée El-Zaher s'ouvre dans un massif carré qui probablement supportait l'unique minaret aujourd'hui détruit. Toutes les fenêtres sont en ogives, fermées par des clairesvoies en stuc présentant alternativement des lacis et des arabesques. Chaque porte a une décoration différente; celles du nord et du sud se ressemblent assez, mais celle de l'ouest, aujourd'hui murée, était la plus riche en ornements; deux hautes colonnes en marbre blanc à rudentures s'élevaient de chaque côté; les chapiteaux corinthiens, sans doute ajoutés postérieurement, étaient en pierre calcaire et mal appareillés.

La mosquée El-Zaher était déjà abandonnée lors de l'expédition française; elle fut transformée en forteresse sous le nom du général Sulkowski, une des victimes de l'insurrection du Caire. Aujourd'hui ce monument sert de manutention militaire.

MOSQUÉE HASSAN.

A l'extrémité du boulevard Mohammed-Ali, au pied de la Citadelle, s'élève la magnifique mosquée du sultan *Hassan*. C'est un des plus beaux édifices de l'Égypte musulmane, tant par la hardiesse de sa coupole, la hauteur de ses minarets, ses dimensions imposantes, que par la richesse de son architecture. Une légende arabe raconte que le sultan fut si émerveillé à la vue d'un pareil chef-d'œuvre, qu'il fit couper les mains à l'architecte afin qu'il ne pût tracer un autre plan semblable. L'origine de ce monument remonte à l'année 757 de l'hégire (1356) ; sa construction dura trois ans.

Histoire. — Le septième fils de Melek-el-Nasser ebn-Qalaoun fut investi du pouvoir souverain en 1347, sous le nom de *Melek-el-Nasser-Hassan*. Comme son père, il descendit du trône pour y remonter ensuite ; il s'y maintint d'abord pendant près de quatre ans, grâce à l'habileté de l'émir Altemich, mais au commencement du mois de Ragob 752 (1351), il fut déposé et emprisonné à la Citadelle du Caire ; son dernier frère Saleh-Salah-ed-Dîn lui succéda.

Deux ans après la déposition du sultan Hassan, la

peste étendit ses ravages sur toute l'Égypte. La discorde déchira ensuite le ministère ; les intrigues de deux renégats coptes qui cherchaient mutuellement à se supplanter dans le vizirat en mettant en jeu les différents partis, finirent par amener la chute de Saleh-Salah-ed-Din, et Molek-el-Nasser-Hassan, qui du fond de sa prison avait aidé à cette révolution de concert avec l'émir Tag-ed-Din, remonta sur le trône et s'y maintint pendant six ans et demi. En 1361 (762 de l'hégire) il périt victime d'un complot.

— La façade de la mosquée Hassan est creusée de longues baies verticales percées de huit rangs de fenêtres grillées. La partie supérieure de l'édifice est terminée par une corniche très saillante formée par un cordon de stalactites triangulaires et circulaires ; au-dessus de cette corniche est une dentelure de pierre découpée en forme de fleur de lis, dont il ne reste plus que des fragments. Le monument a cent quarante-trois mètres de longueur ; les murs dont la hauteur atteint plus de quarante mètres au pied de la porte principale, ont jusqu'à huit mètres d'épaisseur dans certains endroits ; le minaret placé à l'angle sud-est mesure quatre-vingt-six mètres d'élévation, et le dôme cinquante-cinq.

L'entrée a des dimensions colossales qui frappent l'œil ; la partie supérieure forme une sorte d'ogive terminée en coquille, qui encadre une voûte en encorbellement d'un grand effet. Le vestibule qui suit répond par la richesse de son ornementation au portail extérieur; ses trois grandes niches décorées de stalactites sont couronnées par une coupole du même genre. En suivant à gauche un corridor obscur coupé à angle droit par une galerie précédée de quelques marches, on arrive à la grande cour intérieure qui n'a pas moins de onze cent vingt mètres de superficie. Sur chacun des quatre côtés s'ouvre une grande salle carrée à berceau ogival d'où pendent une quantité de chaînes de fer qui portaient autrefois à leur extrémité de riches lampes de bronze, aujourd'hui remplacées par quelques misérables veilleuses en fer-blanc. La voûte du sanctuaire, plus élevée que les autres, a vingt et un mètres de largeur et vingt-huit de hauteur sous clef. Au centre de la cour est le bassin aux ablutions couvert d'une lourde coupole bulbeuse qui repose sur une galerie octogone ayant deux fenêtres sur chaque face, et soutenue par huit colonnes légères. Autour de la coupole est tracée une large zone sur laquelle on lit une inscription arabe en caractères rapportés. En voyant cette coupole jadis peinte en bleu et cerclée d'une bande dorée perpendiculaire à son axe, plusieurs voyageurs ont cru y reconnaître l'image du globe terrestre, sans songer qu'au quatorzième siècle les données sur la forme de la terre étaient encore incertaines, et que du reste, même de nos jours, les Arabes n'admettent pas la sphéricité de notre planète. (V. page 38.) A côté du grand bassin central est une autre fontaine à robinets pour les ablutions particulières.

La décoration intérieure du sanctuaire est d'une grande simplicité et d'un style sévère. A droite et à gauche sont deux rangées de vases de couleur suspendus aux parois. La frise qui se développe au-dessus de ces vases, est ornée de fines arabesques sur lesquelles se détache une longue inscription en caractères koufiques; c'est, dit M. Pascal Coste, le plus beau morceau de ce genre qu'il y ait en Égypte. La *qiblah* est flanquée de quatre colonnettes en marbre, dont les chapiteaux ont des feuilles si ténues qu'on les prendrait pour du bronze. En face est la tribune des lecteurs (dikka) supportée par trois piliers et huit colonnettes. Le *membar* n'a rien de remarquable; il paraît avoir été maladroitement restauré en plusieurs endroits. La corniche de la porte est trop lourde pour le petit dais qu'on voit au-dessus. De chaque côté de la qiblah s'ouvre une porte en bronze qui donne accès à la salle du tombeau. La porte à droite, mieux conservée, est couverte d'entrelacs d'un dessin correct; toutes les étoiles et les autres figures enfermées dans ces lignes criblées de clous, sont damasquinées en or et en argent avec une finesse remarquable.

Le tombeau du sultan Hassan est au milieu d'une vaste salle carrée garnie de hauts lambris en marbre bordés d'une large frise en bois à arabesques grossièrement exécutées. Les pendentifs, couverts d'ornements, parmi lesquels on distingue encore quelques traces de dorure, sont presque entièrement ruinés.

La *qiblah* se recommande particulièrement à l'attention par la bonne disposition de ses marbres de diverses couleurs qui s'encadrent gracieusement dans les bordures et les arabesques. Elle est ornée de quatre colonnes dont deux sont couronnées de chapiteaux dans le goût bizantin. Ces colonnes sont douées de vertus particulières : en les frottant avec une pierre « mystérieuse » après les avoir préalablement humectées avec du jus de citron, on obtient un liquide rougeâtre qui a la propriété de guérir de la fièvre et de donner la fécondité aux femmes stériles. Cette pierre unique dans son genre, est une brique rapportée de la Mekke par quelque pieux pèlerin ; on la conserve précieusement au fond d'une armoire à la disposition des personnes intéressées. Le tombeau porte la date de 764 de l'hégire (1363). Sur la tapisserie qui le recouvre, on voyait, il y a quelques années, un magnifique Qoran écrit en beaux caractères, de la main même du sultan; il se trouve aujourd'hui à la Bibliothèque nationale. Sur le pavé de la salle on montre plusieurs taches noires, taches de sang disent les Arabes.

En revenant dans la cour on ne peut se lasser d'admirer l'effet majestueux que produisent ces hautes murailles sur lesquelles se projettent de grandes ombres qui grandissent encore les proportions de l'édifice. C'est dans cette vaste cour inondée de lumière que le sultan réunissait le peuple pour lui intimer ses volontés; c'est sur ces dalles de marbre qui retentissaient sous le bruit des lourdes piques des gardes, que ce même peuple courbait son front lorsque le souverain descendait de la tribune et se dirigeait vers les sombres couloirs où se tenaient les janissaires en faction ; c'est encore là que le 21 octobre 1798 les Français s'étaient réfugiés pendant l'insurrection du Caire.

La mosquée du sultan Hassan est le seul monument de l'Égypte musulmane qui ait conservé intact son caractère vraiment national : telle elle a été construite, telle nous la voyons aujourd'hui ; les efforts de cinq siècles n'ont rien pu jusqu'ici contre ces épaisses murailles entièrement composées de matériaux empruntés aux pyramides ; mais si le gros de l'édifice est encore debout, les détails de l'ornementation intérieure sont si dégradés que c'est le cœur navré que l'on voit dépérir ainsi ce bel édifice faute de soins. En ce moment le ministère *Ouaqf* s'occupe beaucoup de la restauration des mosquées, et il est à désirer que de véritables artistes se mettent au plus tôt à l'œuvre pour conserver à l'Égypte un des plus riches monuments historiques de l'architecture orientale.

MOSQUÉE EL-MOUAYYAD.

La mosquée *El-Mouayyad* est située dans le quartier Soukkarieh, près du Bab-Zoueyleh. Elle fut érigée en 1415 (818 de l'hégire) par le sultan mamelouk *Melek-el-Mouayyad-abou-l'Nasr-el-Mahmoudy-el-Dahery*, sur l'emplacement d'un bâtiment appelé *Khazanet-Chamaïl* où l'on enfermait les criminels. Le sultan, dit M. Pascal Coste, ayant été vaincu par l'émir Mentach et renfermé dans cette prison, fit vœu de construire un temple sur le lieu même de ses souffrances si Dieu le délivrait. La fortune des armes s'étant déclarée contre ses ennemis, El-Mouayyad acquitta avec éclat sa promesse en faisant élever la mosquée que nous voyons aujourd'hui. Les deux tours semi-circulaires de la porte Zoueyleh ont été utilisées pour supporter les minarets de l'angle sud-est; un troisième minaret s'élève à l'angle opposé.

Histoire. — Sous le règne de Farag ebn-Barqouq, un émir nommé Abou-Nasr-el-Mahmoudy conçut le dessein de devenir sultan d'Égypte; pour parvenir à ses fins, il se servit du khalife El-Mostaïn-b-Illah.

Depuis l'extinction du khalifat de Baghdad et le rétablissement de la seconde branche des Abbassides au Caire, les khalifes n'étaient plus considérés que comme des pontifes chargés exclusivement des affaires de religion et de conscience. El-Mahmoudy qui avait ses vues, persuada au khalife qu'il lui serait facile de reconquérir le pouvoir temporel et l'autorité souveraine de ses prédécesseurs, ajoutant que tout était disposé pour le succès de l'entreprise. L'orgueil du khalife abusé, lui fit embrasser ce projet avec avidité. Le sultan Farag, alors à Damas, reçut l'ordre d'abdiquer; il répondit à cette proposition insolente en appelant ses soldats au combat. La victoire allait se déclarer en faveur de Farag, quand les armes spirituelles employées à propos brisèrent le tranchant des sabres : l'anathème suivant fut lancé par le khalife :

« De par l'imam Abou-l-Fadl-el-Abbas-el-Mostain-
« b-Illah, prince des fidèles,

« Nous déclarons déchu du sultanat Farag, fils de
« Barqouq. Le véritable sultan d'Égypte et de Syrie
« est maintenant le khalife, descendant et vicaire du
« Prophète. Pardon pour ceux qui s'uniront à lui, et
« malheur à ceux qui lui résisteront. »

Cette proclamation eut un effet immédiat : Farag abandonné de ses soldats, convaincu de s'être révolté contre le représentant du Prophète, fut décapité hors des murailles de Damas (1412 — 815 de l'hégire). El-Mostain devenu sultan, créa El-Mahmoudy son premier vizir. Mais ce dernier avait prétendu faire la révolution pour lui seul; il n'avait vu dans le khalife qu'un instrument, et n'avait réussi qu'à se donner un maître; dès lors le renversement du nouveau sultan fut décidé. A force d'intrigues El-Mahmoudy se fit d'abord associer au trône sous le titre de Melek-el-Mouayyad (le roi aidé de Dieu); puis bientôt le khalife dépouillé de toute autorité, fut relégué au fond d'un des appartements du palais.

Pendant une expédition en Syrie, El-Mostaïn profitant de l'absence de son rival, eut de nouveau recours aux armes spirituelles qui lui avaient si bien réussi la première fois; mais El-Mouayyad, instruit à temps de ces menées, parut au Caire au milieu de ses ennemis. Ceux-ci, saisis de crainte, nièrent énergiquement avoir pris la moindre part à l'anathème, et la même assemblée qui l'avait prononcé appela la sévérité des lois sur la tête du khalife qui fut d'abord emprisonné, puis exilé à Alexandrie.

Melek-el-Mouayyad-el-Mahmoudy, parvenu ainsi au but de ses désirs, se fit d'abord remarquer par son gouvernement sage et prudent; mais pendant les dernières années de son règne, il s'attira par sa conduite les mécontentements de son peuple. Il faisait emprisonner ses émirs sur le moindre soupçon, et destituait des fonctionnaires dont l'intégrité était universellement reconnue pour vendre leurs charges aux plus offrants. Les chrétiens et les juifs furent soumis à de forts impôts; les anciens règlements édictés par plusieurs de ses devanciers furent appliqués dans toute leur rigueur : les chrétiens durent porter des robes bleu foncé, un turban noir et, suspendue au cou, une croix de bois pesant cinq kilos ; pour les juifs, la robe était jaune et la croix remplacée par une boule noire. De plus, la coupe des vêtements était taillée sur un modèle particulier ; les femmes même durent adopter certaines couleurs afin qu'on pût facilement les reconnaître de loin.

Les cheikhs de la religion représentent le sultan El-Mouayyad comme un prince accompli, à cause de la protection qu'il accorda aux savants et des fondations pieuses dont il dota le pays. Il affectait une grande piété ; lorsqu'il avait quelques points noirs sur la conscience, il passait plusieurs jours dans un couvent de derviches, et faisait les *zikr* avec eux en esprit de pénitence.

— L'entrée de la mosquée El-Mouayyad rappelle dans son ensemble celle du sultan Hassan. La grande porte de bronze est un véritable chef-d'œuvre ; c'est incontestablement la plus belle de toutes les portes de ce genre que l'on voit au Caire ; elle est formée d'entrelacs du milieu desquels saillissent des bossages hémisphériques ou ovoïdes percés d'arabesques à jour. Avant 1881, la cour était ombragée de palmiers et de sycomores, et entourée de portiques à ogives avec quatre-vingt-seize colonnes peintes en rouge ; aujourd'hui elle est fermée par de hautes murailles en pierre de taille ; au centre, le bassin aux ablutions est couvert d'une sorte de pavillon turc de mauvais goût. Le sanctuaire a trois rangs de nef ; le mur du fond est bien conservé ; les mosaïques, principalement celles qui entourent la *qiblah* ornée de colonnes à chapiteaux en stalactites, sont très remarquables ; au-dessus du lambris règne une longue frise formée de petites arcades à colonnettes de verre bleu opaque. Les plafonds sont à compartiments, revêtus d'ornements peints et dorés d'une pureté et d'une exécution admirables. Il faudrait une main habile pour faire revivre tous ces dessins ; malheureusement, si l'on en juge par le reste, ils ne tarderont pas à disparaître sous la brosse des badigeonneurs, et toutes ces capricieuses arabesques qui s'enlacent si gracieusement sur leur fond à paillettes d'or, feront place à de jolies teintes unies, rouges et vertes, bien fraîches, bien vernies, qui passent pour être de meilleur goût que ces anciens caissons enfumés qui sentent trop leur vieux temps !... Plus de ces arabesques à filets d'or, exquises de finesse, qui se jouent au milieu d'un lacis de lignes brisées dont les reflets métalliques fascinent l'œil ; plus de ces demi-teintes, de ces clairs-obscurs, de ces tons chauds qui donnent de la vie au dessin. Ces artistes du temps qui, pour exécuter de pareils chefs-d'œuvre faisaient preuve d'une patience incroyable que seule pouvait soutenir la foi ardente qui les animait, sont aujourd'hui distancés par les manipulateurs de la peinture au mètre carré... Hors d'ici ces tableaux impossibles auxquels on ne comprend plus rien, et place à l'ornementation moderne qui, se calculant à l'agilité du poignet, vous restaure à tour de bras en trois jours, un plafond dont la décoration a demandé dix années de travail !

A l'exception des colonnes enlevées aux monuments anciens, et ajustées par la main d'un architecte inhabile, tout l'intérieur offre un mélange de richesse et de simplicité qui porte l'empreinte du style arabe dans toute son élégance. Les fenêtrages ayant été réparés, selon toute probabilité il y a un siècle environ, ne peuvent donner une idée de ceux qui existaient autrefois. « En outre, dit M. Prisse d'Avennes, comme pour prouver que de nos jours on ne comprend plus rien à l'art, on a noirci les inscriptions qui contournent les fenêtrages de la façade du *mihrab*, et barbouillé les arabesques des trumeaux au moyen de grossiers dessins qui gâtent toute cette partie de l'édifice. » On ne peut donc plus juger de l'effet des arcades : elles sont aujourd'hui bariolées d'ocre rouge de la façon la plus regrettable.

Le *membar* est en marqueterie d'un beau travail, formant des entrelacs rectilignes encadrés d'arabesques ; il a été si souvent repeint que toutes ses moulures sont empâtées. Le *dikka* en marbre blanc, supporté par huit colonnettes octogones, est un des plus beaux du genre.

De chaque côté du sanctuaire sont, à gauche le tombeau du sultan, à droite celui de sa famille. Ces deux salles, comme toutes les autres chambres sépulcrales, sont carrées et surmontées d'une coupole à pendentifs. Le mausolée d'El-Mouayyad est en marbre blanc, entouré d'une balustrade en bois ouvragé; il est recouvert d'une grande toile verte brodée d'inscriptions et d'ornements bleus, rouges et jaunes; près du tombeau du sultan est celui de son fils Ibrahim. Au-dessus de la qiblah s'étend une grande inscription chargée d'ornements à fleurs dont les lignes rappellent celles des tapis de Perse.

En 1665, la mosquée El-Mouayyad servit de refuge aux soldats qui s'étaient révoltés contre le gouverneur turc. Omar-Pacha, résolu d'en finir avec les rebelles, fit cerner la mosquée; une des fenêtres fut abattue d'un coup de canon et les soldats pénétrèrent dans le temple où leur mousqueterie commit maints dégâts.

Le bain qui était attenant à la cour de la mosquée, passait pour un des plus beaux du Caire; la voûte de la grande salle du centre était percée de mille petits trous vitrés de cristaux multicolores à facettes, qui se reflétaient dans un vaste bassin en marbre blanc au milieu duquel jaillissait une gerbe d'eau tiède. Les murs étaient revêtus de panneaux dont les filets grecs encadraient des mosaïques composées de petits cristaux jaunes et blancs. Le sol formait une gigantesque étoile en marbre blanc sur fond noir, dont le bassin marquait le centre. C'est dans ce bassin que fut noyée par une rivale, en 1708, la belle Zarifah, surnommée *el-Koutchouk* (la petite, en langue turque). Le gouverneur de l'Égypte, Hassan-Pacha, à qui appartenait la belle esclave, ayant ordonné que la coupable subît la peine du talion, la malheureuse fut livrée aux mains des négresses de la victime qui la noyèrent dans le même bassin, après l'avoir torturée à coups de *qobqab* (sortes de sandales en bois).

MOSQUÉE EL-SALEH.

Tout près d'El-Mouayyad, en dehors de la porte de Zoueyleh, est une petite mosquée très modeste que l'on visite à cause de la légende qui s'y rattache : La tête de Houssein fils d'Ali, tué au combat de Kerbelah par les soldats de Yozid en 682 (61 de l'hégire), aurait dit-on, séjourné sous les voûtes du sanctuaire; et lorsqu'on l'a enlevée pour la transporter dans un caveau de la mosquée Hassanein, les colonnes se sont penchées d'elles-mêmes en signe de respect pour rendre un dernier hommage à cette précieuse relique. Comme témoignage de cet acte de vénération, les douze colonnes corinthiennes de la petite mosquée d'*El-Saleh* sont restées dans leur position inclinée vers l'Occident.

Ce monument, sans mérite architectural, n'a rien qui soit réellement digne d'attention; les arcades sont encadrées d'une bordure d'arabesques incrustées dans le stuc, et retenues par des tirants en bois gravés dans le même genre. La porte d'entrée qui s'ouvre au fond d'une petite ruelle derrière un corps de garde, mérite un coup d'œil à cause de ses ornements en bronze parsemés d'étoiles de même métal.

MOSQUÉE EL-GHOURY.

Au milieu du bazar el-Ghourieh, et de chaque côté de la rue principale, s'élèvent la mosquée et la chapelle funéraire du sultan *El-Ghoury*. Les deux monuments construits sur un large espace et bien dégagés, font un grand effet avec leurs puissantes murailles terminées par une ligne de créneaux en forme de fleurs de lis, et rayées horizontalement de longues bandes rouges et blanches. Le minaret, un peu masqué par la toiture en planches qui couvre la rue en cet endroit, est une haute tour carrée dont le troisième étage sert de base à un massif aux formes indécises qui a remplacé une belle coupole ovoïde écroulée à la fin du siècle dernier.

Histoire. — Un ancien esclave du sultan Qait-Bây, l'émir Qansou, quatrième du nom, fut élu sultan à l'âge de soixante ans. Qansou était pauvre, d'un caractère facile, de mœurs simples, sans ambition, et entièrement étranger aux intrigues qui divisaient les émirs ; sa bienfaisance et ses vertus lui avaient acquis l'estime, la considération générale. Nommé chef de l'État à son insu, il refusa d'abord les honneurs de la souveraineté, disant qu'il était accoutumé à obéir et qu'il ignorait absolument l'art de commander. On lui objecta que sa bravoure, son amour du bien public suffisaient pour mériter le trône, et qu'il était seul digne d'y monter. Profondément ému, l'émir se rendit aux vœux de la nation et fut proclamé sous le nom de Melek-el-Achraf-el-Ghoury, l'an 906 de l'hégire (1501).

Parvenu au suprême pouvoir, il sut se défaire peu à peu, avec prudence, de tous ceux dont il connaissait la turbulence. Il s'entoura d'un luxe extraordinaire, fonda des écoles, des établissements religieux et fit construire un acqueduc monumental pour alimenter la Citadelle. Ayant appris par les Vénitiens que les Portugais établissaient des comptoirs importants dans les Indes, et s'emparaient des principales villes du littoral, il prépara une expédition contre ces Européens téméraires qui gênaient les relations commerciales de l'Égypte avec l'extrême Orient; son escadre fut détruite par les Portugais.

En 1512, Korkoud, frère et rival du sultan de Constantinople Sélim Ier, vint se réfugier en Égypte; El-Ghoury l'accueillit avec bienveillance et lui donna une flotte de vingt vaisseaux pour aller attaquer son frère. Cette flotte fut capturée par les Ottomans, et dès lors Sélim devint pour l'Égypte un ennemi irréconciliable. Des forces furent expédiées de Constantinople et une campagne contre El-Ghoury commença par l'attaque des frontières syriennes. Le sultan d'Égypte espérant arrêter Sélim, s'allia au roi de Perse Ismail-Shah, alors en guerre avec la Porte. A la suite d'une défaite, il envoya demander la paix au vainqueur; Sélim répondit aux ambassadeurs : « Il est trop tard... Retournez dire à votre maître « que le pied ne se heurte pas deux fois à la même « pierre; j'irai au Caire, qu'il se prépare à com- « battre. » L'effet suivit de près la menace : l'armée ottomane déborda comme un torrent en Syrie. El-Ghoury à la tête de toutes ses troupes, la rencontra à *Merg-Dabek,* près d'Alep. Le choc fut terrible; les Égyptiens, armés seulement de lances, de flèches et de cimeterres, eurent d'abord quelque avantage, mais ils durent plier devant l'artillerie turque; bientôt la déroute fut complète, et le vieux sultan qui était tombé de cheval, fut écrasé sous les pieds des cavaliers fuyards (1516 — 922 de l'hégire).

L'intérieur de la mosquée El-Ghoury est surtout remarquable par ses plafonds à caissons qui reposent sur de belles corniches en stalactites à ornements dorés. Au centre de l'édifice est une salle hypèthre sur laquelle s'ouvre le sanctuaire dont le mur du fond est percé d'une rosace à jour et de quatre vitraux coloriés. La décoration ressemble à celle que l'on rencontre dans la plupart des grandes mosquées : des lambris en marbre, des inscriptions arabes, une *qiblah* à fond chargé d'entrelacs et de mosaïques. Sous la grande ogive étranglée qui encadre le sanctuaire, est suspendu un lustre cylindrique en bronze ciselé, ornement que l'on trouve rarement aujourd'hui dans les monuments religieux du Caire. On conservait jadis dans cette mosquée une chemise du Prophète que le sultan El-Ghoury avait rapportée de la Mekke; elle est actuellement à la Citadelle où on la montre au peuple une fois par an, la nuit du *Leïlet-el-Mêirag,* et ce n'est que par faveur spéciale qu'il est permis aux fidèles de baiser cette précieuse relique.

Le monument funéraire qui fait face à la mosquée El-Ghoury est en pleine voie de réparation. Dans une sorte de grand vestibule éclairé par une coupole à jour, on remarque des boiseries qui viennent d'être artistement exécutées sur le modèle exact des anciennes. Les murs de la salle du tombeau sont chargés d'ornements gravés sur les parois à partir du sommet de la qiblah. Les travaux paraissent être habilement dirigés, mais ils marchent si lentement que l'on ne peut guère espérer voir cet édifice complètement restauré avant le siècle prochain.

MOSQUÉE EL-ACHRAFIEH.

Le sultan *El-Achraf-Barsebây* fit construire en 1423 (826 de l'hégire) la mosquée qui porte son nom, à l'entrée du bazar du Hamzaouy, à l'angle de la rue du Mousky. L'extérieur n'a rien de particulier dans son architecture ; c'est une longue façade bariolée, au milieu de laquelle est une horloge publique, chose assez peu commune dans les monuments religieux de l'islam. La mosquée El-Achrafieh a été réparée il y a quelques années; les longues bandes horizontales qui décorent ses hautes murailles ont été ravivées à l'ocre rouge et à la chaux ; le minaret n'a pas été non plus oublié, malheureusement on a négligé de remplacer par des balcons plus solides ses deux maigres galeries en bois, qui font un piteux effet autour de la masse de pierre dans laquelle ils sont fixés. La trace de ces réparations à grands traits se reconnaît principalement dans les parties supérieures du portail; seule la jolie coupole guillochée qui est au nord, c'est-à-dire sur le côté du Mousky, a été épargnée; aussi est-ce le plus beau morceau de toute la construction, et le seul qui possède encore son cachet original.

A l'intérieur on reconnaît partout qu'une main moderne et ignorante a passé par là : les plafonds aux arabesques légères qui se perdaient à travers des entrelacs incrustés de nacre, les mille étoiles d'argent qui scintillaient sur leur fond d'azur pailleté d'or, tout cela a été remplacé par des peintures d'antichambre, comme celles que l'on rencontre dans les palais construits sous Mohammed-Ali. Un coin du plafond primitif, sans doute oublié par les ouvriers, ou bien duquel on se souciait fort peu parce qu'il se trouve dans un endroit obscur, se voit encore au-dessus de la grande tribune qui fait face au sanctuaire ; on peut juger du reste par cet échantillon. Les marbres du sanctuaire ont été mieux traités, mais au-dessus de la *qiblah* les murs sont revêtus de fleurs et d'autres ornements au poncif d'un goût détestable. Les mosaïques encadrées par des filets noirs et rouges dont le sol était recouvert, ont fait place à des dalles de marbre blanc bien polies, bien ajustées, qui s'accordent très bien avec les plafonds restaurés, mais dont l'aspect froid et nu fait trop facilement oublier les quatre siècles et demi qui pèsent sur ces grandes ogives auxquelles sont suspendues de lourdes lampes en bronze de la bonne époque sarrasine.

MOSQUÉE HASSANEIN.

Une des mosquées les plus vénérées du Caire est celle de Hassanein ou Sayidna-Houssein, dédiée à *Hassan* et à *Houssein* fils d'Ali gendre du Prophète. Elle est située dans le quartier de Gamalieh, à gauche de la rue Neuve du Mousky. Ce monument, qui vient d'être complétement reconstruit, s'annonce de loin par son élégant minaret circulaire à cannelures orné de deux balcons en fer, et coiffé d'un toit en éteignoir surmonté d'un croissant doré. La façade rappelle à première vue le style gothique; les fenêtres du premier rang sont ogivales, à trois colonnes de marbre blanc; celles du rez-de-chaussée sont rectangulaires, encadrées d'une moulure vert-de-gris et défendues par des grilles dorées à entrelacs d'un travail très soigné.

L'intérieur, d'un genre tout à fait moderne, n'offre rien d'intéressant pour l'artiste; mais le voyageur qui s'attache principalement au coup d'œil, y découvrira des merveilles et surtout un luxe déployé avec une certaine recherche. Le sol est garni de riches tapis de Perse; les colonnes en marbre, cerclées de baguettes en bronze, reposent sur un dé à cannelures, et supportent cinq rangées d'arceaux surélevés sur lesquels s'étend un plafond à poutrelles; les arceaux sont reliés entre eux par des tirants en bois auxquels sont suspendus des lustres de salon et des lampes en verre. La fontaine aux ablutions, en marbre blanc, semble écrasée par sa lourde coupole en zinc; elle est aux yeux des architectes indigènes un des plus beaux chefs-d'œuvre de l'école moderne.

La mosquée Hassanein est bâtie, dit-on, sur l'ancien palais d'El-Moez-le-Din-Illah. La chambre souterraine où l'on arrive par un escalier étroit, passe pour avoir autrefois fait partie des appartements privés de ce khalife. C'est dans cette chambre qu'aurait été déposée la tête de Houssein, tué au combat de Kerbelah vers la fin du septième siècle. Les cérémonies qui rappellent les épisodes de la mort du fils d'Ali ont lieu dans la nuit du 9 au 10 Moharrem. (V. Fêtes publiques.)

MOSQUÉE SAYIDA-ZEYNAB.

A la pointe occidentale du vieux quartier de Touloun, près du « Khalig » et de l'ancien Qantara-el-Sebaa (Pont des Lions), est située la mosquée de *Sayida-Zeynab* petite-fille du Prophète. La présence du corps de la sainte qui repose dans une salle particulière, indique assez le degré de vénération dont jouit cette mosquée, surtout parmi les femmes

L'édifice rappelle dans son ensemble celui de Hassanein. L'entrée principale est sur la face nord. Le côté ouest, remarquable par l'originalité de ses sculptures, est creusé de longues baies ogivales dans la partie inférieure desquelles s'ouvre une rangée de fenêtres grillées en losanges. La première porte latérale est presque entièrement recouverte de ferrures en bronze découpées en arabesques.

L'intérieur est réellement beau, mais plutôt sous le point de vue de l'ensemble que sous celui de l'architecture; comme à la mosquée Hassanein, ce qui frappe l'œil sont des colonnes en marbre blanc veiné, des lustres de cristal et des tapis d'une grande richesse. Le portail de marbre qui s'ouvre sur le parvis près de l'horloge, donne accès à la chapelle funéraire. Avant de pénétrer dans ce sanctuaire auguste, on traverse une sorte d'antichambre où se tient le gardien de la mosquée; cette pièce est garnie de tentures vertes et percée de deux fenêtres grillées à travers lesquelles on aperçoit le mausolée, de Sayïda Zeynab. La porte du tombeau est garnie de serrures en argent et ne s'ouvre pas facilement aux infidèles. Une riche coupole abrite le corps de la sainte qui repose sous un baldaquin entouré d'une grille en bronze. Les murs de la salle sont revêtus de lambris en bois, au-dessus desquels règne une grande inscription en or, qui est un des plus beaux spécimens de la calligraphie arabe.

Les deux tombeaux placés devant la mosquée appartiennent aux Cheikhs *Saïd-Mohammed-Aatris* et *El-Aidarous*, le premier, lecteur (fiqi) de Saïda-Zeynab, l'autre son précepteur (aarif). La fête instituée en l'honneur de Sayïda-Zeynab, un des plus beaux *moulid* que l'on célèbre au Caire, a lieu au mois de Regeb.

Dans le quartier de Sayïda-Zeynab, on visite deux autres mosquées qui sont l'objet d'un grand respect de la part des fidèles; l'une est celle du *Cheikh-Saleh*, l'autre d'un saint appelé *Sultan-Hanéfi* qui vivait au quinzième siècle.

LA CITADELLE

La Citadelle est bâtie sur un mamelon du Gebel-Moqattam, qui domine le Caire au sud-est. On y pénètre le plus ordinairement de la place Roumeyleh, soit par le *Bab-el-Gédid* en suivant une rampe accessible aux voitures, qui suit le contour des murailles du côté nord, soit plus directement par le *Bab-el-Azab* qui s'ouvre au milieu de deux tours sarrasines précédées d'un perron de construction récente, et qui débouche sur un étroit défilé taillé dans le roc; c'est dans ce passage qu'eut lieu le 1er mars 1811 le massacre des Mamelouks, acte terrible qui délivra l'Égypte de la domination tyrannique des Beys et affermit l'autorité de Mohammed-Ali. L'origine de la Citadelle remonte au douzième siècle; elle fut construite par l'émir Bohâ-ed-Din surnommé Qara-Qouch (l'oiseau noir), sur l'ordre du sultan Salah-ed-Din (Saladin).

Histoire. — A la mort de Nour-ed-Din qui régnait en Syrie, Salah-ed-Din Youssouf, gouverneur de l'Égypte, se déclara indépendant et souverain maître d'Égypte et de Syrie (1174 — 570 de l'hégire). Les Croisés devinrent alors ses ennemis directs. La suite non interrompue de ses victoires et surtout celles qu'il avait remportées sur eux quand il n'était que vizir de Nour-ed-Din, les alarmaient d'autant plus qu'ils le voyaient par là se frayer rapidement le chemin qui devait l'amener avec eux sur le même champ de bataille. Voulant le prévenir, ils forcèrent la ville de Damas et remportèrent d'abord quelques avantages sur les troupes de Touràn-Schah qui commandait la place, mais ces succès furent de courte durée ; Salah-ed-Din ne tarda pas à paraître lui-même à la tête de son armée et contraignit les Croisés de battre en retraite.

Chaque fois que Salah-ed-Din s'absentait pour une expédition, il confiait l'administration de l'Égypte à son fidèle lieutenant, l'émir nubien Bohà-ed-Din-el-Assady auquel il laissait les ordres les plus précis pour faire exécuter tous les travaux qu'il reconnaîtrait d'utilité publique. L'émir remplissait toujours avec zèle les intentions de son maître ; grâce à son activité les digues furent réparées et consolidées en plusieurs endroits par de forts revêtements en pierre ; de nombreux canaux furent creusés, des ponts construits, des routes tracées, et la capitale embellie d'édifices nouveaux. Les matériaux ne manquaient pas : on en avait trouvé amplement dans la démolition des petites pyramides du plateau de Gisch ; la vieille Memphis, qui avait été en partie dépouillée au profit d'Alexandrie, de Fostat et du Caire, fut de nouveau exploitée, et les monuments des anciens pharaons continuèrent à servir de carrières pour les constructions arabes. C'est en présence de ces matériaux si abondants, dont la source semblait intarissable, que Bohâ-ed-Din proposa au sultan d'élever à l'extrémité de la croupe septentrionale du Moqattam, une forte citadelle qui assurerait la tranquillité de la ville et renfermerait le palais du souverain. Ce plan fut aussitôt adopté et exécuté sur l'emplacement d'une ancienne forteresse du temps des Toulounides, appelée *Qasr-el-Haoua* (château de l'air). Les historiens arabes contemporains rapportent que Salah-ed-Din, pour s'assurer de la salubrité du lieu, constata par des expériences répétées, que la viande exposée à l'air libre s'y conservait fraîche vingt-quatre heures de plus que dans tout autre endroit du Caire ou des environs.

Lorsque la citadelle, la même qui existe actuellement, fut terminée, on songea à entourer la ville d'une enceinte fortifiée, de telle sorte, qu'elle devait braver toutes les attaques de l'ennemi. D'après le plan proposé, les murailles devaient avoir une vaste étendue et renfermer non-seulement la capitale, mais encore Fostat; de plus, l'ancienne forteresse de Babylone (Qasr-ech-Chama) devait être protégée par des bastions du côté sud, et l'île de Raoudah porter à ses extrémités deux énormes tours pour commander le fleuve. Ces vastes projets de fortifications furent réduits à l'enceinte du Caire non compris les faubourgs. Ces travaux nécessitèrent la démolition de plusieurs mosquées et de quelques tombeaux, ainsi que l'expropriation des maisons et des terrains qui se trouvaient sur le tracé ; des impôts furent levés pour subvenir à ces dépenses extraordinaires. La population cria à la profanation et à la tyrannie ; mais si la résistance se borna à ces protestations inoffensives contre le souverain, la vindicte populaire s'est pour ainsi dire éternisée contre le ministre, instrument direct des actes du pouvoir suprême, en prenant pour armes, à défaut de toute autre, le sarcasme et la plaisanterie la plus amère. Le vizir, déjà surnommé par le peuple *Qara-Qouch* (oiseau noir), surnom que l'histoire a consacré, fut choisi par le parti de l'opposition, et c'était le plus considérable, pour être le héros idéal des spectacles bouffons de marionnettes et des baladins, le vouant ainsi d'âge en âge à la risée publique. Léguée comme un héritage de vengeance, passant de génération en génération aux mains des bateleurs, la rancune populaire est arrivée jusqu'à nous ; maintenant encore le polichinelle égyptien que l'on voit figurer dans des scènes aussi burlesques que licencieuses, s'appelle *qaraqouch* ou, par corruption, *qaraqoz*.

En 1177 (573 de l'hégire), les hostilités recommencèrent entre Salah-ed-Din et les chrétiens ; cette fois le conquérant arabe fut battu à Ramleh par Raynaud de Châtillon. Cinq ans plus tard les émirs, d'accord avec les habitants de Moussoul, traitaient sourdement avec les Croisés pour réunir leurs efforts contre le sultan d'Égypte. Prompt à déjouer ces projets de coalition, Salah-ed-Din parut tout à coup, prit Alep, s'empara de plusieurs autres villes, puis vint camper devant Moussoul, la seule place qui restât de l'ancien royaume des Atabeks. Le siége de Moussoul fut interrompu par diverses opérations militaires sur les frontières de Syrie, et repris définitivement en 1185 (581). Des propositions pacifiques furent faites à Salah-ed-Din qui les accepta à condition d'être reconnu comme chef suzerain par les émirs avec lesquels il était en guerre, et proclamé comme tel à la prière solennelle. La paix fut signée et Salah-ed-Din n'eut plus que les Croisés à combattre. En 1187 et les années suivantes, il leur enleva Tabaryeh (Tibériade), Kaïsaryeh (Césarée), Haïffa, Safouryeh, Foulah, Yafa (Jaffa), Saïd (Sidon), Beyrouth, etc., puis Akka (Acre), où il fit prisonnier le roi de Jérusalem Guy de Lusignan, et les grands maîtres de l'ordre des Templiers et des Hospitaliers. De là il marcha sur Jérusalem qui capitula après une résistance héroïque de quatorze jours; ensuite il prit Djabalah, Asqalah, Ghazza, Ramleh, Latakyeh (Laodicée), Khaïroun, Derbesak, Batroun, Baghras, Safed, Naplouse, Sébaste, etc. Les chrétiens arrêtèrent ce débordement de victoires en proposant une trêve qui fut acceptée (1191 — 587). Quinze mois après, cette trêve fut rompue, et Salah-ed-Din marcha à de nouvelles conquêtes,

Ce fut au milieu de ces derniers succès, que mourut à Damas ce grand capitaine en 1193 (589 de l'hégire), à l'âge de cinquante-sept ans.

— L'édifice le plus remarquable de la Citadelle était, il y a quelques années, le palais de Saladin. Ce palais, appelé communément le Divan de Joseph, était couvert de sculptures, de mosaïques, de dorures et de peintures. On admirait surtout une salle voûtée surmontée d'une coupole avec des inscriptions en lettres d'or. Des colonnes monolithes en granit rouge, mesurant huit mètres environ de hauteur sous les chapiteaux, sur une circonférence moyenne de trois mètres, soutenaient des arcades en pierre et des frises chargées d'inscriptions arabes en lettres gigantesques. On est étonné du temps et du travail qu'il a fallu dépenser pour transporter ces colonnes sur un point si élevé. « Si l'on pouvait, dit M. Prisse d'Avennes, comparer le Divan de Joseph à d'autres monuments, ce serait, pour le goût seulement et la sévérité des styles, à la porte de Bab-el-Nasr et peut-être aussi à la mosquée d'El-Hakem. Les arcades sont à plein cintre dans les deux monuments. Par l'origine, les colonnes nous paraissent venir d'Alexandrie, où l'on en voit encore plusieurs centaines dans le port. » C'est sur l'emplacement de cet édifice, détruit en 1829, et près de la mosquée Qalaoun qui tombe en ruine, que Mohammed-Ali s'est fait construire une mosquée et un palais.

La mosquée Mohammed-Ali passe parmi les indigènes pour la merveille du Caire. Cette opinion, qui n'est peut-être qu'une flatterie à l'adresse du fondateur, n'en prouve pas moins à quel point les grandes traditions de l'art arabe sont perdues en Orient, car cette mosquée si vantée est une combinaison de tous les styles excepté le style arabe. L'édifice est surmonté d'une coupole flanquée de quatre demi-coupoles dans le genre bizantin ; les deux minarets qui l'accompagnent élèvent à une hauteur exagérée leurs formes grêles; ils sont octogones, à deux galeries, et coiffés d'un toit en éteignoir. La cour est entourée de portiques en bel albâtre oriental, mais d'un aspect bien monotone. Au centre, la fontaine aux ablutions d'un style de fantaisie du plus mauvais goût, est tout empanachée d'ornements, et entourée de huit colonnes bâtardes. La tour carrée brun et or placée sur la galerie nord-ouest, renferme une horloge publique offerte à Mohammed-Ali par le roi Louis-Philippe.

L'intérieur de la mosquée, tout en albâtre poli, a quelque chose de glacial qui produit une singulière impression ; cette immense salle, éclairée faiblement par quelques fenêtres et de minces filets de lumière qui tombent du vitrage multicolore de la coupole, a un aspect désert ; rarement on y rencontre des musulmans en prière ; il semble que le fidèle, même le plus fervent, doit être dépaysé au milieu de ces murs où pas le moindre ornement ne repose l'œil. La *qiblah,* qui toujours est rehaussée de jolies mosaïques, de fines sculptures ou de peintures aux couleurs vives, est aussi froide et aussi nue que les murs. Le sol est recouvert de beaux tapis de Perse que l'on ne foule que pieds nus, suivant l'étiquette religieuse. A droite de l'entrée on remarque le tombeau du fondateur, défendu par une lourde cloison en fonte dorée, percée de sept ouvertures à entrelacs au-dessus desquelles règne une inscription arabe sur fond d'azur. Le *membar* est décoré d'une façon si regrettable que la plus habile description ne pourrait en donner une idée. En somme la disposition intérieure, le grand lustre central et les quatre autres plus petits, mais toujours dans le même style, donnent à ce vaste sanctuaire plutôt l'aspect d'un salon moderne que d'un temple de prière.

Le palais qu'habitait Mohammed-Ali est, comme le sont d'ailleurs tous les palais d'Orient, fort simple à l'extérieur, vaste et magnifique à l'intérieur, mais d'une magnificence par trop européenne : tentures, glaces, tables, tout vient de Paris, jusqu'à des fauteuils et des chaises qui font une étrange figure au milieu des larges divans, seuls meubles appropriés à l'architecture domestique et aux mœurs orientales. Il y a en revanche de très beaux pavés en marbre, des bains d'albâtre dans le meilleur goût arabe. Par malheur, il y a aussi d'affreuses pendules et des fresques abominables. La vue dont on jouit de ce palais est admirable : on a sous les yeux l'immense ville du Caire hérissée de ses coupoles, de ses minarets, et enveloppée de ses mornes cimetières comme d'une ceinture mortuaire. Bien différentes des villes d'Europe, toujours si bruyantes même à distance, les villes d'Orient sont silencieuses ; pas le moindre bruit humain ne sort des innombrables rues pourtant si populeuses de cette grande cité, qui paraît aussi muette que les tombes qui l'entourent. Au loin, le long du Nil, des jardins d'un vert sombre fleurissent çà et là comme autant d'oasis au milieu des habitations et des plaines de sable, et des bois de palmiers épanouissent dans l'air bleu leurs gracieux éventails. Au delà, se déploie le désert dans toute sa sereine immensité.

Le *Bir-Youssouf* (puits de Joseph), appelé ainsi du prénom que Saladin portait, est creusé dans le roc vif. Il est carré, à deux étages et a 88 mètres 30 centimètres de profondeur. La partie supérieure, un des points culminants de la Citadelle, est construite en pierres de taille jusqu'à une profondeur de 13 mètres 50 centimètres. Un chemin de ronde en pente douce permet de descendre facilement jusqu'à la plate-forme qui sépare les deux étages. Ce chemin est fouillé dans le roc en conservant des cloisons de 0,30 centimètres percées de fenêtres qui servent à éclairer la descente. Le fond de cette première partie du puits, séparée de l'étage inférieur par un plancher, est à 48 mètres de l'ouverture ; là, une *saqieh* mue par un bœuf, élève l'eau du fond du puits jusqu'à la hauteur d'un premier réservoir, d'où elle est puisée par les godets d'une autre saqieh placée au niveau de l'orifice supérieur. Au-dessous du premier palier, un autre escalier humide et glissant, de 0,85 centimètres de largeur, permet de descendre jusqu'à la source du puits, mais non sans danger, car il n'y a ni parapet ni garde-fou. Le Bir-Youssouf est un fort bel ouvrage, surtout si l'on se reporte au temps où il a été creusé; il sert encore aujourd'hui à l'alimentation de la place, mais son importance a beaucoup diminué depuis l'installation des réservoirs de la compagnie des Eaux.

La Citadelle est divisée en trois parties : *el-Azab*, *el-Enkicharieh*, et *el-Qalaa* qui est la plus élevée. Ces trois parties distinctes et contiguës sont entourées chacune de murailles et de tours crénelées. Toute la forteresse est dominée par le plateau du Moqattam dont elle est séparée par un ravin; ce n'était pas un grand inconvénient au temps de Salah-ed-Din; mais aujourd'hui elle ne pourrait résister aux attaques de l'ennemi. Une particularité à noter, c'est que le côté le mieux armé est celui qui regarde la ville; on peut donc inférer de là que les sultans, pachas, ou vicerois d'Égypte ont plutôt considéré cette place comme un château fort qui les mettait à l'abri des révoltes et des guerres civiles, que comme une citadelle qui devait les protéger contre une invasion étrangère.

PORTES

Le Caire possède un grand nombre de portes, presque toutes intérieures aujourd'hui par suite de l'extension de la capitale. Les plus remarquables sont celles de *Bab-el-Nasr, Bab-el-Foutouh* et *Bab-el-Zoueyleh,* dont l'origine remonte au khalife fatimite El-Mostanser-b-Illah (xie siècle); elles furent bâties par le vizir Bedr-el-Gemaly, ancien mamelouk de Gemal-ed-Doulah.

Bab-el-Nasr, porte de la Victoire, est à plein cintre, et flanquée de deux tours carrées ; elle rappelle dans son ensemble les monuments arabes d'Espagne. « L'édifice, dit M. Pascal Coste, est d'un caractère ferme ; l'arcade est soutenue par des pieds droits avec moulures. Une belle inscription koufique, dont l'exécution est d'un ciseau pur et sévère, règne sur toute la longueur de la frise. » Des boucliers ornés d'épées sont sculptés sur les deux tympans de l'arcade, et des écus décorent les faces des deux tours qui s'élèvent à environ sept mètres au-dessus des murailles.

BAB-EL-FOUTOUH, porte des Conquêtes, est située un peu à l'ouest de la précédente. « La disposition des masses et la relation des parties sont plus lourdes que celles de Bab-el-Nasr; mais les sculptures dont elle est revêtue sont aussi soignées quoique les ornements soient répartis avec moins de goût; cependant elle a du caractère dans son ensemble, et par la richesse de ses médaillons, et par sa grande voussure dont les caissons et les rosaces sont correctement sculptés. » Les tours sont rondes ou plutôt elliptiques et trop saillantes même pour l'objet de sa défense. Les moulures s'encadrent au lieu de suivre les assises de l'édifice. Les ornements de cette porte, son plein cintre avec sa découpure en festons, ses arcs de décharge, ses meurtrières, ses créneaux, tout en elle a bien plus le cachet de l'art arabe que dans le Bab-el-Nasr. La hauteur des deux portes, sous clef de voûte, est de vingt-deux mètres.

Bab-el-Nasr et Bab-el-Foutouh s'ouvrent dans la vieille enceinte au nord de la ville, et semblent flanquer l'antique mosquée du sultan El-Hâkem, dont un minaret forme comme une sorte de bastion entre les deux portes. Cette partie du rempart présente un ensemble de tours et de demi-lunes reliées par une double muraille au haut de laquelle est un chemin d'environ deux mètres et demi de large. Ce chemin est bordé de meurtrières pratiquées dans la maçonnerie qui remplit les anciens créneaux arabes, et d'espace en espace on rencontre des escaliers conduisant aux casemates. Ces travaux de défense ont été utilisés pour la dernière fois par Bonaparte. Si l'on parcourt le rempart en y montant par une des tours de Bab-el-Nasr, on peut encore lire les noms des officiers français par lesquels on désignait les divers points fortifiés. En se dirigeant de l'est à l'ouest on passe successivement par la *tour Corbin,* la *tour Julien,* la *tour Milhaud,* le *fort Vaille* (bastion du minaret de la mosquée El-Hakem), les trois tours *Lescale,* les tours *Perrault* et *Janot.*

BAB-EL-ZOUEYLEH touche à la mosquée El-Mouayyad; toute sa façade est zébrée de longues bandes horizontales alternativement rouges et blanches. Ses tours servent de bases aux deux minarets que le sultan El-Mahmoudy Abou-l-Nasr fit élever en construisant sa mosquée. C'est sous l'arcade de cette porte, appelée aussi *Bab-el-Metoualli,* qu'avaient lieu autrefois les exécutions capitales de haute importance. C'est là que le malheureux sultan Toumân-Bây fut pendu par ordre de Selim Ier en 1517 (923 de l'hégire).

Histoire. — Pendant le règne agité du khalife El-Mostanser son vizir Bedr-el-Gemaly gouverna l'Égypte pendant vingt ans avec une autorité absolue. Craint et universellement respecté, il tint les rênes de l'administration avec autant de sagesse que de fermeté. Grâce à lui, l'Égypte désolée par une suite de fléaux et de troubles, recouvra son ancienne splendeur et devint plus florissante que jamais. Il entoura le Caire d'une nouvelle enceinte en briques dans laquelle étaient comprises les trois portes dont nous venons de parler. Cette enceinte fut remplacée un siècle plus tard par d'épaisses murailles de pierre, sous le règne de Salah-ed-Din. C'est pendant le règne d'El-Mostanser que les quartiers d'El-Asker et de Qataïah furent ruinés. Avec leurs débris Bedr-el-Gemaly fit construire un quartier au sud du Caire, que l'on appela le faubourg de Bab-el-Zoueyleh.

— Les autres portes : *Bab-Touloun, Bab-el-Qaráfeh, Bab-el Ouézir, Bab-el-Mahrouq, Bal-el-Ghoraïb, Bab-ech-Charieh,* etc., n'ont aucune importance.

AQUEDUC

L'aqueduc qui conduisait autrefois l'eau à la Citadelle, a sa prise sur le petit bras du Nil qui sépare le Vieux-Caire de l'île de Raoudah. Une citerne placée au centre d'une grande et massive tour hexagone, communiquait avec le fleuve par un canal souterrain. Ce bâtiment, aujourd'hui hors d'usage, est divisé en plusieurs étages contenant diverses salles que les Français utilisèrent à l'époque de l'expédition pour en faire un poste militaire d'observation. La partie supérieure, à laquelle on arrive par des plans inclinés extérieurs, est terminée par une plate-forme au milieu de laquelle était un vaste bassin alimenté par six *saqieh* qui élevaient l'eau d'une profondeur de vingt-cinq mètres.

L'aqueduc se dirige vers la Citadelle en suivant une ligne brisée sur une longueur de 3,200 mètres jusqu'au Bab-el-Qarâfeh, où se trouve un second bâtiment semblable au premier, également pourvu de *saqieh* qui élevaient l'eau jusqu'à un autre réservoir placé à 20 mètres au-dessus de l'aqueduc. L'eau s'écoulait de nouveau et venait alimenter un troisième réservoir établi à 320 mètres du précédent, un peu au delà du Bab-el-Arab, et à une hauteur de 20 mètres; de ce point un canal de 300 mètres creusé dans le roc, conduisait l'eau dans l'intérieur de la Citadelle où elle était encore élevée une dernière fois à 20 mètres, pour s'écouler ensuite par des rigoles sur différents points de la forteresse.

Il résulte des chiffres donnés plus haut, que la longueur totale de l'aqueduc dépassait 3,800 mètres et que l'eau, après avoir passé successivement par les diverses machines élévatoires, arrivait à une hauteur de 85 mètres au-dessus du niveau moyen du Nil. Ce remarquable ouvrage remonte au commencement du seizième siècle. Les pierres employées pour sa construction furent enlevées, suivant l'usage, aux monuments funéraires de Memphis. A ce sujet, Fath'Allah abou-Taher raconte que les ouvriers, en démolissant une pyramide près du Sphinx, en découvrirent une seconde en granit qui était comme le noyau de la première. « Une petite pyramide, dit-il, toute couverte de signes d'animaux et d'autres comme j'en ai vus ailleurs. A l'intérieur on trouva le corps d'une femme dans un cercueil en or, que l'on porta au palais du sultan par curiosité. »

SABILS

La *sabil* est un monument d'utilité publique composé ordinairement d'un rez-de-chaussée, et d'un étage qui sert de salle d'école. Le rez-de-chaussée contient une fontaine qui coule dans un réservoir intérieur, fermé du côté de la rue par un haut grillage de fer ouvré ou de bronze, encadré de colonnes en marbre qui supportent une arcade cintrée, ou une ogive surmontée d'inscriptions et d'ornements dorés. Presque toutes ces fontaines sont semi-circulaires ou polygonales; plusieurs, entièrement bâties en marbre blanc, sont d'un beau travail; quelques-unes sont abritées par un portique qui donne à la construction un aspect monumental. Derrière le grillage se tient un homme chargé de remplir continuellement les *gargoulettes* et les tasses de cuivre qu'il tend aux passants à travers les barreaux; et il n'a certes pas là une sinécure, car il suffit de voir le nombre considérable de gens altérés qui s'approchent de la sabil, pour comprendre quel soulagement ces institutions charitables apportent à la population forcée de vaquer à ses occupations sous les rayons d'un soleil de feu.

Les principales sabils du Caire sont celles de : *Oum-Mohammed-Ali-el-Saghir* (de la mère du jeune Mohammed-Ali fils de Mohammed-Ali-Pacha), rue du Qantara-el-Dikkah; *Oum-Abbas* (de la mère d'Abbas-Pacha), à Salibah; *Moustapha-Pacha Fâdel*, à Darb-el-Gamamiz; *Toussoum-Pacha*, au Soukkarieh; *Selahdar*, au Gamalieh, et *Hassanein*, en face de la mosquée de ce nom.

A la Citadelle il existe une fontaine enchantée dont l'eau a la même vertu que le fameux saut de Leucade, c'est-à-dire qu'elle éteint instantanément les feux du plus violent amour; aussi est-elle fréquentée par les amants sans espoir de l'un et l'autre sexe. Elle est formée d'une pile en pierre noire, évidemment antique, sur laquelle sont gravés des hiéroglyphes et deux figures, dont l'une représente Osiris et l'autre Anubis, le Cerbère égyptien. Cette pierre encadrée dans une niche de marbre est un objet de respect, sinon d'effroi, pour les gens du vulgaire, sans doute à cause des caractères mystérieux dont elle est couverte, et qui, par leur mystère même, éveillent toutes leurs superstitions.

BAINS

Les bains publics sont très nombreux au Caire; ils se composent de plusieurs salles pourvues de fontaines entretenues à des températures différentes. La quantité des salles, éclairées par le haut au moyen de verres ronds multicolores enchâssés dans la voûte, et le nombre des bassins, en font tout le mérite. Ce sont tous des bains chauds, les seuls du reste qui soient véritablement appréciés en Orient.

Aucune architecture ne distingue particulièrement les maisons de bains, dont la disposition est à peu près partout la même : une entrée étroite donne accès à une grande salle qui sert de vestibule, où se tient le *moallem* (maître de l'établissement) entre les mains duquel on confie sa bourse en entrant. C'est dans cette salle ou quelquefois dans une autre appelée *meslakh,* que l'on se déshabille. Ensuite on passe aux mains d'un baigneur qui, après vous avoir noué une serviette autour des reins, vous fait traverser plusieurs pièces chauffées graduellement pour arriver à la salle de bain au milieu de laquelle jaillit une fontaine d'eau tiède. Le sol, revêtu de dalles ou de mosaïques en marbre, est humide et très glissant; aussi a-t-on la précaution de vous hisser sur des socques en bois appelés *qobqab,* qui rendent la marche difficile. La respiration d'abord embarrassée, s'habitue bientôt à la vapeur chaude dont la salle est remplie. Après un repos de quelques minutes sur le bord de la piscine commune, le baigneur vous étend sur un banc ou sur la margelle de la fontaine centrale, et commence un massage sommaire, après lequel il vous frictionne fortement le corps avec un gant de toile grossière, qui a la propriété d'enlever de petits bourrelets que l'opérateur, en homme qui connaît son métier, ne manque pas de faire remarquer à son client d'un air satisfait pour stimuler sa générosité. Un morceau de brique cuite frotté artistement dans la paume des mains et sous la plante des pieds, achève de donner à la peau toute la souplesse dont elle est susceptible.

Après avoir été suffisamment massé, désarticulé, retourné, frotté, raclé et poncé, on passe dans une petite chambre latérale, qui n'a pour tout mobilier qu'une vasque scellée au mur et munie de deux robinets d'eau chaude et d'eau froide. Un deuxième baigneur, un spécialiste, fait mousser du savon dans une écuelle de cuivre en l'agitant avec une espèce d'éponge en filaments de dattier d'Arabie très soyeux, et vous inonde de la tête aux pieds, puis vous rince à grande eau. Après cette opération certains amateurs font usage d'une pommade épilatoire dont on leur vante les effets salutaires; ensuite on est reconduit bien emmaillotté de serviettes, dans la salle d'entrée où l'on se repose sur les matelas qui garnissent les *liwân*. C'est alors que l'on subit un dernier massage après lequel on prend le café obligatoire, et l'on fume en s'abandonnant aux douceurs du *kef*, ou en écoutant la suite d'une histoire commencée, il y a plusieurs jours, par un conteur dont la verve féconde trouve toujours à vous débiter quelque chose de nouveau sur les interminables aventures de son héros.

Les bains publics sont ordinairement ouverts aux hommes toute la matinée jusqu'à midi; le reste de la journée est réservé aux femmes. Les bains sont pour elles une partie de plaisir; elles s'y réunissent pour se raconter leur vie intérieure et les nouvelles du jour, quelquefois pour nouer des intrigues. Plusieurs se font acccompagner par leurs esclaves pour se faire frotter et épiler. Les bains les plus renommés du Caire sont ceux de l'Abbasieh, près de la mosquée El-Zaher, de Charâoui, de Yesbak, de Tem'bâli, le Hammam-el-Soultân, le Hammam-Aqsounkor, etc. Lorsqu'un rideau ou un tapis est tendu au-dessus de la porte de manière à en masquer l'entrée, cela indique que les femmes seules ont le droit de pénétrer dans l'établissement.

BAZARS

Les négociants qui exercent le même genre de commerce forment une corporation spéciale à la tête de laquelle est un cheikh, sorte de prévôt des marchands, auquel la haute surveillance des affaires est confiée, et qui doit veiller à ce que le bon accord règne toujours parmi ses confrères. Les marchands, vivant pour ainsi dire en communauté d'action, bien que chacun agisse pour son compte particulier, se rassemblent en une même place où ils se livrent librement au trafic des affaires. C'est à ces réunions de boutiques que l'on a donné le nom de *bazars*. Le luxe des magasins européens est inconnu dans les bazars d'Orient. A côté des grands entrepôts placés sous les galeries des cours, sont alignées de méchantes échoppes sans vitrine, pratiquées dans la muraille à un mètre du sol, et ouvertes toutes grandes sur des ruelles couvertes de planches ou de nattes, avec des espaces vides ménagés de loin en loin pour laisser pénétrer les rayons du soleil. Le marchand, accroupi sur un banc garni d'un lambeau de tapis et de coussins, fume son chibouk de l'air le plus insouciant du monde en attendant les offres des passants; il ne témoigne aucune jalousie en voyant son voisin, son concurrent plus favorisé que lui par une vente sur laquelle il a réalisé un gros bénéfice : une autre fois, pense-t-il, *in'ch' Allah* (s'il plait à Dieu), ce sera à mon tour. Dans les ruelles trop étroites, le banc est remplacé par un volet horizontal rabattu, et formant une sorte d'établi sur lequel on étale les marchandises dont les rayons et le plancher sont encombrés. Ici dans un coin obscur sont de vieux vases de cuivre tout paraphés de versets du Qoran et incrustés d'or ou d'argent; là s'étalent des bracelets massifs, des bagues de turquoises, des colliers d'agate, des chapelets d'ambre, de vieilles médailles qui reluisent au milieu des narguilés, des sabres, des poignards et des armures sarrasines accrochées aux murs ou suspendues au plafond; plus loin, c'est un débordement de tissus pliés ou jetés pêle-mêle : étoffes brochées d'or, ceintures de soie, foulards brodés flottent de tous côtés. Les cours adjacentes regorgent de tapis de Perse et de Karamanie, de châles des Indes, de pièces de drap et de soie, le tout amoncelé sous les galeries, près des ballots de coton, de gomme, de café et d'ivoire.

Les achats se font sans entrer dans la boutique, où du reste il est souvent impossible de trouver la moindre petite place pour poser le pied; le client s'assied sur la banquette. Le marchand toujours poli, toujours empressé, mais non pas de cet empressement âpre, importun qui est le fléau des magasins parisiens, commence par vous offrir le café et le tabac préliminaires obligés de toute entrée en affaires. Ensuite il vous étale sous les yeux un choix d'étoffes, ou vous met dans la main l'objet que vous désirez. Jamais il ne vante sa marchandise, c'est au client de la juger; et si vous manifestez quelque doute sur la qualité d'une pièce de soierie ou sur l'authenticité d'une médaille ou d'une arme sarrasine, il vous retire doucement l'article des mains, le remet en place et se renferme dans un mutisme d'où il ne sortira que si vous consentez à être d'accord avec lui. L'honnête marchand fait son prix et n'admet pas qu'on puisse mettre en doute sa bonne foi; il est sobre en paroles, et ce serait manquer aux usages s'il perdait en phrases inutiles le temps précieux consacré aux douceurs du repos. Malheureusement tous ne sont pas ainsi : le plus grand nombre ont un babil qui peut aller de pair avec celui des commis européens, et laissent leur marchandise pour la moitié du prix qu'ils en ont demandé; souvent sur un foulard des Indes ou sur une pièce de brocart de Syrie, vous trouvez dans un coin, oubliée par mégarde, l'étiquette d'un fabricant de Lyon.

CONTEURS PUBLICS

Dans la plus grande partie des cafés arabes de l'Orient et particulièrement au Caire, on trouve une sorte d'orateur qui raconte ou chante une histoire merveilleuse ou un roman populaire en s'accompagnant du *rebâba,* sorte de basse monocorde dont il se sert pour mieux faire ressortir certains passages de son récit. Ces conteurs (*mohaddisîn'*) sont d'ordinaire de pauvres savants qui vivent de la munificence de leur auditoire; ils forment une corporation divisée en plusieurs classes à chacune desquelles est exclusivement affecté un genre de narration particulier. Les romans poétiques les plus répandus sont ceux d'*Abou-Zeyd,* de *Helâl,* de *Zaher* (sultan Zaher-Beybars), d'*Antar,* de *Zandty* et de *Roustam-Zal,* guerrier persan.

Voici en quelques lignes l'analyse des aventures d'Abou-Zeyd : Un émir arabe nommé Risq avait épousé six femmes, et n'avait obtenu d'autre postérité mâle qu'un enfant sans bras et sans jambes.

Désespéré, il prend une épouse nouvelle, Koudra, qui peu de temps après son mariage devint enceinte. Un jour en se promenant avec ses esclaves, Koudra voit un oiseau noir qui fond sur d'autres oiseaux, en tue un grand nombre et disperse le reste. Émue à la vue de ce spectacle, elle prie Dieu de lui donner un fils aussi fort et aussi courageux que cet oiseau, dût-il être noir comme lui. Son vœu est exaucé : elle met au monde un enfant noir. L'émir plein de joie à la vue de son fils, invite ses amis à un banquet pour partager son bonheur. Mais le septième jour l'enfant est montré aux convives; ceux-ci exhortent leur hôte à renvoyer la femme infidèle qui a mis au monde un enfant témoignage vivant de sa honte. L'émir cède, mais à regret, car il aime éperdument son épouse et ne doute pas que l'enfant ne soit bien son fils. Koudra est renvoyée à son père. Quelque temps après, un autre émir touché de compassion au récit des infortunes de la jeune femme, la recueille chez lui, élève son fils comme les siens et lui donne le nom de Barakat. Dès sa plus tendre jeunesse, l'enfant fait preuve d'une force extraordinaire et d'un indomptable courage. Parvenu à l'adolescence, il fait la guerre aux tribus voisines et s'illustre par des exploits extraordinaires. Un jour il interroge sa mère sur son histoire; Koudra pour se venger de l'époux qui l'a outragée, lui dit que Risq est l'auteur de ses malheurs, le meurtrier de son père et le destructeur de sa tribu... Altéré de vengeance, le vaillant Barakat cherche Risq, lui fait la guerre, le bat et va le tuer, lorsque Koudra prévient un parricide en dévoilant la vérité à son fils. Risq et Barakat se reconnaissent, Koudra rentre dans le harem de son époux qui lui prodigue mille marques de tendresse, et Barakat reprend le nom d'Abou-Zeyd qui lui avait été donné à sa naissance.

Telle est en résumé la première partie de l'histoire d'Abou-Zeyd dont les aventures sont semées d'épisodes extraordinaires. Ce roman paraît avoir été écrit au dixième siècle de notre ère.

Bien que le répertoire des conteurs soit peu varié, leurs récits charment toujours l'auditoire constamment attentif à la parole animée et aux gestes pleins d'expression de l'orateur. Celui-ci même, suivant l'effet produit, ajoute souvent quelque improvisation au texte original. Le conte terminé, il reçoit du maître de l'établissement un léger salaire, et fait circuler un plateau qui peut être parfois rempli de monnaie de cuivre, mais où les plus petites pièces d'argent font rarement apparition.

ROMANCES ET CHANSONS

Tous les Égyptiens, sans exception aucune, ont le sentiment du rhythme; ils aiment le retour des consonnances; souvent même ils répètent à l'infini deux seuls vers après lesquels vient toujours le même refrain, quelquefois un seul mot favori, comme par exemple : *leïleh! ya leïleh...* (nuit! oh! nuit...). La poésie arabe a été cultivée dans tous les genres, mais celui que l'on retrouve le plus fréquemment est le genre érotique. Presque tous les poëtes ont chanté sur un ton élégiaque les peines des amoureux ; les images dont leurs vers sont fleuris, sont empruntées aux mœurs du pays et à l'amour tel qu'on l'entend en Orient, c'est-à-dire un mélange de mysticisme et de volupté, où le fatalisme joue une grand rôle, et où le nom d'Allah intervient au milieu des transports les plus lascifs, avec des retours de mélancolie sur le néant des choses et la rapidité du temps. Les parfums du jasmin, les douces teintes de la rose, la patience du chameau, la force et la majesté du lion, l'élégance, l'agilité et les beaux yeux de la gazelle, la fécondité du Nil, le silence et la sérénité des nuits, la lune qui se lève, l'aurore, etc., fournissent d'abondantes figures; la richesse et la flexibilité de la langue arabe permettent de trouver facilement, même dans l'improvisation, une forme modulée suivant les impressions que le cœur éprouve.

Voici quelques exemples de poésies arabes :

« Mon amour que j'ai tenu longtemps caché a enfin éclaté à tes yeux. Tu m'as enveloppé du sombre vêtement d'une langueur mortelle; mais aujourd'hui mon cœur déborde et je ne puis plus te celer mon secret. Le moment est venu d'oublier dans les joies de l'amour le temps qui fuit, qui fuit sans cesse. Ne repousse point ma tendresse du seuil mystérieux de tes faveurs, car la jeunesse s'envole comme un parfum emporté par la brise... Lorsque tu passes le long des sentiers solitaires de ton jardin enchanté, et que, pour respirer la fraîcheur de l'ombre, tu rejettes le voile sous lequel tu caches ton enivrante beauté, le rossignol suspend son chant d'amour et la rose est jalouse de tes charmes. Les joncs du ruisseau s'inclinent sur tes pas avec un murmure mélodieux. Le soleil même semble te prodiguer d'amoureuses caresses. Ta taille élancée est devenue svelte et gracieuse comme la tige du lis. Comment mon cœur ne languirait-il pas pour toi, ô ma bien-aimée! Tes regards célestes me ravissent, tes paroles m'enchantent et sont plus douces que la clarté de la lune au milieu de la nuit, les baisers m'enivrent, les caresses me font mourir. O merveille de beauté ! rien avant toi, rien après toi. »

Ou bien :

« Va, messager d'amour, va me chercher ma gazelle; amène-moi cette beauté à la cuisse de perles, dis-lui que mes lèvres appellent ses baisers. La voici; elle écarte le voile jaloux qui me dérobait ses traits divins. Est-ce un éclair céleste qui brille à mes yeux, ou si ce sont les feux allumés au désert par la caravane, qui resplendissent dans la nuit... De son sein où fleurit la rose s'échappe un parfum qui donne le délire. Sa tête penchée sur ma poitrine s'est relevée, ses beaux yeux noirs humides d'amour ont rencontré les miens, et sa bouche, semblable à une grenade entr'ouverte, a murmuré : Je suis ton esclave!... »

Ou encore :

« O fleur de citronnier éclose à la rosée des nuits! heureux celui qui t'a embrassée! insensé celui qui délie ses bras d'autour de toi! Heureux, trois fois heureux celui qui, le soir, t'étreignit sans rouvrir ses bras aux lueurs du matin! »

Traduction d'une chanson de soldat :

— Je suis natif de Qalioub, et depuis l'heure de ma naissance j'avais vu seize fois le Nil couvrir les champs.

— Et j'avais un voisin nommé cheikh Abd-el-Aal

qui avait une fille dont le visage n'était connu que de moi seul. Rien n'égalait Fatma en souplesse et en beauté; ses yeux étaient grands comme des *findjân'* (petites tasses à café); sa chair avait la fermeté et la force de la jeunesse. Nous n'avions qu'un cœur sans rivaux, et l'on s'apprêtait à nous unir lorsque le *kachef,* que Dieu damne, me fit lier les deux mains et, m'attachant par le cou avec cinquante de mes compagnons, me fit conduire au camp. Comme j'étais pauvre et mon voisin aussi, rien ne put attendrir le kachef, que Dieu damne!

— Les tambours, les trompettes, les fifres m'étourdirent tellement que j'oubliai bientôt ma cabane, mes chèvres et mon *chadouf* (machine pour l'arrosage); mais je ne pouvais oublier le soleil de ma vie, la lumière de ma pensée, la pauvre Fatma.

— Et l'on me fit cadeau d'un fusil, d'un habit du *nizam,* d'une giberne; puis il fallait tourner la tête à droite et à gauche, se tenir sur un pied; en garçon adroit j'appris bientôt *diwan' dour! salam dour!* (l'arme au bras, présentez arme) et beaucoup d'autres belles choses.

— Et me voilà parti avec mon régiment pour la Mekke. Je verrai donc la Kaabah! Nous nous battîmes dans les déserts, dans les rochers, dans les montagnes; nous tuâmes les ennemis du Prophète; enfin j'entrai en *hadji* (pèlerin) à la Mekke tant désirée. Dieu soit loué!

— Et l'on me fit caporal... Après trois années de

guerre, on nous entasse dans des vaisseaux ; nous retournons dans le pays du fleuve béni. Me voilà au camp, tout troublé d'être si près de Qalioub, de ma pauvre Fatma. Je n'osais y aller de peur d'y trouver les choses changées.

— Et aussitôt la fièvre s'empare de moi ; on me conduit au grand hôpital d'Abou-Zabel, et les médecins *frandji* (européens), plus insupportables que mon mal, m'empêchaient de manger pour vendre ma ration... Dieu les damne!

— Et je devenais chaque jour plus faible et plus triste ; j'allais mourir... Un matin, les médecins m'apportent une drogue dont l'odeur m'épouvantait et me rendait plus malade encore. J'avais la tasse sur les lèvres, lorsque du dehors une voix qui me perce jusqu'à l'âme, m'appelle : *Hassan'! Hassan'! ya aéni!* (Hassan', Hassan', ô mes yeux!)

— Et je jette la tasse au nez de l'infirmier ; la force me revient et coule dans mon sang ; je me lève guéri, et ces sots médecins s'imaginaient que c'était leur remède qui avait opéré. Mon billet de sortie, demandai-je, et l'on me donna mon billet de sortie.

— Et me voilà dans les bras de Fatma, qui m'attendait toute tremblante. Après nos embrassements, elle me raconta comment elle avait su mon retour, et comment elle était venue au camp.

— Et, disait-elle, comme elle voulait y entrer, un nègre lui présenta sa baïonnette et lui cria : *Dour!* (Halte!) Comme elle ne savait pas ce que signifiait ce « dour », elle ne répondait pas, et le noir criait encore plus fort en s'avançant sur elle, quand l'officier turc arriva et lui demanda ce qu'elle voulait.

— Et elle lui dit : Je veux mon Hassan', mon amoureux que je n'ai pas vu depuis trois ans; et l'officier lui tournant le dos lui dit : Je m'en.... La pauvre enfant se retira confuse. Enfin elle rencontra la sœur d'un sergent qui lui dit :

— Ton amoureux est à l'hôpital, malade de ne point te voir. Et plus leste que la gazelle, cette chère lumière de ma vie s'est approchée d'une fenêtre de l'hôpital et s'est écriée : *Hassan'! Hassan'! ya aéni!*

— Et plein de joie, je la porte en triomphe dans mon camp. Je la montre comme un fou à mon colonel, à mon commandant, à mon capitaine, à mon lieutenant, à mon sergent.

— Et ayant obtenu une permission, nous allons nous marier à Qalioub, où le vieux Abd-el-Aal nous attendait pour nous bénir. Dieu soit loué!

THÉATRES

Au mois de novembre 1868, il n'y avait au Caire aucune apparence de théâtre. On commençait à démolir une construction qui existait alors sur l'emplacement où se trouve actuellement le théâtre de la Comédie-Française. Les travaux avaient été confiés à MM. de Curel, Frantz-Bey et Ernest Linant. Les artistes devaient jouer pendant la saison le répertoire français ; comédies, vaudevilles et opérettes. La troupe arriva à Alexandrie le 20 novembre, et prit immédiatement la route du Caire ; chacun voulut voir le théâtre, mais, hélas ! il n'y en avait pas même l'ombre. Les artistes parcourant la place où il devait être construit, durent se contenter de la vue d'une centaine d'enfants arabes, marchant par traînées comme les fourmis, et chantant les louanges d'Allah en portant chacun son *couffin* de gravois et de pierres, avec une lenteur désespérante. Contrairement à l'attente générale, le théâtre fut prêt au 1ᵉʳ janvier 1869, et le 4 avait lieu l'ouverture ; on représentait la *Belle Hélène*. Deux mois à peine avaient suffi pour tout construire, décorer et installer.

C'est durant cette saison théâtrale que le khédive Ismaïl eut l'idée de construire un Opéra digne de recevoir les hôtes royaux qui allaient bientôt être invités pour assister à l'inauguration du canal de Suez. M. Manassé fut chargé des travaux, et les conduisit avec une rapidité incroyable; l'inauguration de la nouvelle salle eut lieu dans les premiers jours d'octobre. M. Draneht-Bey fut nommé surintendant des théâtres. Alors on engagea une troupe vraiment royale, où figuraient les illustrations musicales de l'époque : Naudin à raison de mille livres par mois (25,000 fr.), la Ferucci, et la célèbre danseuse Cucchi.

Il n'y a rien à dire sur l'architecture des théâtres du Caire, qui sont copiés purement et simplement sur les modèles les plus connus d'Europe. La façade actuelle de l'Opéra et tout le corps du bâtiment enfermé dans la grille, datent de 1869; la partie postérieure ne date que de 1873; c'est là que se trouve tout le matériel. Au niveau de la scène sont les décors, parmi lesquels on remarque des toiles signées Desplechin, Cambon, Lavastre, Rube, Chaperon. Au-dessus sont les magasins des bijoux, armures, costumes, la bibliothèque, les brochures et les partitions. Le foyer est très beau et la salle bien distribuée; on y remarque surtout comme une curiosité inconnue en Europe, la vaste loge grillée appartenant au harem du khédive. C'est sur la scène du théâtre de l'Opéra du Caire que *Aïda* de Verdi a été représentée pour la première fois.

BIBLIOTHÈQUE

La Bibliothèque nationale, fondée par Ali-Pacha-Moubarek, est installée au ministère de l'instruction publique, au quartier de *Darb el-Gamamiz*. Elle renferme environ trente-cinq mille volumes, parmi lesquels sont des manuscrits orientaux d'une valeur inappréciable. Les plus curieux sont les *masahif* ou exemplaires du Qoran, qui proviennent des diverses mosquées du Caire; ces précieux manuscrits sont tout ce que l'art arabe a produit de beau comme dessin et comme écriture.

Le *moushaf* le plus ancien (0^m,32 sur 0^m,23), écrit en caractères koufiques, ne contient que la moitié du Qoran; il a malheureusement beaucoup souffert; une fois même il a failli être brûlé dans un incendie. Les titres des *sourah* (chapitres) sont bordés d'or, et le texte est très soigné. Selon le témoignage d'un cheikh qui a vu ce livre complet, il serait écrit par l'imam Djafar-es-Sadiq, fils de Mohammed-el-Bachir, fils d'Ali-Zen-el-Aabidin, fils d'Abou-Tâleb, gendre du Prophète. Ce Djafar était un des plus grands savants de son époque; il était particulièrement versé dans la chimie et dans l'astronomie. Un de ses élèves, Tartouchi, et plus tard Ebn-Khillikân, affirment que ce savant aurait écrit plus de cinq cents exemplaires du livre sacré. Il vivait de l'an 80 à 148 de l'hégire (699 à 765 de J. C.).

Les autres Qorans ont été écrits sous les sultans mamelouks et leurs successeurs. Le *moushaf* d'Abd-el-Razzaq date de l'an 599 de l'hégire Celui d'Abd-el-Rahman' ebn-Aby-l-Fath'a, enlevé à la mosquée Hassanein, mesure 0^m,29 sur 0^m,33; il est remarquable par la manière dont sont ornés les titres des chapitres : le nombre des vers, des mots et des lettres y est spécifié, ainsi que plusieurs sentences recueillies d'après la tradition et également rapportées en tête de chaque *sourah*.

Un autre, tout écrit en lettres d'or, remonte à l'année 730 de l'hégire; il appartenait au sultan Mohammed-el-Nasser ebn-Seyf-ed-Din-Qalaoun (1293 à 1341), et fut écrit par Ahmed-Youssouf-el-Tourki (0^m,54 sur 0^m,36).

Parmi les magnifiques *masahif* légués par le sultan Chaaban', arrière-petit-fils de Qalaoun (1363 à 1376), un a été écrit par Yakoub ebn-Khalil, ebn-Mohammed, ebn-Abd-el-Rahman'-el-Hanafy, en 1356 (757 de l'hégire); un autre est dû à la plume d'Ali ebn-Mohammed-el-Achrafy (1372). Les arabesques et les entrelacs qui se détachent sur les fonds azur ont été exécutés par Ibrahim-el-Amidi. L'exemplaire le plus curieux de ce groupe est un grand *moushaf* (0m,71 sur 0m,50) couvert d'ornements d'une finesse remarquable et très bien conservés; c'est un legs de la princesse Schand-Barakah, mère du sultan Chaaban¹. D'autres se distinguent par leurs dimensions et la beauté de l'écriture; les dessins sont peu variés, il est vrai, mais leur exécution est partout très soignée. Plusieurs portent en tête des chapitres l'invocation ordinaire en lettres d'or, *Bism Illah*, etc.; d'autres sont parsemés de signes écarlate qui surmontent certains mots du texte, pour marquer les inflexions de voix en récitant les versets.

Trois *masahif* proviennent du sultan Barqouq (1382-99). Le premier porte la date de 769 de l'hégire et mesure 1m,05 sur 0m,82; il fut écrit sur l'ordre de Mohammed ebn-Mohammed, appelé Ebn-el-Batoût, par Abd-el-Rahman'-el-Saghir, avec une seule plume en soixante jours, et corrigé par Mohammed ebn-Ahmed ebn-Ali, surnommé el-Koufti. Le second exemplaire est du même format; quelques pages ont été retouchées, mais il est facile d'y reconnaître la trace d'une main moderne. Le troisième, daté de l'an 801 de l'hégire (1398), est tout écrit en lettres d'or (0m,89 sur 0m,56).

Le plus grand Qoran que possède la Bibliothèque remonte au règne du sultan Qaït-Bây (1467-96); il mesure 1m,15 sur 0m,90, et fut écrit par Ganim-Essefi-Gany-Bey.

Citons encore : un *moushaf* légué par le sultan El-Mouayyad (1412-21), écrit par Mouça ebn-Ismail-el-Kinâni-el-Haginî en 820 (1417), et remarquable par ses dimensions et la richesse de ses ornements en or et couleur sur fond d'azur;

Un petit exemplaire ayant appartenu à la princesse Safîyeh, mère du sultan ottoman Mohammed-Schah;

Un autre contenant une traduction persane interlinéaire en encre rouge, offert au khédive par l'Indien Hokmdar ($0^m,46$ sur $0^m,33$);

Un *moushaf* suivi de quatre commentaires, dont deux en arabe par Bedaouî et Gelâlein, et deux en persan, avec un livre de prières, *Dalaïl-el-Khaïrât'*, écrit sur fond doré, offerts par un prince de Boukara;

Un petit *moushaf* fort curieux et admirable comme œuvre de patience et de précision, écrit par Mohammed-Rouhh-Allah en 1109 de l'hégire. Il contient en trente feuilles les trente parties du Qoran; chaque ligne du texte commence par un *alef*, la première lettre de l'alphabet arabe;

Un Qoran ayant appartenu à Mohammed-Bey-Abou-Dabab, qui vivait à la fin du siècle dernier, écrit en caractères moghrebins par ordre du prince Ali, fils du sultan ottoman Mohammed ebn-Abd-Allah ebn-Ismail (1142 de l'hégire, 1729);

Enfin un *moushaf* du sultan Helga-el-Yousfi, écrit en deux sortes de caractères : les plus grands appelés *souloûsî*, les autres *naskhî* ($0^m,52$ sur $0^m,41$).

Outre les *masahif*, la Bibliothèque possède en manuscrits un grand nombre d'exemplaires des *riouâyeh* ou *hadis,* traditions du Prophète; des ouvrages de jurisprudence musulmane; des précis de Mout'ennebi (553 de l'hég. — 1158) avec commentaires par Ebn-el-Genen, et une quantité de manuscrits très anciens, écrits par les calligraphes les plus distingués de tous les États de l'islam, entre autres un petit ouvrage, unique dans son genre, intitulé *Sânat-el-Kétâbah* (l'art d'écrire), composé et écrit par Abd-el-Rahman'-el-Saghir, et un magnifique manuscrit ayant appartenu au schah de Perse, chargé d'ornements à l'aquarelle et écrit par Firdoùsi.

INSTRUCTION PUBLIQUE

D'après la dernière statistique, celle de 1878, le nombre des écoles primaires du degré inférieur était, pour toute l'Égypte, de 5370, c'est-à-dire une seule école pour 1028 habitants. Le nombre des élèves est de 137,553, soit en moyenne vingt-cinq par école, ou un sur quarante habitants. Le nombre des enfants mâles en âge de fréquenter les écoles étant de 334,000 environ, on voit que 41 pour 100 reçoivent quelques principes d'instruction élémentaire, et que 59 pour 100 en sont complétement privés.

La ville du Caire possède, outre les petites écoles appelées *kouttab*, six écoles dites municipales : Qérabich, Gamalieh, Bab-ech-Charieh, Hassanein, Abdin, et une au Vieux-Caire, qui relèvent directement du ministère de l'Instruction publique; d'autres sont entretenues par le ministère des *Ouaqf* : Habbanieh, Cheikh-Saleh, Saïda-Zeynab, Qalaoun, etc., ou aux frais de particuliers : Khalil-Aga, Oum-Abbas, Hafiz-Pacha et Ratib-Pacha.

L'école primaire connue sous le nom de Moubtadian', occupe l'ancien local de l'Institut; elle compte environ sept cents élèves. Le personnel enseignant se compose de quarante-quatre professeurs ou répétiteurs : huit pour le Qoran, six pour l'arabe, trois pour le turc, un pour l'allemand, deux pour l'anglais, sept pour le français, huit pour l'arithmétique, un pour l'histoire, quatre pour le dessin, deux pour l'écriture arabe, deux pour l'écriture européenne.

Le nombre des élèves de l'école préparatoire s'élève à trois cents. Le personnel enseignant se compose de trente-sept professeurs ou répétiteurs, dont dix-neuf seulement sont attachés à l'école.

L'école normale, destinée à former des professeurs et des adjoints pour les classes primaires, a été créée en 1872 et comptait à la fin de 1881 trente-cinq élèves. Des leçons de théologie, de tradition religieuse, de droit musulman, d'histoire et de littérature arabes, d'arithmétique, de géographie, de calligraphie, d'histoire naturelle, de physique et de chimie, sont données par sept professeurs. Depuis 1881, l'école normale a été réorganisée et partagée en deux sections : la première comprend le *Dar-el-Oloum*, c'est-à-dire l'école normale indigène; la seconde s'occupe des études en langue française faites par deux professeurs français assistés de répétiteurs.

L'école polytechnique possède soixante élèves; le personnel enseignant est composé de seize professeurs : six pour les sciences mathématiques pures et appliquées, non compris le directeur qui donne des leçons d'astronomie et de géodésie; deux pour les sciences physiques, chimiques et naturelles; un pour l'architecture, les constructions et le dessin; quatre pour les langues arabe, française, anglaise, allemande; deux pour la calligraphie arabe. L'école d'arpentage, placée sous la même direction que l'école polytechnique, a vingt-sept élèves partagés en deux divisions. Au point de vue de l'enseignement des langues étrangères, vingt-cinq élèves étudient le français et deux l'anglais.

L'école de droit, fondée en 1867, a quarante-huit élèves répartis en quatre divisions : trois qui étudient le droit et une où l'on ne s'occupe que de l'étude des langues. Cette école n'a actuellement que quatre professeurs : trois pour l'arabe, le turc et l'italien, un pour le français et le latin. Avec un personnel aussi restreint, les élèves doivent recevoir des leçons sur toutes les branches du droit : droit civil égyptien, deux cours; droit commercial maritime, un; procédure, deux; droit pénal, un; instruction criminelle, un; droit romain, trois; tenue des livres, un.

L'école des langues, créée en 1878, la plus récente des écoles supérieures qui existent en ce moment, a été instituée pour former des traducteurs et des professeurs de langues étrangères. Les élèves y reçoivent des leçons d'arabe, de français, d'anglais, d'allemand, de turc, de persan, d'histoire et de géographie; en outre, des cours de droit musulman et de calligraphie sont faits par des professeurs empruntés à d'autres écoles. L'école des langues compte trente-cinq élèves et sept professeurs.

L'école de médecine a aujourd'hui cent cinquante élèves répartis en six classes, et vingt-cinq professeurs : seize pour les sciences médicales; cinq pour les sciences physiques et chimiques; un pour les sciences naturelles; trois pour les langues. Presque tous ces professeurs ont un double service à l'école et à l'hôpital. A l'école de médecine se rattachent l'école de pharmacie, avec sept élèves seulement, et l'école de la maternité, avec treize élèves.

L'école des arts et métiers, fondée en 1867, compte près de cinquante élèves et sept professeurs. Les leçons d'ordre théorique occupent les élèves pendant la matinée. Dans l'après-midi ils sont exercés à divers travaux pratiques dans les ateliers; trente-huit élèves, sous la direction de deux contre-maîtres, s'occupent d'ajustage et de serrurerie; quatre s'exercent à la menuiserie et à la confection des modèles; deux sont à la fonderie; quatre à la chaudronnerie en fer et en cuivre. Le nombre des contre-maîtres, ouvriers et manœuvres attachés aux ateliers, est de dix-huit.

Le gouvernement égyptien, depuis le règne de Mohammed-Ali, envoie presque chaque année en Europe un certain nombre de jeunes gens pour y compléter leurs études. Le nombre de ces élèves varie suivant les ressources budgétaires. En 1873, il était de cinquante et un, répartis ainsi : vingt-quatre en France, treize en Angleterre, douze en Italie, deux en Allemagne. En 1881, ce nombre était réduit à quarante : trente-huit élèves en France, un en Angleterre, un en Suisse.

École des Aveugles et Sourds-Muets. — Une institution particulièrement intéressante, surtout en Égypte, est l'école des aveugles et sourds-muets ; elle fut fondée en 1875 par un homme animé des plus nobles sentiments, et dont les aspirations philanthropiques étaient depuis longtemps surexcitées par un vif désir d'apporter quelque soulagement aux nombreux aveugles de son pays, qu'il voyait réduits pour toujours à une misère démoralisante, et surtout à une oisiveté plus démoralisante encore. Vivement frappé des beaux résultats constatés à l'Exposition de Vienne en 1874 chez les élèves de plusieurs écoles d'aveugles de l'Europe qui y étaient représentées, M. Onsy-Bey résolut de créer au Caire un établissement destiné à venir en aide, par l'instruction, à ces infortunés déshérités par la nature, dont le nombre est malheureusement trop grand au Caire.

Il commença d'abord, à ses frais, par expérimenter sur huit jeunes aveugles, après avoir fabriqué lui-même un alphabet arabe en relief, puis des exercices de lecture et d'écriture, ainsi que des cartes et des combinaisons de chiffres mobiles pour les opérations arithmétiques. Après quarante jours d'un travail opiniâtre, il soumettait à un examen officiel ses huit élèves, sur lesquels quatre lisaient et écrivaient très couramment sous la dictée; les autres s'étaient fait remarquer par leur habileté dans quelques opérations de calcul, et écrivaient d'une manière très satisfaisante. Ce brillant résultat attira l'attention de ceux qui étaient alors à la tête du gouvernement; au mois d'avril 1875, l'école des aveugles était reconnue par l'État et son fondateur en était nommé le directeur.

En 1878, M. Onsy-Bey vint pour la première fois en Europe; il étudia minutieusement à l'Exposition de Paris les méthodes les plus en cours dans les écoles d'aveugles et de sourds-muets, visita les principales institutions de ce genre en France, en Angleterre, en Suisse, en Belgique, et revint au Caire, où il fit part au ministre des *Ouaqfs,* de qui il relevait, de ses projets sur la création d'une école de sourds-muets, qui fut aussitôt fondée, par les soins du directeur, et réunie à celle des aveugles.

Depuis, l'école fonctionne avec une régularité parfaite; les élèves y apprennent la grammaire, le Qoran, la littérature, l'histoire, la géographie, la jurisprudence religieuse, l'arithmétique et tous les métiers auxquels ils peuvent s'appliquer; on y remarque particulièrement les ateliers de tissage des étoffes de soie, les ouvrages en bois sculpté ou tourné et en marqueterie, les travaux à l'aiguille, dessins, etc. Lorsqu'on visite l'école, on est profondément ému au milieu de tous ces infortunés : ici, dans une salle à peine éclairée, des ouvriers manœuvrent des métiers avec une précision étonnante; là, un groupe de jeunes sourdes-muettes aux yeux vifs et pétillants d'esprit, à la bouche vermeille, mais, hélas! de laquelle il ne sortira jamais aucune parole, exercent leurs petits doigts agiles à faire de la tapisserie ou de la dentelle sous les yeux d'une maîtresse; dans les salles d'étude, des jeunes gens lisent ou copient leurs leçons; d'autres s'appliquent à des exercices d'écriture, ou de géographie sur des cartes en relief, ou de mathématiques sur un tableau constellé de trous dans lesquels ils enfoncent des lettres ou des chiffres. Souvent un professeur, aveugle aussi, donne la leçon; les mains s'agitent sur ce grand tableau noir; le maître reconnaît-il une erreur? « *Chouf* (vois) », dit-il à l'élève presque tendrement, et ce « vois » adressé à un aveugle a quelque chose de navrant et de touchant à la fois. Tout se passe en bon ordre sous l'œil vigilant du directeur, qui contemple son œuvre avec un légitime sentiment de satisfaction intérieure, au milieu de tous ces malheureux qui lui doivent une seconde vie.

Écoles de jeunes filles. — Le premier établissement créé en Égypte pour l'instruction des filles a été ouvert à la *Syoufieh* en 1873; deux ans plus tard, une seconde école, celle de la *Qérabieh*, a été fondée. Aujourd'hui, ces deux écoles sont réunies et comptent environ deux cent quarante élèves. Sur ce nombre trente seulement sont externes; les autres sont nourries et logées dans l'établissement. Cette école ne rend pas actuellement les services qu'on serait en droit d'en attendre, et la population du Caire s'y intéresse peu : on en voit une preuve manifeste dans le petit nombre des élèves externes. Pendant la deuxième et la troisième période de marche de l'école de la Syoufieh, l'enseignement des jeunes filles paraissait avoir pleinement réussi; les élèves affluaient, et l'on obtenait d'excellents résultats; puis ce développement s'est arrêté, l'école a décliné, et elle a beaucoup perdu dans l'esprit de la population indigène du Caire. Mais cet insuccès n'est sans doute qu'une crise passagère, et le conseil d'instruction publique est unanimement d'avis qu'il faut s'occuper sérieusement de relever l'institution.

Parmi les nombreuses écoles libres du Caire, nous citerons le collége des Frères de la Doctrine chrétienne, l'institution Marcel, l'école gratuite italienne, l'école de la mission américaine, le pensionnat des sœurs du Bon-Pasteur, et celui des dames de la Légion d'honneur; le *Maqaz-el-Khaïrîeh* et le *Tewfick-el-Khaïri*, entretenus par la société de bienfaisance égyptienne, et patronés, le premier par le prince héritier Abbas-Bey, l'autre par son frère Mohammed-Ali.

LA VALLÉE DES TOMBEAUX

C'est dans la vaste nécropole qui s'étend à l'est du Caire, désignée improprement sous le nom de *Tombeaux des Khalifes,* que s'élèvent les mosquées sépulcrales des anciens sultans mamelouks. Ces monuments ne recevant plus, depuis le commencement de ce siècle, les sommes jadis affectées à leur entretien, sont complétement abandonnés; les murs sont lézardés, les minarets, dont le sommet est tronqué, tombent en ruine, et dans certains endroits les coupoles effondrées ont fourni aux Arabes d'abondants matériaux pour se construire des logements, où des familles entières vivent à l'ombre des édifices croulants, derniers chefs-d'œuvre de la plus pure architecture sarrasine. Une seule mosquée, celle de Qaït-Bây, la perle de tous les monuments du Caire par ses admirables détails, vient d'être restaurée.

L'ensemble de tous ces édifices tristes et délaissés au milieu d'une vallée déserte, ces minarets qui se dressent comme des sentinelles géantes et semblent

Nécropole des Sultans Mamelouks.

braver la faux du temps qui les a mutilés pour veiller jusqu'à la dernière heure sur la cité des morts qu'ils ont mission de garder, au loin l'horizon immense brusquement fermé au sud-est par les flancs décharnés du Gebel-Moqattam, tout cela, vu en sortant du Caire par le Bab-el-Nasr, produit un effet saisissant impossible à décrire. Rien n'est plus imposant et ne frappe plus l'imagination que ce coin du désert vu au coucher du soleil. Le crépuscule augmente encore la solitude et la majesté du lieu, et ses reflets rougeâtres lui donnent un aspect fantastique. De temps en temps un gypaète traverse l'espace pour venir s'abattre sur la cime du minaret où il a placé son aire, et des corbeaux groupés sur les ailes des moulins à vent du voisinage, jettent au voyageur attardé leur cri de mauvais augure. Dans le lointain, on entend une voix aérienne qui se perd dans l'immensité : le muezzin' de la petite mosquée de Qaït-Bày chante pour la dernière fois de la journée la prière de l'*aéchah*, et tout rentre dans un silence effrayant.

MOSQUÉE EL-ACHRAF-YNAL.

Dans la partie septentrionale de la Vallée des Tombeaux, et non loin des mausolées d'Abou-Saïd-Qanson-el-Ghoury et de Gamal ed Din Youssouf fils de

Barsebây, est la mosquée du sultan *El-Achraf-Ynal*, qui s'annonce de loin par sa jolie coupole ogivale, légèrement étranglée à la base, et par son minaret aux formes sveltes et gracieuses. Ce monument a malheureusement suivi le sort de ses pareils : trop bien conservé pour être abandonné, sa restauration ayant été jugée inutile ou tout au moins superflue, on a préféré le transformer en magasin militaire ; et aujourd'hui les magnifiques salles de ce temple de prière, ses voûtes ornées d'arabesques encadrant d'innombrables étoiles d'or, ses pendentifs incrustés de nacre servent d'abri à des barils de poudre et à des munitions de guerre. Non-seulement l'entrée de la mosquée est interdite, mais encore les factionnaires en défendent rigoureusement l'approche.

Histoire. — Le khalife El-Qayem-be-amr-Illah, pontife et chef spirituel de l'islam, avait réussi à renverser du trône le sultan Osman ebn-Djaqmaq, et s'apprêtait à s'emparer du pouvoir temporel ; mais les émirs lui préférèrent un vieux mamelouk nommé Abou-l'Nasr-Ynal, qu'ils proclamèrent sous le nom de Melek-el-Achraf, en 1453 (857 de l'hégire), l'année même où Mohammed ebn-Mourad (Mahomet II) s'emparait de Constantinople et détruisait l'empire des Grecs.

Le sultan Ynal n'a laissé de souvenir que la mosquée dans laquelle il fut enseveli. Son grand âge ne lui permettait guère de s'occuper des affaires de l'État ; il était très superstitieux et faisait interpréter ses songes par des astrologues qu'il avait fait venir du fond de la Perse et de la Tartarie. Sur les huit années que dura son règne, il en passa six à destituer ses vizirs avec la plus parfaite régularité.

MOSQUÉE BARQOUQ.

En laissant à gauche la mosquée El-Achraf-Ynal, on arrive bientôt à celle du sultan *Barqouq,* le plus vaste monument funéraire de la nécropole. L'origine de sa construction remonte à l'an 1386 (788 de l'hégire).

Histoire. — El-Melek-el-Zaher-Barqouq, fondateur de la deuxième dynastie des Mamelouks, monta sur le trône en 1382 (784 de l'hégire), après avoir fait exiler Hâgy, arrière-petit-fils du sultan Qalaoun, sous prétexte que la trop grande jeunesse de ce prince était nuisible à la bonne administration des affaires de l'État. Barqouq était fils d'un renégat circassien; il fut acheté en Crimée par un marchand nommé Osman', qui l'amena en Égypte et le vendit à l'émir Yl-Boghâ (1364-765), qui l'incorpora dans sa garde. Ses dispositions brillantes lui valurent les bonnes grâces de son maître; il reçut une instruction soignée et se distingua dans la théologie et la jurisprudence. Devenu sultan à force d'intrigues, il réunit le khalife

Moutaouakkel-b-Illah, le Cheikh-el-Islam, les oulémas et les émirs, fit légitimer son usurpation, et prit le titre d'El-Melek-el-Zaher, « le roi illustre ».

A cette époque, le célèbre *Tymour-Lenk* (Tamerlan) remplissait la terre du bruit de ses conquêtes et de la terreur de son nom ; ses hordes tartares étaient prêtes à fondre sur l'Égypte. Barqouq, réunissant à la hâte ses meilleures troupes, s'avança en Syrie et tint en échec le conquérant de l'Asie. Mais tandis qu'il faisait tête à l'ennemi extérieur, il apprit qu'un complot se tramait au Caire contre sa personne. Le sultan reprit aussitôt la route de l'Égypte, et trouva la capitale en pleine insurrection. Les chefs de la révolte furent sévèrement punis ; les autres se soumirent et protestèrent de leur dévouement sans bornes au souverain. Barqouq fit grâce, mais bientôt les menées recommencèrent ; la trahison éclata chez ceux-là mêmes qui avaient fait les serments les plus sincères en apparence, et Barqouq fut déposé, après un règne de dix ans et demi. Huit mois après, il ressaisissait les rênes du gouvernement, et assurait sa tranquillité en faisant massacrer ses ennemis.

La paix intérieure semblait rétablie, et Tymour-Lenk, sur le point d'ouvrir une campagne contre les Ottomans commandés par Bayazid (Bajazet 1er), paraissait avoir oublié l'Égypte, quand un jour on reçut au Caire une députation tartare qui venait sommer, avec les plus insolentes menaces, le sultan d'Égypte de se reconnaître vassal de Tymour. Dans la lettre que le conquérant asiatique envoyait à Barqouq, on remarquait ce passage : « Il ne doit y avoir qu'un seul maître sur la terre, comme il n'y a qu'un seul maître au ciel. » Le sultan outré de tant d'impudence, et s'appuyant sur l'alliance qu'il venait de faire avec Bayazid, fit massacrer les députés et se tint prêt à résister vigoureusement à l'ennemi.

Les Tartares coururent à la vengeance en répandant le sang à travers les populations de la Syrie. L'Égypte allait à son tour devenir la proie de ces hordes sauvages, quand la conquête des Indes appela Tymour et détourna l'ouragan. L'éloignement de son ennemi n'endormit pas la vigilance de Barqouq ; il fit de grands armements pour résister à l'attaque inévitable qu'il prévoyait. C'est au milieu de ces préparatifs qu'il mourut, à soixante ans, d'une attaque d'apoplexie en 1399 (801 de l'hégire).

— La mosquée Barqouq est de forme carrée ; aux angles de la façade s'élancent deux minarets semblables, à trois rangs de galeries, d'abord carrés puis cylindriques, et terminés par une lanterne octogone dont les côtés, aujourd'hui murés, enlèvent à cette partie toute sa légèreté. Aux deux angles opposés, sont deux chapelles funéraires surmontées d'une coupole guillochée.

L'entrée principale, aujourd'hui fermée, est sur la face nord-ouest ; elle est ornée de stalactites finement exécutées, et d'une architrave en albâtre du plus bel effet. Dans le vestibule où l'on se trouve après avoir franchi un seuil en granit, on admire une jolie coupole en forme d'étoile, chargée d'ornements délicats et d'appliques en marbre de couleur à moitié dégradées. Cette partie du monument est dans un tel état de délabrement, qu'il serait imprudent de s'y aventurer. On pénètre de préférence dans la cour par une autre entrée, presque aussi ruinée que la première, à l'angle sud.

La cour, au milieu de laquelle une fontaine tarie depuis longtemps tombe de vétusté, est bordée d'arcades à deux courbures, supportées par des piliers carrés à pans coupés, et reliées par des tirants en bois. Ces arcades, en grande partie écroulées, donnaient autrefois accès à des salles d'audience et à des logements destinés aux étrangers. Les salles principales étaient rafraîchies par des jets d'eau dont on voit encore les bassins qui ne tarderont pas à disparaître sous les décombres des voûtes, qui s'effondrent sous le poids des années. Sur le côté qui fait face au sanctuaire, on aperçoit un grand renfoncement où était placée une estrade sur laquelle se tenait le sultan les jours de grande cérémonie.

Le sanctuaire a trois rangées de piliers; on n'y remarque que le *membar* en pierre, surmonté d'un dais festonné. Ce membar est peut-être un peu massif, mais les ornements dont il est couvert sont délicieusement ciselés; la porte est un modèle du genre. La *qiblah* principale, c'est-à-dire la plus rapprochée du membar, est surmontée d'un petit dôme sculpté.

Aux deux extrémités du sanctuaire s'ouvrent, au milieu de larges cloisons en bois ouvragé, les deux portes des salles sépulcrales du sultan et de son harem. Sous la coupole de gauche, et près d'une petite qiblah, un catafalque en albâtre ciselé marque l'endroit où repose le corps de Barqouq; à côté, une colonne en marbre, coiffée d'une sorte de turban, apparaît comme un gardien fidèle qui depuis des siècles veille au chevet de son maître. Cette colonne, sur laquelle est gravée en relief une note biographique, rappelle, dit-on, par sa hauteur, la taille du sultan. Le second tombeau qui est dans la même salle renferme le corps de Farag, fils et successeur de Barqouq, décapité à Damas en 1412 (815 de l'hégire); l'autre appartient au frère de Farag, Abd-el-Aziz, mort à Alexandrie (1403-808). Comme les chapelles funéraires des mosquées de Qalaoun et du sultan Hassan, celle de Barqouq jouit d'une certaine réputation de sainteté; elle possède une pierre noire apportée de la Mecque par un pieux pèlerin, et que l'on n'oublie jamais de faire voir aux visiteurs; les dévots attribuent à cette précieuse relique des qualités miraculeuses.

La mosquée Barqouq est remarquable par la régularité de ses lignes et l'accord qui règne dans toute sa disposition. Elle est aujourd'hui complètement abandonnée; les pierres se détachent une à une, entraînant dans leur chute des pans de mur qui, faute d'appui ou d'équilibre, s'écroulent avec un bruit sinistre, et l'édifice entier ne tardera pas à être enseveli sous ses ruines. Heureusement le sanctuaire et les murs extérieurs ont résisté aux ravages du temps, mais le moment n'est pas éloigné où ces belles coupoles deviendront trop lourdes pour leurs légers supports, où ces élégants minarets jumeaux, trop affaiblis par l'âge, réuniront en vain leurs efforts pour résister aux rafales du désert; tout disparaîtra bientôt en gémissant un dernier râle d'agonie, et le fastueux sultan sera, lui aussi, oublié sous les débris de la mosquée qui devait l'immortaliser. Il n'est déjà, hélas! plus temps de sauver du péril ce monument qui rappelle tant de souvenirs; et quand l'heure fatale aura sonné, quand les siècles auront accompli leur œuvre de destruction, le vieil Arabe, aujourd'hui seul gardien de ce temple croulant, s'en ira tristement, jetant un dernier regard sur cet amas de pierres répandues sur le sol en soupirant d'un air de résignation : *Allah el-Aazim,* Dieu est grand!

MOSQUÉE BARSEBAY.

A l'ouest de la mosquée Barqouq s'élèvent plusieurs coupoles funéraires, parmi lesquelles on remarque celle de *Soleyman'* décorée de fort belles sculptures et d'inscriptions en faïence en partie détruites; celle de *Saba-Benat'* ou des Sept-Filles, dont le dôme se distingue de ceux des tombeaux voisins par sa forme toute particulière; et celle de *Barsebây*, reconnaissable à son minaret ruiné, sans ornement, terminé par un simple poteau en bois qui se dresse dans les airs.

Histoire. — Barsebây, esclave affranchi du sultan Tatar, s'empara du pouvoir quatre mois après la mort de son maître. Il fut solennellement proclamé en 1422 (825 de l'hégire), et prit le titre de Melek-el-Achraf (le roi très noble). Son gouvernement fut sage, modéré et paisible; il embellit le Caire de plusieurs monuments, entre autres de la mosquée *El-Achrafieh* qu'il fit construire, la deuxième année de son règne, dans le quartier des bazars, à l'entrée du Hamzaoui. (V. p. 206.)

Barsebây entreprit plusieurs expéditions contre les Francs; il soumit l'île de Chypre, et le roi Jean III de Lusignan, forcé de se reconnaître vassal de l'Égypte, paya annuellement un tribut considérable.

C'est pendant le règne du sultan Barsebây qu'eurent lieu les premiers traités d'alliance entre l'Égypte et la Porte Ottomane qui étendait déjà sa puissance sur toute l'Asie Mineure sous Mourad II. Les historiens arabes s'accordent à présenter Barsebây comme étant le plus accompli de tous les sultans de la dynastie des Mamelouks circassiens, et rendent le témoignage le plus éclatant à ses qualités personnelles. Il mourut en 1438 (841 de l'hégire).

— Le portail de la mosquée Barsebây est précédé d'un double perron. Près du minaret, à l'angle nord, une grande coupole couverte d'ornements formés d'entrelacs et de bâtons rompus abrite le tombeau du sultan. L'intérieur de l'édifice est en ruine. Les vitraux en gypse, découpés à jour, sont en partie murés, et les magnifiques grilles de bronze qui les protégeaient ont été enlevées pour servir de parure à quelque construction moderne.

La partie occidentale de la nécropole est couverte de mausolées, tous surmontés d'un dôme plus ou moins riche en ornements, mais toujours de bon goût; seule, la coupole de *Maabad'-el-Rifaï* contraste par sa forme lourde et écrasée avec le caractère général d'élégance de tous les autres monuments.

MOSQUÉE QAÏT-BAY

Au sud des tombeaux de Barqouq et de Barsebây, au milieu d'une quantité de masures habitées, s'élève, à l'angle d'une vaste cour abandonnée, un petit édifice aux proportions admirables : c'est la mosquée du sultan *Qaït-Bây,* un chef-d'œuvre de l'architecture arabe en Égypte au quinzième siècle.

Histoire. — En 1467 (872 de l'hégire), l'émir Qaït-Bây fut choisi pour être placé à la tête du gouvernement, et les chefs des milices le saluèrent publiquement du titre de Melek-el-Achraf. C'était, comme la plupart des souverains de la dynastie des Mamelouks, un esclave affranchi qui avait dû à sa valeur et à ses talents militaires son élévation au sultanat d'Égypte. Qaït-Bày s'illustra par plusieurs campagnes en Syrie. Secondé par l'émir Ezbéky, il défit à plusieurs reprises les armées ottomanes, et assura la paix dans ses États par le traité de 1491 (896 de l'hégire), conclu avec Bayazid II, qui régnait alors à Constantinople.

— La mosquée de Qaït-Bay a été récemment restaurée. Au pied du minaret, remarquable par la richesse de ses détails, s'ouvre une grande baie à arcade tréflée, avec encorbellements en stalactites. Au fond du vestibule, est une niche avec un banc de marbre où se tenait le sultan pendant la prière publique, les jours de grande cérémonie. On arrivait à cette espèce de trône après avoir franchi les marches d'un perron, sur lesquelles était placée une double haie de janissaires. A gauche est un *sabil* (fontaine publique), et au-dessus une salle d'école. A droite, un corridor conduit à une salle hypèthre sur laquelle s'ouvre le sanctuaire où l'on admire des vitraux d'un merveilleux travail; le plafond est divisé en compartiments couverts d'arabesques rehaussés d'or. En suivant un petit corridor qui fait suite à celui de l'entrée, on arrive à une salle carrée surmontée d'une magnifique coupole, et éclairée par un demi-jour tombant d'une rangée de petites ouvertures en verres de couleur qui couronnent les pendentifs : c'est la sépulture du sultan Qaït-Bây. Les rosaces, les fenêtres sont exécutées avec une extrême délicatesse. Le tombeau, entouré d'une grille en bois, est placé devant la *qiblah*. De chaque côté sont deux petits blocs en granit, l'un noir, sur lequel on voit l'empreinte des deux pieds du Prophète, l'autre rose, qui porte la trace du pied droit seulement. Ces pierres, rapportées, dit-on, de la Mekke par Qaït-Bây lui-même, sont enfermées dans deux sortes de châsses, dont l'une, en marbre, est surmontée d'un petit dôme en bronze inscrusté de filets dorés, et supporté par quatre colonnettes ; l'autre, en bois peint, est de forme pyramidale.

La restauration de la mosquée de Qaït-Bây a été exécutée de main de maître ; c'est jusqu'à présent le seul édifice du Caire où l'on puisse se faire une idée exacte de toutes les combinaisons de l'art arabe il y a quatre siècles. Chaque partie du monument présente des motifs d'études particulières. Les arceaux sont disposés en claveaux de marbre alternativement blancs et noirs ; les murs et le pavé sont divisés en compartiments de marbre de diverses nuances, sur lesquelles ressortent de longs filets blancs, des lisérés, des entrelacs noirs dont les dessins capricieux varient à l'infini. « En voyant les ressources merveilleuses, dit M. Rhoné, que les Arabes ont su trouver dans la géométrie pour la décoration des édifices, on regrette moins pour l'art que la loi de l'islamisme leur ait défendu, comme un acte d'idolâtrie, d'y introduire des représentations d'êtres animés. Bien que ces lois restrictives fussent moins absolues qu'on ne le croit généralement, qui sait si, en détournant les artistes arabes de la sculpture et de la statuaire, elles ne les ont pas maintenus dans la voie de cette aptitude spéciale et quasi transcendante qu'ont les Sémites pour toutes subtiles combinaisons, et en particulier pour celles des nombres, des lignes et des figures géométriques? Tout ce que les Persans et les Arabes d'Espagne, plus libres que ceux de Syrie et d'Égypte, ont tenté en sculpture ou en dessin de figures animées, est en somme au-dessous du médiocre : au point de vue de l'ornement, au contraire, tous ces peuples sémitiques, avec leurs styles différents, sont en quelque sorte demeurés sans rivaux. »

A l'extrémité est du Caire, dans le quartier de Touloun, il existe une autre petite mosquée de Qait-Bày, qui semble avoir la même origine que celle dont nous venons de parler. C'est comme la première, un chef-d'œuvre de l'art. La porte principale est des plus simples, mais l'intérieur est surtout remarquable par ses plafonds à poutrelles décorés d'arabesques dorés et de dessins en losanges avec bossages en bois marqueté de nacre. Ce monument, qu'un tremblement de terre a un peu lézardé, paraît oublié même des habitants du quartier.

En quittant la nécropole des sultans mamelouks,

on rentre habituellement au Caire par la porte d'El-Ghoraib ou par la rue Neuve, en passant par une tranchée pratiquée au milieu des buttes de décombres qui bornent la ville de ce côté. Sur ces hauteurs étaient autrefois les forts *Dupuis* et *Reboul;* c'est de ce dernier fort que, lors de l'insurrection du Caire, le 21 octobre 1798 (28 Gamady-el-aouel 1213), le général Daumartin, sur l'ordre de Bonaparte, réduisit au silence les révoltés réfugiés dans la cour de la mosquée d'El-Azhar. Le panorama que l'on découvre du haut de ces buttes est vraiment splendide ; on a sous les yeux un de ces rares tableaux dans lesquels la nature a déployé toutes ses beautés : vastes jardins, immenses plaines parsemées de grands arbres, fleuve, canaux, montagnes, désert, et au milieu de tout cela une cité calme, mystérieuse, dont chaque quartier, chaque rue, chaque monument rappelle des souvenirs. Cette partie de la ville, à l'est, conserve encore toute son originalité orientale : telle elle était au temps des khalifes et des mamelouks, telle elle existe encore aujourd'hui ; la manie de percer de nouvelles rues, d'abattre des quartiers entiers pour les transformer à l'européenne, n'a pas encore pénétré jusqu'ici. Au nord, à l'ouest et au sud, le Caire n'a, pour ainsi dire, pas de limites bien déterminées ; dans les quartiers extérieurs, les maisons deviennent de plus en plus rares à mesure que l'on avance vers la campagne, et finissent par se réduire à quelques habitations isolées pour se confondre avec celles des environs; ici la ville est brusquement arrêtée par un vieux mur crénelé qui se prolonge à gauche jusqu'à la Citadelle, et à droite au *Bourg-ez-Ziffer* (tour des Esprits) pour se rattacher aux fortifications de Bal-el-Nasr.

NÉCROPOLE DE L'IMAM CHAFEÏ

TOMBEAU DE L'IMAM.

Le vaste cimetière auquel le tombeau de l'imâm Chafeï a donné son nom, s'étend au sud de la ville, entre le Gebel-Moqattam et le Vieux-Caire. En sortant par le Bab-el-Qarâfeh, à l'extrémité de la place Mohammed-Ali, on laisse à gauche un champ couvert de mosquées funéraires ruinées appartenant aux sultans mamelouks, et, en se dirigeant directement vers le sud, on aperçoit à travers plusieurs mausolées modernes, la coupole grisâtre sous laquelle repose le corps vénéré de l'imâm.

Mohammed ebn-Edris, surnommé *el-Chafeï*, vivait sous le règne du khalife El-Ma'moun, fils et successeur d'Haroun-el-Rachid. Cet illustre docteur est le fondateur d'un des quatre rites orthodoxes que reconnaît la religion musulmane; ses sectateurs, très nombreux en Égypte, sont appelés Chaféites. (V. page 162.) L'imâm mourut en 204 de l'hégire (819 de J. C.).

L'entrée du tombeau donne sur une rue pavée, bordée de constructions qui remontent au temps d'Ahmed ebn-Touloun. On pénètre dans l'intérieur après avoir franchi quatre portes dont la troisième, surmontée d'une inscription en lettres d'or, est couverte de ferrures en argent massif. La salle est d'une richesse inconcevable : les murs, à la moitié de leur hauteur, sont revêtus de lambris en marbre de diverses nuances et de plaques en faïence émaillée, au-dessus desquels s'étend une large frise à fond brun où se détachent des arabesques en relief. La coupole est de toute beauté; ses dessins bleus et rouges, entourés d'une sorte de grillage doré, sont d'un effet charmant. Les pendentifs sont rehaussés par de minces filets d'or qui accentuent leurs formes et leur donnent plus de grâce et de légèreté. Rien n'a été négligé dans la décoration intérieure de ce monument, qui vient d'être réparé; il y aurait peut-être à redire sur la question de goût si l'on examinait les détails, mais tout cet assemblage de dorures, de peintures, de mosaïques, et jusqu'aux lourds tapis dont le sol est couvert, présente au premier aspect une certaine harmonie qui saisit d'admiration.

Immédiatement à gauche de l'entrée, dans un angle, est la *qiblah*, soutenue par deux colonnettes; à la partie supérieure se déroule une inscription sur fond écarlate, au-dessus de laquelle sont plusieurs rangées de plaques émaillées à dessins bleus et verts. Le tombeau est entouré d'une grille d'ébène à plaques d'argent et incrustée de nacre. Il est dominé par une sorte de baldaquin auquel sont suspendus des lampes en verre de couleur, et des œufs d'autruche retenus dans des réseaux de soie. Du côté de la tête on remarque une colonne de marbre portant, comme celle du tombeau de Barqouq, une note biographique gravée en relief, et un grand coffre aux extrémités duquel sont deux énormes chandeliers de bronze. Deux autres mausolées, entourés d'un grillage peint en vert, avoisinent celui de l'imàm; ils appartiennent, l'un au sultan Mohammed el-Kâmel, l'autre à sa mère, la princesse Chamsa', qui fit construire la coupole du monument. Un troisième, celui du fils d'Abd-el-Hakam, est à l'entrée d'un petit *maqsourah* qui servait, dans le principe, de lieu de méditation. A l'angle sud-ouest de la salle sont des armoires qui contiennent des manuscrits et des ouvrages religieux du rite chaféite.

Le tombeau de l'imàm est très difficilement accessible aux étrangers; la vénération profonde dont il est l'objet impose tellement aux musulmans, que les fidèles vont presque toujours faire leurs dévotions dans la petite mosquée qui est contiguë à la chapelle funéraire. Cette mosquée est dans un état de dénûment complet : les murs sont blanchis à la chaux; trois rangs de colonnes disparates, en marbre blanc veiné et pour la plupart inclinées, supportent des arceaux en ogive reliés par des tirants en bois; le sanctuaire est éclairé par une large ouverture carrée en forme de *malqaf,* au milieu du plafond tout enluminé de fleurs. Une modeste *qiblah,* composée du même marbre que les colonnes et n'ayant pour tout ornement qu'une courte légende arabe en lettres d'or sur fond bleu, est placée dans un angle; le *membar*, repeint à l'ocre brune, est flanqué au mur à côté de la *qiblah*. Le bassin aux ablutions se trouve dans une sorte de cour, à droite de l'entrée.

Rien dans cette mosquée ne mérite la peine d'être examiné, et cependant on la montre aux visiteurs comme étant tout ce qu'il y a de plus intéressant à voir en cet endroit; le tombeau est rigoureusement fermé au mécréant s'il n'est muni d'une permission bien en règle, et encore, toutes les fois qu'il se présentera, on saura l'éconduire poliment sous quelque prétexte plausible. La carte que l'on délivre gratuitement au ministère des *Ouaqfs*, et qui donne le droit de visiter toutes les mosquées, même celle d'El-Azhar, est insuffisante : il faut une lettre spéciale pour pénétrer dans la chapelle de l'imâm. Et si l'on ne parle pas suffisamment l'arabe, il est indispensable de se faire accompagner par un interprète musulman.

En descendant un peu vers le nord-ouest, on arrive à une enceinte qui contient de jolis mausolées de mamelouks; ce sont de petits monuments sculptés, avec des colonnettes lisses ou coiffées d'un turban; les plus riches sont placés sous une sorte de dais en maçonnerie. Dans le premier groupe que l'on aperçoit près de l'entrée, on remarque le tombeau du célèbre Ali-Bey surnommé *el-Kibir* (le

Grand), et celui d'Ismail-Bey; le premier porte la date de 1186 de l'hégire (1773), l'autre, de 1205 (1791).

TOMBEAUX DE LA FAMILLE DE MOHAMMED-ALI.

La chapelle funéraire où reposent les descendants de la famille de Mohammed-Ali est une des plus intéressantes du cimetière de l'Imâm. Les mausolées sont de forme très simple et chargés d'inscriptions, de peintures et de dorures. En entrant par la porte qui touche au cimetière mamelouk dont nous avons parlé, on a devant soi les tombeaux d'Abbas-Pacha, vice-roi d'Égypte, mort à Benha-el-Aasal en 1854, et celui de son fils El-Hamy; ensuite, parmi les principaux, viennent ceux d'Ahmed-Pacha, fils d'Ibrahim, noyé dans le Nil à la suite d'un accident de chemin de fer; de Toussoum-Pacha, second fils de Mohammed-Ali, mort au retour de son expédition en Arabie, à Bérembal, près de Rosette, victime de son amour pour une esclave grecque malade de la peste et qui expira dans ses bras; d'Ismail-Pacha, frère du précédent, brûlé vif à Chendy, lors de sa campagne au Soudan; du cruel Ahmed-Bey le Defterdar, mort en 1833, et enfin celui d'Ibrahim-Pacha, le vainqueur de Nézib, mort en 1848.

MOSQUÉE DE SÎDI-CHAHIN'.

Non loin de la nécropole de l'imâm Chafeï est une petite mosquée en ruine qui n'échappe point à la curiosité du voyageur, à cause de sa position pittoresque; elle a été bâtie au treizième siècle par un eunuque appelé *Sîdi-Chahin'*, qui appartenait au sultan Beybars. Cette mosquée, qui paraît comme accrochée au flanc du Moqattam, est tout à fait originale; on y arrive en gravissant un sentier rapide et pierreux, derrière le tombeau du cheikh Omar ebn-el-Fâred, au milieu des carrières. Mais si l'on éprouve quelques difficultés en faisant cette excursion, on est largement dédommagé de ses fatigues par la vue magnifique dont on jouit lorsqu'on est arrivé à la galerie du minaret qui s'élève à l'angle nord-ouest. Le paysage que l'on découvre défie toute description; d'un seul coup, l'œil embrasse une génération de soixante-dix siècles : au delà du Nil, les pyramides de la vaste nécropole de Memphis, depuis Gîseh jusqu'à Dachour; le Masr-el-Atîqah avec les sites de Fostat, d'El-Asker et d'El-Qataïah; le Caire avec sa citadelle et ses constructions modernes à l'européenne, dont l'échantillon le plus rapproché du spectateur est la gare du chemin de fer de Hélouan. A droite de l'entrée du minaret est une inscription, à peine lisible aujourd'hui, tracée par un pèlerin hindou en 1869, époque à laquelle nous l'avons vue pour la première fois. En voici la traduction : « Salut, ô maître vénéré qui reposes ici; tu devais avoir un grand cœur et une belle âme, pour que tes amis aient placé tes restes en face d'un si grand horizon!... »

A côté des salles effondrées, des murs écroulés, le sanctuaire est la seule partie du monument qui offre un abri contre les rayons du soleil. Quatre colonnes peintes à l'ocre rouge soutiennent un plafond en bois qui tombe de vétusté. La petite *qiblah* ne tient plus debout; ses jolies mosaïques en marbre rouge, blanc, noir, vert, et ses trois rangées d'étoiles tombent en plaquettes luisantes sur le sol couvert de plâtras. Le tombeau du fondateur et deux autres appartenant à sa famille sont séparés du sanctuaire par une cloison en bois ouvragé. La frêle colonne de marbre qui sert d'appui au *dikka* placé dans un angle, est l'objet d'une légende assez curieuse : elle aurait été rapportée de Damas à cause de sa forme particulière, et d'un large cercle d'argent qui ornait sa partie supérieure, et sur lequel étaient gravés des signes cabalistiques; personne n'ayant pu en déchiffrer le sens, la colonne fut placée d'abord dans le palais de Salah-ed-Din, puis à l'endroit où elle est actuellement. Un jour, un Persan vint par hasard visiter la mosquée de Sidi-Chahin' et donna l'explication de l'énigme : l'anneau était un talisman qui guérissait toutes les maladies et donnait la fécondité aux femmes stériles. Les gens crédules avaient une confiance aveugle dans les vertus miraculeuses de ce bijou magique, grâce auquel plus d'une femme avait fait connaître à son époux naïf les joies de la paternité, quand un beau jour le précieux talisman disparut : un juif l'avait volé.

En suivant au nord un petit sentier qui longe le pied de la montagne, on rencontre près des carrières actuellement en exploitation des fûts de colonnes brisés, des blocs de marbre et de granit, quelques pans de mur en pierre de taille ayant appartenu à un temple que la tradition et quelques auteurs arabes font remonter au temps des Perses fondateurs de la Babylone égyptienne. Un écrivain du onzième siècle, Abd-Allah el-Bostangy, raconte « qu'un vieux temple
« qui existe à l'orient de Fostat, au bas du Moqattam,
« avait servi de refuge à plusieurs émirs noirs, qui
« entretenaient secrètement des relations avec des
« officiers de Nasser-ed-Doulah leur ennemi. Ces
« officiers, qui trahissaient leur maître, trahirent
« aussi par crainte les émirs, qui furent égorgés par
« surprise pendant qu'ils tramaient un complot contre
« la vie du khalife El-Mostanser. Ce temple qu'ils
« avaient choisi pour leur retraite était un lieu sûr :
« nul n'osait en approcher; il avait été bâti par des
« païens d'Asie qui avaient conquis le pays dans les
« temps anciens, et les mauvais esprits y faisaient
« souvent des apparitions. »

CHEIKH EL-MAGHAOURY.

Derrière la Citadelle, au fond d'une caverne creusée dans les rochers du Moqattam, repose un personnage appelé Baba-Kaïgousis (papa Sans-Souci), poëte distingué de l'ordre turc des Bectachieh, et connu plutôt par ses écrits que par sa sainteté. Les Arabes l'ont surnommé le cheikh *el-Maghaoury* (de la grotte).

Pour visiter le tombeau du poëte on suit un escalier découvert, à quelques pas de la Poudrière; sur le perron s'ouvre une porte donnant sur un second escalier, qui conduit directement au couvent des moines arnautes préposés à la garde du lieu; ces religieux mènent une vie paisible et fort retirée, sous la protection du cheikh de la grotte, pour lequel ils ont une profonde vénération. Après avoir traversé un petit jardin et un vestibule orné de deux lions peints à la fresque, on se trouve en face d'une excavation taillée dans le roc vif, au-dessus de laquelle est une inscription monumentale sculptée à grands traits. Le souterrain a environ vingt-cinq mètres de large sur une profondeur de soixante-quinze. Dans un angle à droite du sanctuaire est un simulacre de *qiblah;* à gauche et au fond, des tombeaux de derviches; au milieu, un long couloir à l'extrémité duquel, dans une petite chapelle fermée par un grillage en bois, repose, depuis sept cents ans, le cheikh El-Maghaoury.

Le couvent se composait autrefois de méchantes constructions en briques crues; il a été entièrement reconstruit en 1872. Les moines qui l'habitent sont vêtus d'un costume particulier en laine blanche; ils sont coiffés d'un bonnet de même étoffe, de forme cylindrique, lisse ou à rudentures. Peu habitués à la visite des voyageurs, ils ne sont que plus empressés à répondre à leurs questions; souvent même ils leur offrent le café et la cigarette, attention délicate et d'autant plus agréable, que l'on est peu habitué à rencontrer dans ses excursions une pareille marque de politesse.

Au-dessus de la grotte du cheikh El-Maghaoury, on aperçoit une petite mosquée en ruine appelée communément *Cheikh-el-Giouchy*, du nom d'un plateau du Gebel-Moqattam sur lequel elle est bâtie. Cette mosquée n'est fréquentée que par quelques rares pèlerins; elle n'a d'intéressant que sa position, qui domine un horizon immense et d'où l'on embrasse toute la plaine, depuis le Fayoum jusqu'à la province de Menoufieh, au delà du barrage du Nil.

MOSQUÉE SAYIDA-NEFISAH.

En quittant la nécropole de l'Imâm, si l'on rentre au Caire par le Bab-Sayida-Nefisah, on rencontre près de l'ancienne porte, à droite, une rue pavée au fond de laquelle est une petite mosquée d'apparence misérable, mais qui est en grande vénération parmi les habitants de ce quartier, surtout parmi les femmes. Elle a été érigée en l'honneur de la fille d'Abou-Mohammed-Hassan, descendant du khalife Ali, appelée *Nefisah*. La vie charitable de Sette-Nefisah, sa piété, ses vertus, lui gagnèrent tous les cœurs des musulmans, qui avaient pour elle une admiration profonde. Lorsque l'imâm Chafeï vint en Égypte, il alla lui rendre visite, et s'en retourna pénétré des sentiments élevés qui distinguaient cette femme. Quand l'imâm mourut, les fidèles déposèrent son corps dans la demeure de Sette-Nefisah pendant qu'on lui construisait un tombeau : ils n'avaient point trouvé au Caire une maison qui fût plus digne de recevoir les restes de l'illustre défunt.

La mosquée n'a de remarquable que quelques mosaïques et des faïences qui se mêlent à de grossières peintures modernes. L'oratoire où repose la sainte a été bâti sur la chambre même qu'elle habitait ; l'entrée est dans une salle basse où sont alignées trois grandes horloges à caisse de sapin, qui font un effet bizarre au milieu des vieilleries accrochées aux murs et au plafond. Le tombeau, d'une grande richesse, est entouré d'une grille en bronze à demi cachée par une tapisserie verte ; le sol est couvert de moelleux tapis bien rarement foulés par les pieds d'un infidèle.

Seïte-Nefisah mourut en 823 (208 de l'hégire) ; son mari voulait d'abord faire transporter ses restes à Médine, mais sur les instances des cheikhs et des oulémas, il renonça à ce projet et consentit à ce que le corps de la sainte femme ne quittât point le Caire.

LE VIEUX-CAIRE

La ville de Fostat, fondée par Amr' en 640, forme aujourd'hui un bourg d'environ trois mille habitants, et s'étend le long du Nil, en face de l'île de Raoudah. C'est une sorte de banlieue du Caire désignée communément sous le nom de *Vieux Caire*, appellation que rien ne justifie, puisque cette ville n'a jamais porté le nom de la capitale actuelle de l'Égypte. (V. p. 100.)

Histoire. — A l'époque où les armées musulmanes parurent sur les bords du Nil, l'Égypte était sous la domination romaine. Les discussions entre les doctrines religieuses avaient amené une persécution impériale. Les actes de tyrannie, de déposition des prêtres et des évêques dissidents, les incarcérations, les exils, les amendes, les confiscations, les fermetures d'églises, le pillage des monastères, les meurtres, les massacres des femmes et des enfants se multipliaient d'une manière intolérable. Les choses en étaient venues au point qu'un seul sentiment animait la presque totalité des habitants de l'Égypte : une haine irréconciliable pour les persécuteurs de Constantinople et pour leurs agents tyranniques. Cette opinion hostile à l'Empereur avait fait en peu de temps de tels progrès, que pour chacun des Grecs et des Coptes, partageant les mêmes sentiments, Constantinople et sa cour étaient des ennemis dignes de l'exécration universelle; tout effort, soit intérieur, soit extérieur, ayant pour but d'arracher l'Égypte à la domination d'Héraclius, faisait appeler et accueillir ceux qui la tenteraient, quels qu'ils fussent, comme des amis et des libérateurs.

Telles étaient les dispositions de l'Égypte lorsqu'Amr'ebn-el-Aas reçut du khalife Omar'ebn-el-Khattab, successeur d'Abou-Bekr, l'ordre d'en faire la conquête. Cet ordre lui fut adressé de Médine, où le khalife s'était retiré après avoir soumis la Syrie.

Quand Amr' arriva devant Memphis, cette ville et la forteresse de Babylone étaient sous le commandement militaire d'un préfet nommé Makoukas, Grec d'origine, mais né en Égypte, et que ses relations de famille et ses affections unissaient à la cause des Coptes opprimés. Makoukas avait déjà eu quelques correspondances avec le Prophète, et lui avait même envoyé en présent plusieurs jeunes esclaves égyptiennes. Les musulmans lui parurent non des ennemis, mais des alliés et des libérateurs dont il fallait se servir pour triompher des discordes religieuses, qui avaient établi une haine mortelle entre les chrétiens d'Alexandrie et ceux de Memphis. Après s'être emparé de Memphis et de Babylone, Amr' se disposa à entreprendre le siége d'Alexandrie. Cette ville, bien fortifiée et soutenue par une garnison nombreuse, n'était attaquable que du côté de la terre seulement; ses communications avec la capitale de l'empire étaient facilitées par sa position maritime, qui la mettait à portée de recevoir sans obstacle tous les secours qu'Héraclius pouvait lui envoyer. Sa prise était donc importante; sans sa possession, celle de l'Égypte ne pouvait être que mal assurée. Amr', qui avait établi son camp entre le Nil et Babylone, ordonna le départ de son armée pour Alexandrie. Pendant qu'on abattait les tentes, des soldats vinrent annoncer au général que des colombes avaient fait leur nid sur le sommet de sa tente, et que les petits paraissaient sur le point d'éclore. Arm' voulut qu'on respectât ces oiseaux et qu'on laissât la tente sur pied jusqu'à son retour. Cet incident si simple et si peu important fut la cause de la fondation de la première ville musulmane sur la terre des Pharaons.

Après un siége de quatorze mois, les Arabes entrèrent à Alexandrie le premier vendredi du mois de moharrem de l'an 20 de l'hégire (22 décembre 640 de J.-C.), à l'heure même de la prière solennelle, que le général vint faire publiquement sur la grande place de la ville, consacrant par cet acte religieux sa nouvelle victoire et l'achèvement complet de la soumission de l'Égypte à l'islamisme. Après avoir laissé à Alexandrie une garnison suffisante, Amr' revint établir son camp sur les bords du Nil, à l'endroit où il avait laissé sa tente. Les soldats construisirent autour de cette tente des cabanes provisoires qui se changèrent bientôt en habitations plus solides et permanentes; les chefs bâtirent des maisons spacieuses, et cette agglomération de constructions devint bientôt une ville considérable qu'on nomma *Fostat* (tente), pour conserver le souvenir de l'événement si peu remarquable qui avait été l'origine de sa fondation. Cette ville devint la capitale de l'Égypte; tout en conservant son nom de Fostat, elle prit la dénomination de *Masr*, titre affecté aux capitales du pays et que Memphis avait conservé jusqu'alors, malgré la concurrence d'Alexandrie.

A l'époque de la fondation du Caire, Fostat, déjà affaiblie sous les Toulounides, perdit toute son importance au profit de la nouvelle ville des Fatimites. Au temps de Salah-ed-Din, les habitants livrèrent Fostat aux flammes pour l'empêcher de tomber au pouvoir des Croisés; l'incendie dura cinquante-trois jours. Depuis cette époque, elle ne fut plus considérée que comme un faubourg du Caire.

BABYLONE

L'ancienne citadelle, dont la fondation est attribuée aux soldats de Cambyse (v. p. 96), est actuellement désignée sous le nom de *Qasr-ech-Chamâ,* château de la Cire, ou plus ordinairement appelée *Deir-el-Nassarah,* le couvent des Chrétiens. Elle est entourée de hautes murailles, excepté au nord-est, et fermée de portes dont la principale est du côté nord. L'enceinte parait être celle de la forteresse telle qu'elle existait à l'origine, mais les murs sont de construction romaine; ils sont bâtis en briques, et portent en certains endroits la trace des réparations successives qui y furent faites à diverses époques sous la domination arabe. Au sud-ouest, une porte dorique, aujourd'hui murée, est surmontée d'un fronton portant une inscription illisible et une aigle impériale. Une des deux tours qui flanquent cette porte, celle de l'ouest, contient une chambre où sont des tableaux à fond d'or, et de curieuses sculptures sur bois de la fin du troisième siècle; dans cette même chambre on remarque un petit meuble d'ébène tout incrusté d'ivoire, placé sur une dalle en serpentine sur laquelle est gravée une inscription grecque relative à la colonne de Dioclétien à Alexandrie.

L'intérieur de Qasr-ech-Chamâ est formé de petites ruelles et habité par une population copte et grecque des plus misérables, les coptes surtout. Sa principale église, celle du moins qui est en plus grande vénération et d'une antiquité incontestable et incontestée, est dédiée à la Vierge (*sette Mariam*); elle est bâtie sur une crypte qui servit, dit-on, de refuge à la sainte Famille; mais contre qui? La tradition néglige de le dire, et l'Évangile ne parle d'aucune persécution suscitée en Égypte contre le futur Sauveur des hommes. Un vieux prêtre copte à barbe grise, à qui nous faisions cette remarque, nous fit observer judicieusement que, par mesure de précaution, le divin Enfant avait été caché dans cet endroit, de crainte que le gouverneur de l'Égypte ne le dénonçât à Hérode. La chapelle souterraine est divisée en trois compartiments très étroits; on y montre des fonts baptismaux et des niches où reposait l'Enfant Jésus. L'église est petite, sombre et fort mal tenue. Elle possède des sculptures en bois dignes de quelque intérêt, et des livres liturgiques en copte, avec la glose arabe en regard, vu que le copte n'est plus depuis longtemps qu'une langue morte pour les Coptes eux-mêmes.

Le couvent grec de *Saint-Georges* est situé au deuxième étage et possède de magnifiques tableaux byzantins. Au milieu de l'église est une colonne qui supporte une lampe toujours allumée; vers le milieu de la hauteur est fixée une chaîne de fer qui, assure-t-on, a la vertu de guérir les filles folles; cette chaîne sert à les y attacher en attendant que le miracle s'opère. L'église de Saint-Georges jouit parmi les Grecs d'Égypte d'une haute renommée de sainteté; le vestibule est toujours encombré de malades qui attendent une guérison miraculeuse, et comme la position est salubre, ils y viennent du Caire comme dans une maison de santé. La situation est des plus riantes et l'on a, des fenêtres, de belles perspectives sur le Nil.

D'autres couvents existent encore dans l'enceinte de la vieille forteresse; ils se ressemblent à peu près tous, et tous possèdent des châsses, des sculptures intéressantes et de remarquables panneaux incrustés de nacre et d'ivoire.

MOSQUÉE AMR'

La première mosquée construite en Égypte est celle d'*Amr'*; son érection remonte à l'an 21 de l'hégire (642), c'est-à-dire plus de trois siècles avant la fondation du Caire. Elle fut bâtie sur un terrain appartenant à l'armée, non loin de l'antique Babylone. La première pierre fut posée en présence de quatre-vingts d'entre les compagnons du Prophète. A l'origine, ce temple n'avait que cinquante coudées de longueur sur trente de largeur; mais ses proportions ont été considérablement agrandies à différentes époques. Mousaïlamah'ebn-Yahia, gouverneur de l'Égypte sous Haroun-el-Rachid, éleva le premier minaret; deux siècles plus tard, le khalife Aziz-b-Illah en fit construire un autre, et remplaça le membar par une chaire plus riche. En 1047 (438 de l'hég.), sous le règne d'El-Mostanser, les deux colonnes de la qiblah furent recouvertes de lames d'argent, et la partie supérieure ornée d'une plaque de même métal sur laquelle on lisait, tracé en grands caractères, le nom du khalife Omar'ebn-el-Khattab. Les sultans Qalaoun et Beybars firent recouvrir les murs des galeries latérales de lambris en marbre. Barsebày confia à un architecte copte le soin de décorer le sanctuaire de mosaïques, d'agrandir le mur d'enceinte et de reconstruire la fontaine aux ablutions. Les dernières réparations furent entreprises par ordre de Mourad-Bey, quelques années avant l'expédition française.

Les auteurs arabes du quatorzième siècle racontent que chaque nuit la mosquée d'Amr' était éclairée par dix-huit mille mèches, et font un récit vraiment extraordinaire du luxe qu'on y déployait. Aujourd'hui, on ne trouve aucun indice de cette richesse d'ornementation, dont il est encore fait mention sous le gouvernement du vizir Mohammed-Pacha, en 1623, et la plus grande simplicité, le plus grand dénûment règne dans tout l'ensemble. La cour a quatre-vingts mètres de côté; au centre est la fontaine aux ablutions, ombragée d'un grand sycomore. Le sanctuaire a cent vingt-six colonnes disposées sur six rangs ; elles offrent une série de types les plus variés ; on y rencontre des fûts et des chapiteaux de tous les ordres et de tous les âges : égyptiens, grecs, romains, byzantins, enlevés aux anciens temples et aux églises. Les chapiteaux et les bases ont été ajustés comme par hasard, afin d'élever les colonnes à une hauteur régulière de cinq mètres ; à cette hauteur, des tirants en bois fixés horizontalement, tiennent l'écartement des voussures. A l'angle sud-est du sanctuaire est le tombeau du fondateur ; à l'autre extrémité se trouve une source d'eau saumâtre qui communique, suivant l'affirmation du gardien de la mosquée, avec la fontaine sacrée de la Mekke appelée *Zem-zem*.

Près du *membar* on distingue une colonne à laquelle se rattache une légende que le gardien ne manque jamais de raconter aux visiteurs : « Pendant qu'Amr' bâtissait sa mosquée, dit-il, le khalife Omar, qui était un grand savant, aperçut, un jour qu'il se promenait sous les portiques du temple de la Mekke, que la colonne dressée à cette place était mal taillée : s'adressant alors à un des piliers qui se trouvaient près de lui : « Je t'ordonne, dit-il, de te transporter à l'instant même à la mosquée d'Amr' et de te placer devant la qiblah. » La colonne resta immobile. Omar étonné la poussa de la main, en lui ordonnant encore de partir pour Fostat. Cette fois elle oscilla, mais n'obéit pas davantage à cette nouvelle injonction. Alors le khalife furieux leva la courbache qu'il tenait à la main, et frappa violemment le pilier en lui disant : « Au nom du Dieu clément et miséricordieux, pars... » Pourquoi avais-tu oublié d'invoquer Dieu? répondit la colonne. Et aussitôt elle s'élança dans les airs, tournoya un instant au-dessus de la Kaabah, prit son vol du côté de l'Égypte et vint se poser à la place qu'elle occupe actuellement. » Comme preuve de la véracité de ce récit, on montre aujourd'hui sur cette colonne un endroit déprimé et une longue veine blanche qui sont les traces de la main et du coup de courbache du khalife.

La mosquée d'Amr' est complétement abandonnée; plusieurs parties de l'édifice tombent en ruine. Les colonnes des deux portiques latéraux ont été enlevées pour servir à d'autres monuments. La cour extérieure qui précédait l'entrée du temple contenait autrefois des bâtiments réservés aux voyageurs; ces constructions n'existent plus aujourd'hui; sur leur emplacement s'élèvent quelques masures arabes dont plusieurs servent à des ateliers de poterie.

Suivant un ancien usage, lorsque la crue tardive du Nil fait pressentir une disette, les oulémas, les cheikhs, les prêtres catholiques, coptes, grecs, les rabbins se rendent à la mosquée d'Amr' avec leurs coreligionnaires. Chaque secte se réunit hors de l'enceinte pour implorer le secours du Ciel et conjurer ainsi les malheurs qui menacent le pays par suite de l'insuffisance de l'inondation. Cette cérémonie se fait avec beaucoup d'ordre et de dévotion.

17.

Toutes les religions se témoignent une déférence mutuelle, et se conduisent comme si elles ne formaient qu'une seule famille.

ILE DE RAOUDAH — NILOMÈTRE

L'île de *Raoudah* est ainsi appelée à cause de sa fertilité ; son nom signifie en arabe « parterre de fleurs, jardin ». Elle s'étend au sud-ouest du Caire ; on y remarque surtout la quantité d'arbres et de plantes exotiques dont elle est enrichie. Le palmiste des Antilles y balance son élégant panache ; le bambou de l'Inde y prend des proportions gigantesques, et dépasse de beaucoup les arbres les plus hauts. Ces feuilles étrangères si étrangement découpées, ces fruits aussi bizarres de formes que de goût, impriment à ces jardins plantureux un cachet singulièrement original. Ajoutez à cela de larges allées ombreuses, des massifs impénétrables, des parterres émaillés de fleurs au milieu desquels s'élèvent d'élégantes habitations, et des prairies d'émeraudes sillonnées de ruisseaux argentés. A l'extrémité méridionale de l'île, au point même où le fleuve se bifurque et s'en va baigner d'un côté Giseh, de l'autre le Vieux-Caire, est situé le *Nilomètre* ou *Meqyas*, composé d'un puits carré où l'on descend par un escalier, et au milieu duquel se dresse une colonne hexagone en marbre, graduée en coudées au nombre de dix-sept, divisées en vingt-quatre *qirats*. La longueur de la coudée étant, d'après Mahmoud-Pacha, de 0™,5404, la hauteur de la colonne est par conséquent de 9™,187 ; « or, dit Mahmoud-Pacha, l'altitude ou la cote de l'extrémité supérieure de la dix-septième coudée étant de 17™,833 au-dessus de la surface moyenne des eaux de la Méditerranée, la cote du zéro de l'échelle nilométrique est donc de 8™,646 au-dessus de la surface moyenne des eaux de la mer ». Les parois du puits sont creusées de quatre niches à colonnes supportant des arcades ogivales surmontées d'inscriptions en caractères koufiques. Le *Meqyas*, mot qui veut dire « instrument pour mesurer », sert à faire connaître si l'inondation sera favorable ou non à l'agriculture, en observant la hauteur des eaux pendant la crue.

Avant la conquête arabe, le Nilomètre était placé à Hélouan, village en face de Memphis. Sous le règne du khalife Soleyman' ebn-Abd-el-Melek, il fut détruit, et Assamah, gouverneur de l'Égypte, construisit celui de l'île de Raoudah en 715 (97 de l'hégire); la colonne que l'on voit aujourd'hui est très probablement celle qui fut placée à cette époque, bien qu'elle ait été plusieurs fois réparée et relevée. En 814 (199 de l'hégire), le khalife abbasside El-Ma'moun, fils d'Haroun-el-Rachid, fit reconstruire l'édifice.

Les inscriptions intérieures de la frise, à l'est et à l'ouest, sont de cette époque; celles des deux autres côtés datent de trente-quatre ans plus tard. Un siècle et demi après sa construction, le Meqyas fut entièrement réparé par ordre du khalife Moutaouakkel; on l'appela alors le nouveau Nilomètre (*meqyas-el-gedid*). En 1092 (485 de l'hégire), le khalife fatimite El-Mostanser-b-Illah le fit recouvrir d'un dôme soutenu par de belles colonnes en marbre; ce dôme fut détruit par les mamelouks lors de l'expédition française.

HÉLIOPOLIS

L'emplacement où s'élevait jadis la ville d'Héliopolis est à neuf kilomètres au nord du Caire. On s'y rend par la route de l'Abbassieh, tracée au milieu des sables du désert. Après avoir passé l'Observatoire, on suit un chemin bordé d'acacias et de sycomores qui traverse les riantes prairies de Qoubbeh. Un peu plus loin, en laissant à droite le village de Matarieh, on découvre un vieil obélisque, seul monument encore debout au milieu des buttes de décombres qui couvrent les ruines de l'antique cité égyptienne. Comme site historique, il n'en existe pas de plus intéressant dans toute la basse Égypte que celui d'Héliopolis. Le nom hiéroglyphique de cette ville est *An*, en hébreu *On;* c'était la ville de Ra du Soleil par excellence. Selon Strabon, les prêtres égyptiens se rendaient à Héliopolis (ville du Soleil) pour y étudier la philosophie et l'astronomie. Solon, Platon, Eudoxe, et plusieurs autres philosophes et savants grecs, vinrent y chercher la science.

Lorsque Strabon visita l'Égypte, quelques années seulement avant notre ère, Héliopolis était déjà presque abandonnée. Le géographe grec dit qu'il n'y restait que très peu d'habitants. Le grand temple, précédé de plusieurs obélisques et d'une longue avenue de sphinx, était fermé au culte; le lac qui s'étendait au pied de cette avenue était desséché par le manque d'entretien des canaux qui l'alimentaient. Abd-el-Latif, médecin arabe de Baghdad, qui visita l'Égypte vers 1190, s'exprime ainsi : « On trouve dans cette ville des figures effrayantes et colossales, et deux obélisques très renommés que l'on appelle les aiguilles de Pharaon. Ces obélisques consistent en une base carrée, longue et large de dix coudées et d'une hauteur à peu près égale, établie sur une fondation solide dans la terre. Au-dessus de cette base s'élève une colonne carrée de forme pyramidale. La tête est recouverte d'une espèce de chapeau en cuivre, en forme d'entonnoir, qui descend jusqu'à trois coudées environ du sommet. Ce cuivre, par l'effet de la pluie et des années, s'est rouillé et a pris une couleur verte; une partie de cette rouille verte a coulé le long du fût du monument. Toute la surface est couverte de ce genre d'écriture dont nous avons parlé. J'ai vu un de ces monolithes qui était tombé et s'était fendu en deux dans sa chute, à cause de l'énormité de son poids. Autour de ces obélisques il y en a une multitude d'autres qu'on ne saurait compter, et qui n'ont que la moitié ou le tiers de leurs bases encore en place. »

« L'histoire d'Héliopolis, dit M. Mariette, peut être faite en quelques lignes. L'édifice « de construction barbare » dont parle Strabon devait rappeler par son architecture le temple d'Harmakis aux pyramides de Gisch, et prouve que cette ville existait déjà sous l'ancien empire. On trouve une trace d'Héliopolis sous la douzième dynastie dans l'obélisque d'Ousertasen encore debout, et des blocs découverts par nos fouilles en 1858 nous ont montré que Thoutmès III avait travaillé à l'agrandissement de l'un de ses temples. » L'obélisque est le plus ancien monolithe de ce genre que l'on rencontre dans toute l'Égypte; sa hauteur au-dessus du piédestal est de $20^m,75$; le plan, légèrement rectangulaire, mesure $1^m,84$ sur $1^m,88$. Le nom du pharaon Ousertasen Ier, deuxième roi de la douzième dynastie, est écrit sur l'une des faces; ce témoignage d'authenticité, joint à l'inscription qui est répétée sur les quatre côtés, ferait remonter ce doyen des obélisques à trois mille ans avant Jésus-Christ. Voici d'après M. Brugsch la traduction du texte gravé sur le monument :
« L'Horus, la vie de ce qui est né, le roi de la haute et de la basse Égypte, Khoper-ka-Râ, le maître des couronnes, la vie de ce qui est né, le fils du Soleil, Ousertasen aimé des esprits de la ville (d'Héliopolis), vivant à toujours, l'épervier d'or, la vie de ce qui est né, le dieu gracieux Khoper-ka-Râ (a érigé cet obélisque) au commencement de la fête d'une

panégyrie, pour qu'il lui soit accordé de vivre à toujours. »

La beauté du lieu donne à l'obélisque d'Héliopolis un charme incomparable; il semble que la nature se soit plu à l'orner de tout son prestige : il est environné de cyprès et de saules pleureurs, qui pleurent les uns et les autres sur cette cité morte dont cette aiguille séculaire est comme le funèbre cippe. Ce vieux monolithe a assisté à toutes les phases de la vie brillante et de l'agonie de la métropole de l'Égypte sacerdotale, aujourd'hui ensevelie à ses pieds. Dans son imagination, le voyageur interroge involontairement ce muet témoin de tant d'événements, et ce témoin qui émerge du milieu des décombres paraît s'enfoncer peu à peu dans le sol comme pour se dérober aux souvenirs qui ont affligé sa patrie; les inscriptions mêmes, qui rappelaient les jours heureux, sont couvertes d'un voile de deuil : des abeilles sauvages se sont emparées du creux des hiéroglyphes pour y faire leur miel, et l'on prendrait pour le sourd gémissement des mânes le bourdonnement continu des travailleuses... Les monuments de ce genre transplantés à Paris sur la place de la Concorde ou à Londres sur les bords de la Tamise, sont loin de produire l'effet de ceux qu'on voit en place, au lieu même où les érigèrent, dans un sentiment élevé, des hommes disparus de la terre depuis tant de siècles. Les premiers ne sont qu'un objet de curiosité puérile ou de vanité plus puérile encore; les

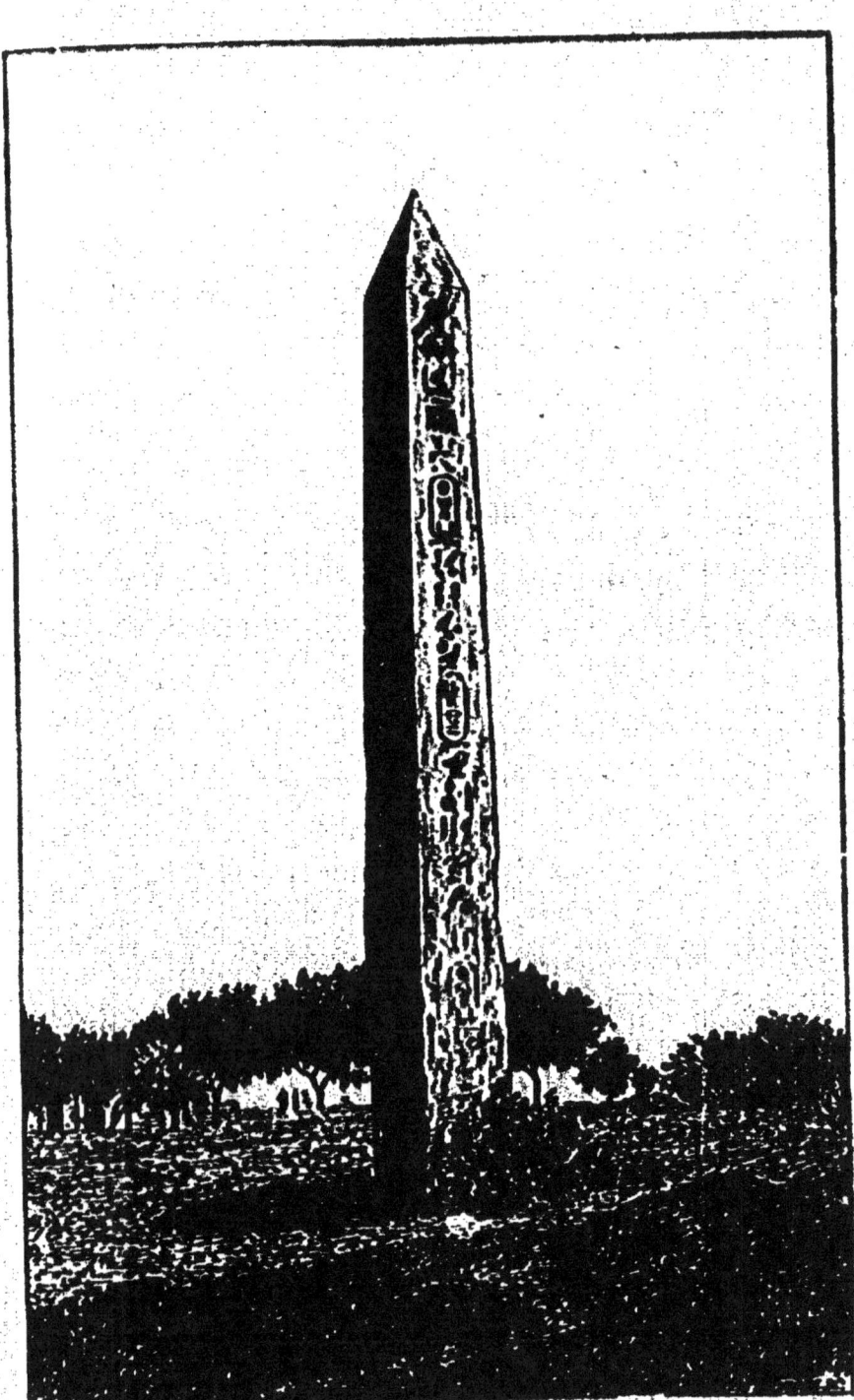

Obélisque d'Héliopolis.

autres ont le prix et la sainteté de véritables reliques.

Héliopolis marque le champ de bataille où une poignée de soldats français, commandés par Kléber, battirent une armée ottomane plus de dix fois supérieure en nombre. Dans leur féroce acharnement, les vivants s'entre-tuent jusque sur la tombe des générations éteintes, et teignent de leur sang la poussière des morts.

Bataille d'Héliopolis. — Kléber se préparait à ramener son armée en France ; déjà les places fortes de Qetieh, Salahieh, Belbeis, Lesbeh, Suez et toute la rive droite du Nil avaient été remises aux Turcs, quand tout à coup les circonstances vinrent faire changer les dispositions du général en chef. Le 8 mars 1800, Kléber contremanda tous les ordres donnés précédemment pour le départ, et envoya à Youssouf-Pacha, commandant des troupes ottomanes, l'ordre de rétrograder vers la frontière. Le grand vizir se fiant à son immense supériorité numérique, bien loin de se retirer, résolut de se jeter avec son armée dans le Caire. En conséquence, le 18 mars, il porta ses avant-postes au village de Matarieh, à quatre heures de marche de la capitale. Informé de ce mouvement dès la matinée, Kléber s'apprêta à s'avancer lui-même au-devant de l'ennemi, et le lendemain (23 chaoual 1214 de l'hégire), bien avant le lever du soleil, il sortit du Caire à la tête d'une dizaine de mille hommes pour se déployer dans les riches plaines qui bordent le Nil à l'est. L'armée avait le désert à sa droite, le fleuve à sa gauche, et en face d'elle les ruines d'Héliopolis. La nuit, presque lumineuse en Égypte, rendait les manœuvres faciles, sans toutefois les laisser distinguer à l'ennemi. Kléber divisa ses troupes en quatre carrés principaux, dont deux à droite commandés par le général Reynier, et deux à gauche sous les ordres de Friant. Vers six heures du matin, on aperçut l'avant-garde que le grand vizir avait poussée, deux jours auparavant, au village de Matarieh. Un premier engagement eut lieu, et l'avant-garde turque fut bientôt mise en fuite. Les Français reprenant leur ordre du matin, c'est-à-dire se formant de nouveau en plusieurs carrés, dépassèrent les ruines d'Héliopolis, et aperçurent un nuage de poussière qui laissait distinguer, entre les villages de Seriaqous et d'El-Merg, la ligne flottante de l'armée turque. On vit alors s'agiter les mille drapeaux de l'armée ennemie, et une partie de ses escadrons se rua sur le carré de Friant, pendant que de nombreux tirailleurs se répandaient en avant des palmiers qui confinent au désert. Friant, qui les attendait de pied ferme, les laissa arriver, puis, par un feu de mitraille qu'il ordonna tout à coup, en renversa des centaines. Les autres se replièrent en désordre.

Ce n'était là encore que le prélude d'une action générale. La bataille proprement dite s'engage enfin; la masse de la cavalerie turque s'ébranle tout entière, déborde comme un torrent sur les quatre faces des carrés et tourbillonne autour des phalanges françaises : les groupes les plus rapprochés tombent foudroyés au pied de ces citadelles vivantes qui semblent invulnérables. De toute part règne une horrible confusion, et pendant quelque temps l'atmosphère est obscurcie par la fumée et la poussière. Enfin le ciel se dégage, le sol se découvre, et alors l'armée française victorieuse, non-seulement contemple autour d'elle des masses d'hommes et de chevaux tombés sous la mitraille, mais elle aperçoit, aussi loin que la vue peut s'étendre, des bandes de fuyards qui courent vers presque tous les points de l'horizon. Kléber, qui ne veut donner aux Turcs aucun repos, s'élance sur leurs traces, et le soir même atteint le village de Khanqah ; Youssouf se voyant serré de si près, continue sa fuite au milieu d'un désordre de plus en plus grand, en abandonnant ses vivres et ses bagages.

MATARIEH

A un kilomètre d'Héliopolis, en revenant vers le Caire, on voit au village de *Matarieh* un grand sycomore sous lequel, suivant la tradition, la Sainte-Famille se reposa lorsqu'elle vint en Égypte chercher un refuge contre les persécutions d'Hérode. Cet arbre se trouve dans un jardin appartenant à des

Coptes ; le petit ruisseau qui coule près de là provient d'une source miraculeuse que l'enfant Jésus fit jaillir pour se désaltérer. On voyait, il y a encore deux siècles, les restes d'une maison qui aurait été habitée par les saints fugitifs, et c'est dans le petit étang qui existe à l'entrée du village, que la Vierge lavait les langes de l'Enfant divin. Voici ce que raconte le Père Vansleb, qui visita l'Égypte en 1672 :

« Le 12 juillet, je fus, en compagnie de quelques marchands français, au village de *Matarea,* situé du costé d'est du Caire, en distance de chemin d'environ deux heures de cheval, pour voir les lieux que Nostre-Seigneur Jésus-Christ et sa très-sainte Mère ont sanctifiés de leur présence ; et en mesme temps le jardin où l'on plantoit autrefois les plantes du baume.

« En entrant dans la cour, on voit à main droite un petit oratoire des Turcs, basti sur les ruines d'une petite église copte, où l'on révéroit quelques vestiges de Nostre-Seigneur et de sa très-sainte Mère. On l'appelait *El-Makad* (markad) ou « lieu de repos ». Il y a dans ce Makad un petit réservoir. Les Coptes ont pour tradition que la sainte Vierge avoit coutume d'y laver les linges de son cher enfant ; et mesme que pendant qu'elle étoit occupée à ce travail, elle le faisoit reposer dans une niche qui est dans la muraille du Makad ; lieux où les religieux francs disoient autrefois la messe par dévotion. Tout près de ce Makad ou Reposoir, est un puits miraculeux.

« La tradition des Coptes porte, et mesme quelques

historiens mahométans en tombent aussi d'accord, que Nostre-Seigneur s'est lavé dans ce puits, et qu'il communiqua par un miracle, à ses eaux, leur douceur et bonté extraordinaires. Après avoir fait collation dans le reposoir, et bu de cette bonne eau par dévotion, nous entrâmes dans le jardin...

« On voyoit autrefois dans ce même jardin, le sycomore qui, suivant la tradition des Coptes, s'étoit fendu par un miracle pour mettre à couvert Nostre-Seigneur Jésus-Christ et sa très-sainte Mère, lorsque les satellites d'Hérode les poursuivoient. On dit que, s'étant cachés dans cette ouverture, ils se sauvèrent par ce moyen de leurs mains, à la faveur d'une toile d'araignée qui les couvroit, et qui paraissoit fort vieille, quoiqu'elle eût été faite dans un instant par un miracle divin. Les Pères Cordeliers de la Terre-Sainte, qui demeurent au Caire, disputent avec les jardiniers la possession de cet arbre, disant qu'il tomba de vieillesse l'an 1656 et qu'ils en ramassèrent les dernières pièces, qu'ils conservent dans leur sacristie, où je les ai vuës, comme une relique très-précieuse. Les jardiniers montrent, au contraire, dans ce jardin, une souche que j'ai vuë aussi, qu'ils assurent être le reste de cet ancien sycomore... »

D'après le récit du P. Vansleb, on peut conjecturer, à moins d'un nouveau miracle, que l'arbre qui existe aujourd'hui n'est pas le même que celui dont il est question dans les livres saints. Quoi qu'il en soit, le sycomore actuel, qui tombe de vétusté, est appelé

Arbre de la Vierge et présenté comme authentique. Les musulmans mêmes, qui professent un grand respect pour Jésus fils de Marie, et qui le regardent comme un de leurs prophètes, font remonter l'existence de cet arbre sacré jusqu'au temps des Pharaons. Mais on ne respecte pas sa vieillesse, et il fait peine à voir : son écorce est tailladée par la main des visiteurs, on arrache ses feuilles, trop heureux quand on ne lui coupe pas des branches entières. Il y a peu d'années, un Européen du Caire, sans doute poussé par son trop grand amour pour les reliques, lui fit subir une mutilation bien autrement grave : il coupa l'une de ses plus grosses racines et en fit faire des tabatières qu'il alla lui-même distribuer contre récompense, dans les établissements religieux de l'Italie.

CHOUBRAH

La promenade favorite des élégants du Caire est l'avenue de Choubrah, au nord de la ville, sur la rive orientale du Nil. De vieux sycomores, dont les branches forment à une grande hauteur une voûte impénétrable aux rayons du soleil, bordent cette avenue ; à droite et à gauche sont de magnifiques villas entourées de jardins. Le palais qui s'élève à l'extrémité de cette promenade a été bâti à grands frais pour Mohammed-Ali, par des architectes qui sans doute ont cru se distinguer en créant un genre fantaisiste assez original; mais malheureusement ils n'ont réussi qu'à produire une construction complètement dépourvue de goût et d'ordonnance. Le jardin, sillonné de nombreux ruisseaux, est dessiné à l'arabe en allées droites remarquables par les arbustes précieux et les fleurs qu'on y a réunis. Au centre s'étend un vaste bassin rectangulaire en marbre blanc, entouré d'une balustrade de même marbre et d'une colonnade avec des kiosques qui s'avancent dans l'eau; à chaque angle est un salon meublé de divans fanés. Ces portiques étiolés, ces toits d'angles qui surplombent lourdement le bassin, tout ce luxe criard semble respirer la tristesse et l'abandon. Près du palais s'élève un pavillon qui domine une suite de terrasses couvertes de verdure, et d'où l'on jouit d'une vue magnifique sur le Nil et la campagne.

Le jardin de Choubrah est aujourd'hui réservé; il n'est permis d'y entrer que muni d'une carte délivrée par le maître des cérémonies du khédive, et que l'on obtient sur la présentation d'une lettre que les consuls mettent toujours gracieusement à la disposition de leurs nationaux.

DERVICHES

Une abnégation entière du monde, le mépris des honneurs et des richesses, les mortifications volontaires les plus cruelles, une conviction profonde dans les révélations du mysticisme, déterminèrent quelques croyants à s'isoler du reste de leurs coreligionnaires pour s'adonner aux exercices d'une rigoureuse pénitence. « Anéantis-toi, dit Farid-ed-Din, telle est la perfection. Renonce à toi-même, c'est le gage de ton union avec Dieu. Perds-toi en lui pour découvrir ce mystère; toute autre chose est superflue... » Pénétrés de ces sentiments, ils se reposaient dans les extases de la vie contemplative; leur esprit était concentré sur un point unique : l'amour mystique; quelquefois ils arrivaient à un tel degré d'inspiration que, dans leur exaltation insensée, ils croyaient de bonne foi avoir des communications secrètes avec la Divinité. Souvent, au plus fort de leur délire, ils étaient en proie à des agitations nerveuses dans le genre des fameux convulsionnaires de Saint-Médard ; d'autres fois ils tombaient dans un état de catalepsie qui se prolongeait pendant plusieurs jours, en donnant au corps toute la rigidité de la mort. Telles étaient, à l'origine, les qualités qui distinguaient ces pieux anachorètes, les premiers qui portèrent le nom de *derviches*.

Aujourd'hui, les derviches sont constitués en communautés; le sentiment religieux s'est considérablement affaibli, et le côté extérieur seul a été conservé. La vie monacale, telle qu'elle se présente dans l'islam, est tout à fait différente de celle que nous rencontrons en Europe. Si l'Orient musulman connaît les ordres monastiques, il ne connaît le cloître que comme une institution chrétienne. Le Prophète proscrivit les couvents. « Quant à la vie monacale, dit-il (LVII, 27), ce sont eux (les chrétiens) qui l'ont inventée. » Mais tel est l'attrait d'une existence contemplative, surtout en Orient, que les croyants tournèrent la difficulté en s'appuyant sur cette autre sentence : « La pauvreté fait ma gloire. » La charité et la munificence publiques amenèrent la création des *tekkieh* ou couvents, qui ne furent primitivement rien autre et ne sont encore en partie que des couvents pour les pauvres. Le tekkieh se compose presque toujours d'un grand corps de bâtiment de forme rectangulaire enserrant une cour ou un jardin. Un large escalier y conduit de la rue et aboutit à une colonnade qui se profile le long des trois faces internes. Au centre de la cour est un vaste bassin à ablutions entouré de quelques plantes d'ornement et ombragé par quelques palmiers ou des acacias-lebek. Au fond, la partie laissée libre par le bâtiment contient une salle de prière. Le corps du logis est occupé par un nombre facultatif de cellules ou riwaks ayant chacune leur petite fenêtre et leur porte ouvrant sur le promenoir commun. L'une d'elles, plus grande que les autres, sert de logement au cheikh chargé de la direction de l'établissement. Du côté de la rue, le bas de l'édifice, à droite et à gauche de l'entrée qui donne accès à l'escalier, est occupé par d'étroits réduits utilisés comme ateliers ou boutiques. La façade, d'un caractère sévère, présente un large mur dont la monotonie n'est rompue que par de petites fenêtres percées de place en place et éclairant faiblement l'intérieur.

Le couvent ne condamne pas le derviche à l'isolement ou au célibat; il lui permet de passer la nuit dans sa demeure s'il en a une, bien qu'il soit d'usage que le derviche vienne de temps en temps se reposer sous le même toit que ses frères. Le tekkieh ou *chan'-gâh* est donc pour lui un lieu de réunion où il se livre à ses exercices de dévotion, à ses coutumes ou à ses danses religieuses (*zikr*), à ses macérations, à ses prières. Semblables aux apôtres de l'Église primitive, les derviches ne reculent devant aucune profession manuelle; ils s'en font même une gloire. Un seul de leurs nombreux ordres tolère chez ses adeptes la mendicité : tous les autres derviches gagnent leur vie en exerçant divers métiers; ils ne cherchent pas la richesse, mais ils condamnent l'oisiveté et évitent par là des vices dont, selon le plus vrai des proverbes, elle est la mère. Admirateurs convaincus des fondateurs de leurs sectes respectives, ils ont généralement adopté, non-seulement les professions qui faisaient vivre ces fondateurs ou qu'ils tenaient en plus haute considération, mais encore leurs noms, et c'est là une analogie de plus avec les ordres religieux catholiques. Les uns sont pêcheurs, les autres tailleurs, fabricants de tentes, de selles, de babouches; les métiers les plus paisibles sont ceux qu'ils préfèrent, et leur honnêteté et l'austérité de leur vie leur ont acquis, à peu d'exceptions près, l'estime générale.

Les principaux ordres de derviches sont :

1° Les *Rifaïeh*, fondés par Saïd-Ahmed-Rifaï; ils possèdent un couvent près de la mosquée du sultan Hassan; leurs drapeaux et leurs turbans sont noirs. Ces derviches forment plusieurs sectes, dont les plus répandues sont les *Aoulad-Houân* ou *Houanîeh*, et les *Saadîeh*. Les premiers se font remarquer dans les fêtes publiques en affectant un mépris profond pour les souffrances corporelles : ils se percent les chairs avec des pointes de fer, prennent à pleine main des tisons enflammés, broient du verre entre leurs dents, etc. Les autres ont des drapeaux verts; ils sont charmeurs de serpents et se font passer sur le corps aux cérémonies du *dôseh*.

2° Les *Kadirîeh*, fondés par Saïd-Abd-el-Kader-el-Gilâny; ils portent des drapeaux et des turbans blancs. La plupart d'entre eux exercent la profession de pêcheurs et promènent dans les processions des filets de différentes couleurs, des lignes et autres attributs de leur métier.

3° Les *Ahmedieh*, fondés par Saïd-Ahmed-el-Bedaoui; leurs drapeaux et leurs turbans sont rouges. Des sectes nombreuses se rattachent à cet ordre; celles qui comptent le plus de partisans sont les *Chinnaouïeh*, qui jouent le principal rôle au tombeau de Saïd-Ahmed pendant les fêtes de Tantah, et les *Aoulad-Nou*, composés généralement de jeunes gens qui portent comme signes distinctifs de hauts bonnets pointus, et sur la poitrine de nombreux colliers composés de perles en verre et de petites balles passées dans un fil.

L'initiation à un ordre quelconque de derviches est des plus simples; les cérémonies ne sont point entourées de mystères; aucun vœu n'est prononcé : le postulant se présente chez le cheikh de l'ordre qu'il a choisi, et, après s'être purifié par les ablutions d'usage, récite une prière après laquelle il exprime son repentir sincère des péchés qu'il a commis, et la résolution qu'il prend de se corriger; puis il jure de rester fidèle à l'ordre dans lequel il désire entrer; il récite ensuite à trois reprises la profession de foi : *La ilaha ila Allah...* et baise les mains du cheikh.

DERVICHES TOURNEURS

Le derviches *maoulouieh*, appelés communément « tourneurs », ont leur couvent dans le quartier de Helmieh, au bas de la place Mohammed-Ali. Cet ordre fut fondé au treizième siècle par le *moaoullah* (mollah) ou maître Djellal-ed-Din-Roûmi, né à Balkh en Perse, l'an 604 de l'hégire (1209). Leurs *zikrs* publics ont lieu tous les vendredis, le mois de ramadân excepté, vers une heure et demie de l'après-midi ; la cérémonie a lieu dans une salle carrée au centre de laquelle est un parquet circulaire délimité par une balustrade en bois d'où s'élèvent des colonnettes qui supportent une galerie dont une partie, destinée aux femmes, est revêtue d'un treillage en bois ; l'autre est réservée aux fidèles et aux musiciens qui accompagnent de leurs instruments les exercices religieux. Les derviches entrent lentement les uns après les autres, et prennent place dans l'enceinte, le visage tourné vers la *qiblah*, devant laquelle se tient le cheikh assis sur un tapis. Ils sont coiffés d'un bonnet en feutre gris ayant la forme d'un cône tronqué ; ils portent une veste étroite et très courte sous laquelle est une longue robe blanche serrée à la taille et terminée par un bourrelet de sable qui sert à régulariser leurs mouvements giratoires; leurs épaules sont couvertes d'un manteau léger de couleur foncée; le chef ne se distingue des autres religieux que par un turban noir enroulé autour de son bonnet. Le cheikh commence, presque à voix basse, une invocation à laquelle un imâm répond du haut de la tribune par une prière en langue persane; puis on entend un solo de flûte dont les modulations ressemblent à un chant plaintif d'une grande douceur, ensuite les *târ* et les *darabouk* annoncent à grand bruit que la danse va commencer.

Les derviches, qui étaient restés jusqu'à ce moment accroupis dans l'attitude du plus profond recueillement, se lèvent et défilent lentement en suivant le contour de l'enceinte, les bras croisés sur la poitrine; chaque fois qu'ils passent devant la qiblah le premier se retourne et fait un profond salut à celui qui le suit. La musique continue toujours, mais sur un rhythme plus accentué, et la voix se mêle aux instruments. A un moment donné le cheikh s'arrête, les derviches jettent leurs manteaux, se saluent de nouveau, et se mettent à tourner doucement, silencieusement sur eux-mêmes, les uns les bras croisés dans l'attitude respectueuse qu'ils ont gardée depuis leur entrée, les autres les bras étendus, la paume de la main droite dirigée vers le ciel, l'autre vers la terre; ils ont les yeux fermés, la tête penchée sur l'épaule, leur physionomie annonce qu'ils sont abîmés dans les profondeurs d'une extase immense d'où leur âme s'est élancée jusque vers les célestes régions. Le mouvement de la musique est de plus en plus pressé, la valse mystique devient plus rapide; le poids des bourrelets de sable qui retient les robes leur fait décrire des ellipses qui se croisent sans jamais se toucher; on entend seulement le frottement des pieds nus sur le parquet. Le cheikh immobile, debout devant la qiblah, les mains cachées dans les amples manches de son manteau, veille sur les exercices sacrés; parfois il passe et repasse gravement au milieu du tourbillon vivant, puis revient à sa place courbé sous le poids du mystère qui s'accomplit sous ses yeux. Au bout d'un quart d'heure la musique se ralentit peu à peu, les tambourins cessent, la flûte continue seule ses accents langoureux, les derviches s'arrêtent quelques secondes et recommencent la danse religieuse avec la même ardeur, le même enthousiasme, sans paraître éprouver la moindre fatigue.

La valse dure ainsi une heure, à peine interrompue trois ou quatre fois. A la fin, les derviches reprennent leurs manteaux et s'accroupissent en formant un demi-cercle le long de la balustrade circulaire qui sépare le sanctuaire du reste de la salle où les profanes sont admis. L'imâm récite une prière du haut de la tribune, un de ses acolytes continue par une sorte de litanie terminée par : Gloire à Dieu ! A ces mots les derviches se prosternent la face contre terre, et en se relevant poussent un *Hou* prolongé (*Lui*, Dieu) et se retirent.

DERVICHES HURLEURS

Le monastère des derviches *hurleurs* est situé au boulevard Qasr-el-Ali, sur la route du Vieux-Caire, près de l'école de médecine. Les zikrs ont lieu à la même heure que ceux des derviches tourneurs à Helmieh. Le couvent est au fond d'une petite rue qui aboutit au Nil, en face de l'île de Raoudah.

La salle des cérémonies est carrée, et surmontée d'une coupole percée de petites fenêtres. Aux murs sont suspendus des piques, des hallebardes, des poignards, des haches, des instruments de torture dont la vue n'est point faite pour rassurer les timides; on se croirait transporté dans un tribunal de l'Inquisition; près de la qiblah sont accrochés de petits tableaux représentant quelque sentences pieuses et divers ornements dont l'image est plus rassurante; à gauche est déployé un étendard vert bordé d'une bande rouge. Les derviches, assis en rond sur une natte, commencent par faire une invocation sur un rhythme lent qu'ils accélèrent peu à peu; de temps en temps cette prière est entrecoupée par des exclamations vives où le nom de Dieu est plusieurs fois répété (*Hou!*). A mesure que le mouvement devient plus pressé, l'intonation s'accentue de plus en plus en passant par tous les registres de la voix humaine. Cette introduction terminée, un mouballegh récite à voix haute une prière, tandis qu'une flûte douce l'accompagne en sourdine de ses modulations plaintives. Pendant la prière, la première partie des zikrs commence, d'abord insensiblement pour arriver graduellement au plus haut période d'une exaltation frénétique. Les derviches tournent la tête à droite et à gauche, puis balancent le corps en avant et en arrière en prononçant à chaque mouvement le nom d'Allah et en répétant à de courts intervalles l'exclamation *Hou!*...

C'est surtout pendant la seconde partie des exercices que les derviches justifient leur appellation de « hurleurs ». Debout, la tête nue, leurs longs cheveux flottant sur les épaules, les yeux fixés vers le ciel, ils prononcent d'une voix trainante la profession de foi : *La ilaha ila Allah...* L'imâm, coiffé d'un turban vert, se place au milieu du cercle et règle la cérémonie; tous les moines s'inclinent jusqu'à terre et se relèvent en poussant un *Hou!* articulé de telle façon qu'involontairement on lève les yeux sur la panoplie, et qu'on se demande si le moment est venu où l'on va décrocher les terribles instruments. La seule flûte qui s'était fait entendre jusqu'ici est renforcée par d'autres flûtes, des *târ* et des tambourins. Les balancements du corps, en avant et en arrière, s'accentuent de plus en plus, l'orchestre précipite la mesure, les cris redoublent avec une furie sauvage. Le cheikh, toujours au milieu du cercle, choisit parmi ceux qui l'entourent un derviche pour le remplacer et commander le mouvement, jusqu'à ce que celui-ci, épuisé de fatigue, cède sa place à un autre. Les cris n'ont plus rien d'humain, les tambourins et les *târ* sont battus à tour de bras, un vacarme effroyable accompagne les contorsions du zikr, l'exaltation est au comble; tous ces religieux, pris de vertige, ressemblent à des machines mises en mouvement, qui ne s'arrêteront qu'à extinction de force motrice. Souvent la cérémonie est variée par les exercices de quelques derviches tourneurs qui exécutent leur danse d'une façon plus gracieuse.

Les moines, à bout de forces, s'arrêtent; le mouballegh récite une prière que la flûte accompagne, et un autre exercice commence. Celui-ci est moins pénible que le précédent : les pieds restent fixes, le corps se balance à droite et à gauche, et chaque mouvement, qui devient de plus en plus rapide, est accompagné du nom d'Allah articulé d'une voix rauque et presque incompréhensible. Enfin un *Hou!* final, suivi d'une courte prière, annonce que la cérémonie est terminée. Les derviches se retirent alors dans leurs cellules, où, après avoir pris préalablement le café en commun, ils font leur *kef* en sybarites; certaines de ces chambrettes sont lambrissées à l'intérieur de porcelaines qui ne les rendent que plus fraîches. Ces religieux passent leur vie fort doucement, et l'oisiveté dans laquelle ils sont continuellement les conduit insensiblement à l'hébétement le plus complet.

Pendant les grandes crues du Nil, la salle ordinaire des cérémonies est quelquefois inondée; les zikrs se font alors dans une autre salle qui donne sur le fleuve, et où se trouve la tombe d'un cheikh au-dessus de laquelle est suspendue une lanterne qui mérite d'être examinée dans tous ses détails. La monture, en argent massif, est ciselée avec une rare perfection et ornée d'émaux bleus et verts; les vitres sont incrustées de filets d'or encadrant des inscriptions en langue persane. Ce précieux chef-d'œuvre, le plus beau de ce genre que nous connaissions au Caire, porte la date de 658 de l'hégire.

CONCORDANCE DES CALENDRIERS ARABE, COPTE ET GRÉGORIEN

MOIS ARABES				MOIS COPTES			
oharrem	30 j.	Regeb	30 j.	Thout	30 j.	Baram'hât'	30 j.
afar	29	Chaabân	29	Babah	30	Baramoudah	30
aby-el-Aouel	30	Ramadân	30	Hatour	30	Bachan's	30
aby-el-Akhar	29	Chaoual	29	Kyak	30	Baounah	30
amady-el-Aouel	30	Zoul-Qadeh	30	Toubah	30	Abib	30
amady-el-Akhar	29	Zoul-Haggeh	29-30	Amchir	30	Misrah	30

5 ou 6 jours complémentaires (*naci*).

1er Moharrem	1300	Correspond au	12	Novembre	1882	et au	4 Hatour	1599
—	1301	»	2	»	1883	—	23 Babah	1600
—	1302	»	21	Octobre	1884	—	12 »	1601
—	1303	»	10	»	1885	—	1 »	1602
—	1304	»	30	Septembre	1886	—	21 Thout	1603
—	1305	»	19	»	1887	—	9 »	1604
—	1306	»	7	»	1888	—	3 (*naci*)	1604
—	1307	»	28	Août	1889	—	23 Misrah	1605
—	1308	»	17	»	1890	—	12 »	1606
—	1309	»	7	»	1891	—	2 »	1607
—	1310	»	26	Juillet	1892	—	20 Abib	1608
—	1311	»	15	»	1893	—	9 »	1609
1er Thout	1599	Correspond au	25	Chaoual	1299	et au	10 Septembre	1882
—	1600	»	9	Zoul-Qadeh	1300	—	11 »	1883
—	1601	»	19	»	1301	—	10 »	1884
—	1602	»	30	»	1302	—	10 »	1885
—	1603	»	11	Zoul-Haggeh	1303	—	10 »	1886
—	1604	»	22	»	1304	—	11 »	1887
—	1605	»	4	Moharrem	1306	—	10 »	1888
—	1606	»	14	»	1307	—	10 »	1889
—	1607	»	25	»	1308	—	10 »	1890
—	1608	»	6	Safar	1309	—	11 »	1891
—	1609	»	17	»	1310	—	10 »	1892
—	1610	»	28	»	1311	—	10 »	1893

FÊTES PUBLIQUES

Les fêtes publiques sont divisées en trois classes : 1° nationales, 2° coptes, 3° musulmanes. Les premières sont célébrées d'après l'année solaire, composée de douze mois de trente jours; à la fin de chaque année on ajoute cinq jours, ou six, si c'est une année bissextile. L'ère des Coptes, ou de Dioclétien, commence en 284 après Jésus-Christ (ère des Martyrs). Le premier jour de l'année copte coïncide avec le 10 ou le 11 septembre de l'année grégorienne. Les fêtes coptes sont réglées d'après le calendrier julien. Les fêtes musulmanes suivent l'année lunaire de 354 jours, qui commence en 622 de Jésus-Christ (ère de l'hégire).

FÊTES NATIONALES ÉGYPTIENNES

Les fêtes nationales sont observées par toutes les religions; on en distingue de deux sortes : celles qui se rapportent aux saisons, et qui pour la plupart existaient déjà au temps des Pharaons, et celles qui sont instituées en l'honneur de quelque saint égyptien, musulman ou copte.

§ 1 — LE CHAM-EL-NESSIM, la fête du Printemps, dont l'appellation arabe signifie littéralement « respirer le zéphyr », est célébré le lundi de la Pâque des Coptes. Ce jour-là, il est d'usage d'aller à la campagne respirer l'air pur et en faire une « provision pour toute l'année ». L'institution de cette fête, la plus populaire de toutes, remonte à une époque très ancienne, et depuis son origine elle a été scrupuleusement observée par tous les peuples qui ont habité l'Égypte. Aujourd'hui encore, c'est manquer à tous les usages consacrés par les siècles que de rester chez soi pendant le Cham-el-Nessim. Les jardins de Matarieh, de Choubrah, de Raoudah, de Gésireh, sont littéralement envahis par des groupes de promeneurs qui viennent déjeuner sous les frais ombrages des orangers, des acacias et des sycomores. Les gens superstitieux, et surtout les femmes, ont la précaution, avant de quitter leur maison, de suspendre à la porte un oignon écrasé pour conjurer les maléfices.

Le lendemain du Cham-el-Nessim commence la période appelée *kham'sin'* (khamasin), qui a donné son nom au vent brûlant du désert (le rihh-es-semoum), dont on est exposé à ressentir les effets pendant cinquante jours (v. p. 10). Les oulémas observent le Cham-el-Nessim les deux premiers jours qui suivent l'équinoxe du printemps, c'est-à-dire au *Norouz-el-soultâni,* ou première fête de la nouvelle année royale adoptée par le calendrier persan.

LEILET-EL-NOQTAH, la « nuit de la goutte ». — Suivant une ancienne croyance de la mythologie égyptienne, on croyait qu'une goutte d'eau miraculeuse (une larme d'Isis) tombait chaque année sur le Nil à un moment précis calculé par les astrologues. Cette goutte céleste fécondait le Nil et produisait l'inondation annuelle.

La fête a lieu pendant la nuit qui précède le 11 du mois copte baounah (17 juin); elle est très peu observée aujourd'hui. Au petit village d'Embâbeh, situé sur la rive gauche du Nil, elle est l'objet de grandes réjouissances parce qu'elle tombe en même temps que le moûlid du cheikh *El-Embâby,* qui est en grande vénération dans le village dont il porte le nom.

YOUM OUAFAAH-EL-NIL, ou *Mousim'-el-Khalig,* jour de la coupure du canal (khalig) qui traverse le Caire du sud-ouest au nord-est. — Le temps fixé pour couper la digue qui retient les eaux du Nil dépend naturellement de la hauteur du fleuve; c'est généralement entre le 6 ou le 16 août que la cérémonie a lieu dans la matinée, en présence du khédive, escorté de sa maison civile et militaire. Pendant la nuit qui précède, une foule considérable se réunit au Vieux-Caire sur les bords du khalig, en face de l'île de Raoudah, pour assister à un bruyant feu d'artifice qui annonce la fête du lendemain.

Vers huit heures du matin, sur un signe du khédive, la digue est rompue; mais avant de donner le premier coup de pioche, on lance dans le fleuve un bloc d'argile représentant plus ou moins une forme humaine, et appelé *aroùset'-el-Nil* (la fiancée du Nil). La tradition rapporte qu'autrefois on avait coutume de sacrifier au fleuve-dieu une jeune vierge que l'on jetait vivante au milieu des eaux afin que l'inondation fût favorable. C'est pour rappeler cet usage barbare, qui aurait été, dit-on, aboli par Amr', que l'on fait aujourd'hui le simulacre de l'aroùset'-el-Nil.

Pendant que le fleuve se précipite par la tranchée, au bruit des acclamations de la foule et de la flottille de barques qui couvrent les eaux, c'est alors un spectacle curieux de voir les hommes et les enfants se plonger dans le courant, comme si des propriétés particulièrement bienfaisantes étaient attachées au bain de ce jour-là; les détonations de l'artillerie rangée sur les rives du canal retentissent, et le canon de la Citadelle annonce à toute la ville que la crue du Nil, parvenue à sa hauteur habituelle, fait présager une heureuse récolte. Chaque année la digue du khalig est coupée alternativement par les Musulmans, les Coptes et les Juifs.

§ 2 — MOULID SAÏD-AHMED-EL-BÉDAOUI. — Cette fête a lieu trois fois par an (janvier, avril, août) à Tantah, en l'honneur de *Saïd-Ahmed-el-Bédaoui*, saint musulman né à Fez en 596 de l'hégire (1200). En revenant de la Mekke, il s'établit avec sa famille à Tantah où il mourut. La tradition rapporte que la mosquée qui renferme son tombeau a été bâtie sur l'emplacement d'une ancienne église qui elle-même était élevée sur les ruines d'un temple égyptien.

A la même époque que le *moûlid* (anniversaire), a lieu la foire qui réunit, surtout celle du mois d'août, plus de deux cent mille personnes campées sous des tentes au pied de la ville.

Après chacune des foires de Tantah, on célèbre à Dessouq le moûlid du cheikh *Ibrahim-el-Dessouqi*, et à Damanhour celui d'*Abou-Rich-el-Damanhouri*, fondateur de l'ordre des derviches Bourhamieh ou Ibrahimieh, mort en 676 de l'hégire (1277).

Moulid-el-Bayoumi. — Saïd-Ali-el-Bayoûmi est le fondateur de l'ordre des derviches Bayoumieh (branche des Ahmedieh), une des corporations religieuses les plus considérables en Égypte. Le moûlid est célébré à l'époque du haut Nil, c'est-à-dire dans la première moitié du mois d'octobre, sur la route de l'Abbassieh, un peu plus haut que Bab-el-Houssenieh.

Moulid el-Afifi. — Immédiatement après la fête de Saïd-el-Bayoûmi, vient celle d'El-Afifi qui a lieu dans le désert, à l'est de la nécropole des sultans Mamelouks où se trouve le tombeau d'El-Afifi, fondateur d'une secte de derviches qui porte ce nom. Cette fête est le rendez-vous d'un grand nombre de fellahs et de bédouins dont les tentes dressées au milieu des sables dans le voisinage des tombeaux, non loin des rochers abrupts du Moqattam, sont d'un effet pittoresque surtout la nuit.

MOULID EL-SETTE-DIMIANAH. — Sette-Dimiânah est une des plus grandes saintes de l'Église copte. Une fête instituée en son honneur est célébrée le 12 bachans (19 mai) dans le couvent qui lui est dédié au nord-est du Delta. On s'y rend de Mansourah en prenant une barque jusqu'à Kilouah; le reste du trajet se fait à cheval ou à âne.

Le couvent relève du diocèse de l'évêque copte de Jérusalem. Il contient une chambre mystérieuse qui a la propriété, durant le moûlid, de révéler certaines apparitions qui ont une grande influence sur l'esprit du peuple. De nombreux miracles sont attribués à la sainte, entre autres celui de guérir les possédés. Le pèlerinage au couvent de Sette-Dimiânah n'a pas un caractère exclusivement religieux, les affaires commerciales n'y sont pas oubliées : le moûlid et la foire ont lieu simultanément pendant huit jours. Un autre pèlerinage beaucoup moins important a lieu le 12 toubah (19 janvier).

FÊTES COPTES

Dans toutes les grandes fêtes religieuses, coptes ou musulmanes, il est d'usage de se revêtir de nouveaux habits, de distribuer d'abondantes aumônes aux malheureux et des cadeaux aux domestiques, et de faire des visites aux cimetières. En Égypte, les grandes fêtes religieuses sont universelles, on ne saurait les comprendre autrement; le riche et l'indigent ont un droit égal aux réjouissances publiques, et chacun y prend sa part; celui-ci, à l'approche de certaines solennités, est assuré de ne point être oublié, il touche sa part du « droit des pauvres » pour ainsi dire, mais ce droit des pauvres n'est pas comme chez nous réglé par la loi, il a existé de tout temps sur les bords du Nil, sans contrainte, avec cet esprit de charité naturelle devenue proverbiale qui a toujours distingué le caractère égyptien. Les aumônes ne consistent pas toujours en pièces de monnaie ou en vêtements : on distribue aussi des quartiers de mouton tout pantelants aux familles nécessiteuses; souvent même, dans la cour des riches, sont dressées des tables continuellement garnies, à la disposition des malheureux.

AID-EL-MILAD (fête de la Nativité). — La fête de

Noël des Coptes est célébrée en grande pompe, le 29 kiak (6 ou 7 janvier); elle offre le même caractère que chez les catholiques.

Aïd-el-Ghétas (fête de l'Immersion) rappelle le baptême de Jésus-Christ, le 11 toubah (18 ou 19 janvier). La veille de cette fête, appelée *Leïlet-el-Ghétâs*, était autrefois l'objet de grandes cérémonies : les Coptes se réunissaient en foule sur les bords du Nil; un prêtre répandait de l'eau bénite sur le fleuve, et aussitôt les fidèles s'y plongeaient pour se purifier.

Aïd-el-Bécharah (fête de l'Annonciation), le 29 baram'hât (6 avril).

Aïd-el-Chaanin (fête des Palmes), le dimanche des Rameaux, huit jours avant Pâques. La cathédrale copte, près du boulevard Clot-Bey, est intéressante à visiter ce jour-là. Pendant l'office, les fidèles s'occupent à tresser des branches de palmier et en forment de curieux dessins.

Aïd-el-Qiamah (fête de la Résurrection), appelée aussi *Aïd-el-Kibir*, la grande fête; jour de Pâques (el-Fess'hh). L'office a lieu dans la nuit du samedi au dimanche.

Aïd-es-So'eoud (l'Ascension).

Aïd-el-Ansarah (la Pentecôte).

Ajoutons à ces fêtes plusieurs autres moins importantes, parmi lesquelles on distingue : *el-Aïd el-Salib*, la fête de la Croix, le 17 tout (26 ou 27 septembre); *el-Khamis-Mouqaddas*, le Jeudi-Saint, et *el-Aïd el-Rossoul,* la fête des Apôtres, le 5 abib (11 juillet).

Les Coptes observent de nombreux jeûnes; leur Carême ou grand jeûne, *siam-el-kibir,* qui précède la Pâque, dure quarante jours, quelquefois cinquante-cinq dans certains diocèses; il est interrompu seulement par les fêtes qui tombent dans cet intervalle. Les autres jeûnes sont le *siam-el-Milâd,* pendant les vingt-huit jours qui précèdent Noël; le *siam-el-Ghétas,* appelé communément Baramoun, qui dure de un à trois jours; le *siam-el-Rossoul,* depuis l'Ascension au 5 abib; le *siam-el-Azrah,* quinze jours avant l'Assomption. Tous les mercredis et les vendredis, excepté pendant la période du khamsin', c'est-à-dire de Pâques à la Pentecôte, sont aussi des jours de jeûne. Le jeûne des Coptes consiste à ne se nourrir que de café, de pain et de légumes préparés à l'huile.

FÊTES MUSULMANES

LEILET-EL-ACHOURA, nuit du 9 au 10 moharrem. — Cérémonie instituée par les Persans de la secte des *chi'yah,* pour rappeler la mort de Houssein, fils d'Ali et petit-fils du Prophète, tué par Yazid au combat de Kerbelah, en 61 de l'hégire (682).

Deux heures après la prière de l'aéchah, c'est-à-dire une heure et demie après le coucher du soleil, les Persans réunis dans la cour d'un okel appelée Hoch-Otaïeh, au quartier de Gamelieh, défilent en procession devant la mosquée Hassaneïn, où est conservée la tête de Houssein, traversent une partie de la rue Neuve du Mousky, et s'arrêtent au Hamzaouy, dans une maison préparée pour la circonstance.

En tête du cortège, uniquement composé de musulmans de la secte des Chi'yah, marche un groupe de Persans vêtus de riches costumes, escortés de quelques hommes portant des bannières et des falots; puis vient un cheval blanc, tout harnaché de blanc, sur lequel se tient un jeune garçon armé d'une épée nue. La tête de l'enfant et les harnais de sa monture sont maculés de sang. Un autre cheval bai ou brun, richement caparaçonné, mais sans cavalier, suit immédiatement le premier. Le cheval blanc représente celui de Houssein; il est accompagné de quelques derviches qui se lamentent en donnant toutes les marques de la plus violente douleur. Ces derviches sont suivis de quelques groupes de fanatiques vêtus d'une robe blanche ou simplement d'un caleçon; les uns tiennent un sabre recourbé dont le tranchant est tourné vers leur face; la peau de leur tête est tailladée, le sang ruisselle, la figure est comme voilée par un masque de sang figé; les autres se font des blessures à l'aide d'objets tranchants qu'ils s'enfoncent dans la chair, se frappent la poitrine avec leur main ouverte, ou se flagellent avec des fouets en métal, quelquefois garnis de pointes de fer, suivant la ferveur des patients. Ces gens-là représentent les parents et les amis de Houssein qui succombèrent en combattant à ses côtés. A chaque instant le nom de Houssein et celui de son frère Hassan, empoisonné à Médine, retentissent avec des cris déchirants. Le cortége arrive ainsi à la maison du Hamzâoui et pénètre dans la cour, où attendent plusieurs personnes en faisant des lectures qui rappellent le drame sanglant de Kerbelah. Ici les scènes de barbarie se renouvellent. A un signal donné le silence se rétablit, et le récit de la mort du fils d'Ali est fait par un maoulah d'une voix haute et pathétique. Les assistants, profondément impressionnés, font entendre des sanglots; on voit des larmes couler sur presque tous les visages; par moments, les lamentations deviennent tellement aiguës et violentes, que l'on est obligé de suspendre la cérémonie. Pour terminer cet émouvant spectacle, on amène deux moutons dont l'un représente Yazid; aussitôt l'indignation se peint sur toutes les physionomies, la fureur du peuple ne connaît plus de bornes, et la foule se rue sur le meurtrier de Houssein que l'on massacre à coups de poignard.

Les *Sounnieh,* ou musulmans orthodoxes, n'approuvent pas cette fête barbare, et ne reconnaissent aucune cérémonie fanatique de ce genre, qu'ils regardent comme étant contraire aux principes religieux.

Youm-el-Achoura, c'est-à-dire le dixième jour de

moharrem, est observé avec un respect tout particulier. Les musulmans des deux sexes se réunissent en foule à la mosquée Hassanein pour y faire des prières en l'honneur des fils d'Ali et principalement de Houssein, dont on célèbre l'anniversaire. Les dix premiers jours du mois ont été employés à se préparer à cette solennité en faisant des aumônes. C'est aussi le moment où les mères de famille, qui toutes en général ont grande confiance aux talismans, achètent des amulettes pour les suspendre au cou ou au bras de leurs enfants.

Nazlet-el-Hagg, ou retour du pèlerinage de la Mekke et de la tente sacrée appelée *Mahmal*. — Cette fête a lieu habituellement vers la fin de safar ou dans les premiers jours de raby-el-aouel. Les pèlerins se réunissent dans les plaines de l'Abbassieh, et se rendent à la Citadelle en traversant la ville du nord au sud, avec le même cérémonial que le jour du départ de la caravane. (Voyez *Mahmal*, p. 344.)

Moulid-en'-Nebi. — Doseh, anniversaire de la naissance du Prophète. — Cette fête a été instituée par le sultan Mourad ebn-Selim, en 1584; elle a lieu actuellement à l'Abbassieh, et commence le 4 raby-el-aouel. Le 11 du même mois, à une heure de l'après-midi, une foule considérable de curieux se pressent pour assister à la cérémonie du *Doseh* : le cheikh des derviches Saadieh passe à cheval sur le corps de deux ou trois cents fanatiques étendus sur le sol, en présence des différentes corporations religieuses ; c'est un spectacle dont on ne peut se faire une idée qu'en le voyant de ses propres yeux. A l'issue de cette scène barbare, les derviches Saadieh, qui sont les psylles modernes de l'Égypte, se retirent dans une tente voisine de celle du Cheikh-el-Bekri, et se livrent à toutes sortes de jongleries avec des serpents. Le *Doseh,* ainsi que les excentricités qui sont les principaux traits caractéristiques du *moûlid-en'-Nebi,* sont blâmés par tous les musulmans de bon sens et condamnés par les oulémas. La cérémonie du Doseh, qui avait lieu sur l'avenue de Boulaq, a été supprimée par ordre du Khédive en 1881.

La nuit du 11 au 12 appelée *Leilet el-Moubârek,* nuit bénie, est pleine d'attraits surtout pour les étrangers. Une superficie d'environ quarante hectares, près de la porte Houssenieh, est couverte de tentes magnifiques dont plusieurs sont doublées en soie et meublées ; quelques-unes sont réservées aux zikrs ; les autres sont à la disposition des visiteurs, connus ou inconnus, qui viennent s'y reposer un instant, et auxquels on offre gracieusement le café et la cigarette.

MOULID-EL-HASSANEIN, anniversaire des deux Hassan (Hassan et Houssein), fils d'Ali et petit-fils du Prophète. — Au point de vue religieux, cette fête a presque autant d'importance que le moûlid-en-Nebi ; elle dure quinze jours, du 8 au 22 raby-el-akhar. A la même époque a lieu le moûlid du sultan *El-Saleh* (Negm-ed-Din-Ayoub, 648-1250). Pendant la durée de ces deux fêtes, les rues qui avoisinent le bazar du Khân-Khalil sont illuminées toute la nuit.

Moulid-el-Rifaï. — Saïd-Ahmed-el-Rifaï, neveu d'Abd-el-Qader-el-Gilâni, est un des plus grands saints de l'Islam et le fondateur de l'ordre des derviches auquel il a donné son nom. Il mourut à Baghdad en 578 de l'hégire (1182). La mosquée qui lui est dédiée est actuellement en construction en face de la mosquée du sultan Hassan, près de la Citadelle.

Le Moûlid-el-Rifaï est célébré entre le 14 et le 26 gamady-el-akhar; c'est la fête la plus remarquable de toutes celles du calendrier musulman, par les scènes de barbarie qui en sont le caractère distinctif. L'interminable procession des *Rifaïeh* traverse la ville en passant sous la porte de Zoueyleh (vers onze heures du matin), et de là se dirige vers la nécropole de l'imàn Chafeï en passant devant la mosquée Hassan et par la porte de Qarâfeh, en dehors de laquelle sont dressées de nombreuses tentes, entre la Citadelle et le tombeau de l'Imàm.

Les derviches Rifaïeh se distinguent par leurs bannières et leurs turbans noirs. Le cortège est divisé par groupes précédés de lourds étendards sous lesquels se pressent des chanteurs de profession de foi et des musiciens. La foule des fanatiques est considérable : les uns, demi-nus, ont les chairs transpercées de broches de fer, ou se labourent la poitrine avec des poignards; les autres déchirent avec leurs dents des serpents tout en vie, mâchent du verre et des charbons ardents; d'autres encore jonglent avec des outils tranchants et se meurtrissent avec des martinets formés de chaînes de cuivre garnies de pointes aiguës; dans certains groupes, pour donner plus de relief à l'action, des jeunes gens portent sur la poitrine une sorte de candélabre accroché dans le vif, et des enfants ont les joues et les bras traversés de petites aiguillettes de fer ornées de fleurs aux extrémités. De loin en loin, des derviches armés de sabres poussent des exclamations d'une voix qui n'a rien d'humain, et font le simulacre de s'ouvrir le ventre et de se trancher la tête; parvenus au paroxysme de l'exaltation, ils se jettent à terre sur le dos, placent leurs sabres en travers sur la poitrine, le tranchant appliqué sur la peau, et, dans cette douloureuse position, un cheikh soutenu par ses acolytes marche d'un pied ferme sur le dos des sabres. Arrivé sur le lieu de la fête, le cortége se disperse, les derviches entrent dans les tentes, où ils se livrent à la danse des zikrs et à d'autres exercices à grand effet.

Les personnes qui n'ont jamais assisté au Moûlid-el-Rifaï taxeront d'exagéré le récit que nous venons d'en faire, et cependant nous sommes encore au-dessous de la vérité. Plusieurs fois nous avons vu de ces malheureux, en proie à un fanatisme aveugle que rien ne justifie, tomber en chemin sous la violence de leurs propres coups. On se demande pourquoi une pareille cérémonie est encore de nos jours tolérée au Caire. Il est parfois très délicat en Orient de toucher aux usages consacrés par le temps ; peu à peu ces usages barbares disparaîtront d'eux-mêmes ; déjà dans la classe du peuple on est beaucoup revenu de ces sortes de sauvageries, et il est à remarquer que ce sont toujours les étrangers, venus de la Perse ou de l'Arabie, qui sont les premiers à se livrer aux scènes barbares dont nous avons parlé.

Moulid Sayida-Nefisah. — A la fin du mois de gamady-el-akhar a lieu le moûlid de Sette-Nefisah, arrière-petite fille de Houssein, fils d'Ali. La fête est célébrée près de la mosquée de la sainte, au sud-est de la ville. Le dernier vendredi du mois est particulièrement consacré aux prières et aux réjouissances publiques.

Moulid Sayida-Zeynab. — Sayida-Zeynab était fille d'Ali et de Fatmah, et par conséquent petite-fille du Prophète. La fête instituée en son honneur commence dans les premiers jours de regeb ; le jour principal est le mercredi le plus rapproché du 15 du mois sacré.

Leilet-el-Meirag ou *Leïlet-el-Isrâ*. — Fête qui rappelle la visite miraculeuse du Prophète dans le ciel, à la suite de son voyage nocturne de la Mekke à Jérusalem. Cette grande solennité, à laquelle prennent part tous les musulmans, a lieu dans la nuit du 26 au 27 regeb, sur la place d'Abdin'. Les prières et les zikrs commencent à neuf heures. Après minuit, un cheikh entouré des docteurs de la loi, récite un passage des livres saints qui a trait au miracle.

Le moûlid *Abou-Saleh-el-Tachtouchi* coincide avec le Leilet-el-Meïrag. La fête a lieu près du tombeau du saint dans le voisinage de Bab-ech-Charieh, au nord du Caire.

Leilet'-Nousf-min'-Chaaban', nuit du milieu de Chaabân'. — Suivant une ancienne croyance, il existe dans un coin du paradis un arbre appelé *chagaret'-el-mountaha*, sur les feuilles duquel est inscrit le nom de chaque croyant. Dans la nuit du 14 au 15 du mois de chaabân', cet arbre éprouve de violentes secousses, à la suite desquelles une partie de son feuillage tombe à terre; chaque feuille ainsi détachée représente une personne destinée à mourir la nuit suivante. Des prières spéciales sont faites pour conjurer le Ciel, et depuis le coucher du soleil les mosquées sont envahies par la foule. Les minarets sont illuminés jusqu'au lendemain matin.

Moulid Imam'-Chafeï. — Vers le milieu de chaabân', un vendredi.

Moulid Soultan'-Hanéfi. — Dans les derniers jours du même mois.

Ramadan'. — Le jeûne du mois de ramadân' est rigoureusement observé par tout bon musulman, qui doit s'abstenir de boire, de manger, de fumer, depuis le lever jusqu'au coucher du soleil, pendant les trente jours du mois. Le jeûne commence aussitôt que la nouvelle lune a été aperçue, dans la nuit de l'*Observation* (Leïlet'-el-Rou'yeh), par deux personnes au moins qui vont en faire la déclaration au cadi.

Celui-ci ordonne aussitôt que le Ramadân' soit publiquement annoncé ; des groupes se forment et parcourent les rues de la ville en criant *siâm, siâm* (jeûne).

Les nuits du Ramadân' sont très animées ; tous les minarets resplendissent de lumière jusqu'à leur dernière galerie. Vu du haut des terrasses, le Caire présente un aspect féerique ; à travers les milliers de feux qui brillent dans l'espace aussi loin que l'œil peut s'étendre, on distingue, comme des ombres indécises, les minarets dont les proportions paraissent considérablement grandies, et qui semblent percer la voûte d'azur foncé qui les couvre. La ville s'étend comme une immense masse noire sillonnée de lignes embrasées d'où s'échappe une rumeur sourde ; parfois les rues sont encombrées comme en plein jour ; les chants, la musique se mêlent aux cris des marchands ambulants et des éclats de rire qui partent des cafés où les conteurs publics rassemblent de nombreux auditeurs. A diverses reprises le canon se fait entendre pour avertir qu'il est l'heure de prendre quelque nourriture et que l'aurore est proche. Un dernier coup annonce le point du jour ; les étoiles pâlissent, la lune s'en va, le moment du repos est venu, et pour le fidèle la nuit commence avec les premiers rayons du soleil levant, tandis que le mécréant songe à vaquer à ses occupations habituelles.

Le jeûne individuel n'est pas le seul caractère du

Ramadân' : les corporations religieuses, réunies ou chacune en particulier, donnent l'exemple de la prière jointe à la mortification. La cour de la maison du Cheikh-el-Bekri est ouverte à tout venant; des zikrs ont lieu toute la nuit, et les meilleurs *moun'chid* (chanteurs de poëmes lyriques) s'y donnent rendez-vous. Dans les nuits qui précèdent le 13 et le 14 du mois, un service solennel, entre huit et dix heures, est célébré à la Citadelle, dans la mosquée de Mohammed-Ali, en l'honneur du chef de la famille régnante.

La nuit du 26 au 27, *Leilet-el-Qadr* (la nuit du Pouvoir), rappelle l'époque où le Qoran fut envoyé par Dieu dans les régions du ciel inférieur d'où l'ange Gabriel l'inspira au Prophète durant vingt-trois ans. Pendant le Leilet'-el-Qadr les portes du ciel restent ouvertes et les prières sont particulièrement efficaces. Le chapitre 97 du Qoran dit : « En vérité, nous avons envoyé le Qoran dans la nuit d'*el-Qadr*, et quelle chose pourrait te faire comprendre combien cette nuit est excellente!... La nuit d'el-Qadr est meilleure que mille nuits, car les anges sont envoyés par leur Seigneur avec une mission spéciale. C'est la paix jusqu'au lever du matin. » Les cérémonies les plus intéressantes ont lieu pendant cette nuit; les derviches hurleurs et tourneurs et plusieurs autres corporations religieuses se réunissent en cette circonstance. La mosquée est brillamment illuminée; l'effet produit par cette fête est des plus saisissants. Des cérémonies à peu près semblables se font également dans la mosquée Hassanein.

El-Aid-es-Soghaier, la petite Fête; en turc, Ramadân'-Baïram. — Cette fête suit immédiatement le jeûne du Ramadân'; on la célèbre pendant les trois premiers jours de chaoual. C'est l'époque des visites, principalement pour les femmes; les fonctionnaires du gouvernement et les consuls vont présenter leurs hommages au Khédive. La fête populaire a lieu hors de Bab-el-Nasr et de Bab-el-Qarâfeh. On s'aborde par la formule suivante : *Koullou saneh ou inté tayib.* (Que tous les ans — à pareille époque — vous soyez en bonne santé!)

El-Kisoueh. — Le kisoueh est le tapis qui recouvre extérieurement la Kaabah de la Mekke. Il est en cachemire noir richement brodé d'inscriptions en or, et fabriqué chaque année au Caire pour être envoyé à la Mekke. Quelques jours après le petit Baïram, on le transporte en grande pompe de la Citadelle à la mosquée Hassanein, par morceaux séparés placés sur des brancards. Il est ensuite cousu et orné du *hézam* ou large ceinture brodée, puis envoyé à l'Abbassieh, en attendant le départ des pèlerins pour la ville sainte.

El-Mahmal. — La procession du Mahmal a lieu le 22 ou le 23 chaoual; c'est le jour du départ de la grande caravane de la Mekke. Le mahmal est une sorte de châssis carré en bois, dont la partie supérieure, de forme pyramidale, est terminée par une petite coupole en argent doré surmontée d'un croissant de même métal ; ce châssis, placé sur un chameau, est couvert d'une riche étoffe rouge ou verte chargée d'ornements dorés. Le mahmal n'est qu'un signe de ralliement pour les pèlerins ; il représente la litière de *Chagaret'-ed-Dor*, reine d'Égypte (648-1250), lorsqu'elle accomplit le pèlerinage de la Mekke. Le tapis brodé du mahmal ne doit pas être confondu avec celui dix fois plus grand destiné à la Kaabah : le premier est remplacé quand il est fané ou à l'avénement d'un nouveau khédive ; l'autre est renouvelé chaque année et remplace celui envoyé l'année précédente, qui est coupé en morceaux et distribué pour orner des tombeaux particuliers ou pour être conservé comme relique.

La procession du Mahmal part de la place Mohammed-Ali ; le signal est donné par le Khédive lui-même, et répété par le canon de la Citadelle. Un régiment d'infanterie, musique en tête et précédé de quelques officiers à cheval, ouvre la marche à travers une foule immense ; puis viennent les diverses corporations religieuses, avec leurs bannières, leurs chanteurs et leurs musiciens. L'interminable cortége s'avance lentement au milieu des rues étroites de l'ancienne ville, qu'il traverse du sud au nord. La foule déborde de tous côtés ; les fenêtres, les balcons, les terrasses regorgent de curieux. Les groupes de pèlerins, séparés par des soldats à cheval, sont salués au passage par les nombreux *zaghrouta* des femmes cachées derrière les macharabiehs. Ces roulades aiguës de la gorge, que l'on rencontre dans toutes les cérémonies, sont en cette occasion l'expression des souhaits d'un heureux voyage. A mesure que les groupes se succèdent, la scène augmente d'intérêt; ici, des *fiqi* chantent la profession de foi en battant des mains pour marquer la mesure; là, des derviches récitent des versets du Qoran pendant que d'autres exécutent des zikrs dont la cadence est réglée au son des *baza*, sortes de petits tambourins sur lesquels on frappe avec une lanière de cuir. Ce vieux cheikh, bizarrement accoutré, qui disparaît sous les longues oriflammes à inscriptions blanches et rouges, c'est le *cheikh-el-balta*, ainsi nommé à cause d'une petite hache qu'il porte gravement sur l'épaule; il vient de très loin chaque année pour accomplir le saint pèlerinage; c'est un *oualy* très vénéré, un fervent convaincu qui veille spirituellement sur la caravane. Cet autre vieillard à demi nu qui balance son torse sur un chameau en inclinant sa tête nue alourdie par le poids de ses pensées et par le sentiment d'une foi profonde, c'est le *cheikh-el-gamal*, le cheikh du Chameau, qui, lui aussi, accompagne tous les ans le tapis sacré, et dont la présence au milieu des pèlerins inspire une certaine confiance, et redonne du courage à ceux qui faiblissent pendant les fatigues de la marche. Le cheikh-el-gamal suit immédiatement le Mahmal; derrière lui viennent sept ou huit autres cheikhs montés sur des chameaux, frappant sur des timbales à coups redoublés ; quelques-uns portent des chats, des poissons secs accrochés dans des filets, ou tout autre emblème ayant une signification quelconque dans leur corporation.

En sortant du Bab-el-Nasr, la caravane s'arrête à l'Abbassieh, près de la mosquée El-Mohammedieh où sont réunis les nombreux pèlerins qui n'ont pas pris part à la procession du Mahmal. Le surlendemain on emballe soigneusement le tapis (kisoueh) et l'on se met en route pour le *Birket'-el-Hagg* (lac des Pèlerins), un peu au delà de Matarieh, près du village de Kafr-el-Gamous, sur la limite du désert. Ici la caravane, augmentée encore de nouveaux voyageurs, se met définitivement en route pour Suez à travers le désert, et de là se dirige vers la Mekke par le *Ouady-el-Tih*, le défilé d'*Akâba* et le *Ouady-el-Nar*. La plus grande partie des pèlerins effectuent le voyage à pied ; les femmes sont placées dans des palanquins appelés *takhtaraouân'*, portés par deux chameaux, ou dans une litière simple (hodag). A Suez, des bateaux à vapeur sont mis à la disposition des voyageurs qui ne veulent pas suivre la route du désert.

Arrivés au petit village de Rabigh, à peu de distance de la Mekke et à une heure de la mer Rouge, les pèlerins remplissent le premier devoir du voyage, appelé *Ihram* : de grand matin on se fait raser la tête et la barbe, on coupe sa moustache jusqu'à la commissure des lèvres, on s'épile tout le corps, puis, après avoir pris un bain, on se couvre de deux pièces de coton sans couture, dont l'une, nouée autour des reins, descend jusqu'aux pieds. Il n'est dès lors plus permis de tuer aucun animal, ni aucun insecte, ni même de se gratter; on doit penser continuellement à Dieu, se montrer doux, affable, généreux envers ses semblables, et distribuer de l'argent aux pauvres. Pour entrer dans la ville sainte, le pèlerin suit ordinairement une route entre deux montagnes, qui aboutit au *Maala* (cimetière); là il visite le tombeau de *Amnah*, mère du Prophète, situé au fond d'une allée à droite; du côté opposé est celui de *Khodigah*, sa première femme; dix minutes après il pénètre dans la ville, puis arrive à la mosquée de la Kaabah, la seule qui existe à la Mekke, en passant sous le *Bab-es-Selâm* (porte de la Paix).

EL-AID-EL-KIBIR, la grande Fête; en turc *Kourbân'-Baïram*, fête du Sacrifice. — Cette fête a lieu les 10, 11 et 12 zoul-qadeh, et correspond au jour où les pèlerins de la Mekke se rendent sur le mont Arafat et égorgent des moutons. Elle a été instituée pour rappeler le sacrifice d'Abraham. Le Kourbân'-Baïram est le grand jour des réceptions officielles; c'est la plus importante de toutes les fêtes religieuses de l'Islam.

BOULAQ

A l'ouest du Caire s'étend, sur la rive droite du Nil, la petite ville de Boulaq qui fait aujourd'hui presque partie intégrante de la capitale à laquelle elle est reliée, au nord et au sud, par de nombreuses constructions qui tous les jours surgissent du sol; du côté méridional, par des palais, de l'autre par des habitations plus modestes. Sa position exceptionnelle lui permet de communiquer directement avec la Méditerranée par le fleuve, et avec le canal maritime de Suez par le canal Ismaïlieh. C'est le port du Caire qui s'occupe de toute la navigation commerciale du Delta, de même que le port du Vieux-Caire, situé à 5 kil. et demi en amont, traite les affaires de la Haute-Égypte. Boulaq est encore, pour ainsi dire, le faubourg industriel du Caire : à part les nombreuses usines particulières, telles que l'usine à gaz, les moulins français Darblay, etc., sont réunies là plusieurs industries appartenant au gouvernement. On y remarque l'école des Arts et Métiers, dirigée par M. Guigon-Bey (le digne successeur de M. Langlois-Bey), et d'où sortent des ouvriers capables auxquels on confie des travaux de mécanique qu'on ne remettait jadis qu'entre les mains des mécaniciens européens; puis les magnifiques ateliers du chemin de fer, qui ont pris une extension rapide depuis quelque temps. Boulaq possède aussi une grande fabrique de papier et une imprimerie nationale, fondée depuis 1822, dont la section européenne fonctionne sur le même pied que les grands établissements de ce genre en Europe, grâce aux soins actifs de son habile directeur, M. Mourès, le doyen des imprimeurs en Égypte. A côté de ces établissements industriels, il est un monument unique au monde que tous les voyageurs n'oublient jamais de visiter : nous voulons parler du Musée.

MUSÉE DE BOULAQ

Le Musée d'antiquités égyptiennes de Boulaq a été fondé par Mariette-Pacha pour conserver les précieuses collections provenant des fouilles exécutées dans toute l'Égypte, et pour servir à l'étude pratique de l'égyptologie. Mais bien qu'il soit, sous ce point de vue, le plus riche du monde, il est cependant incomplet, et les rives du Nil recèlent encore sous leurs sables plus d'un monument qui devra jeter la lumière sur plusieurs points de l'histoire restés obscurs jusqu'ici.

Mariette-Pacha est mort, brisé par ses travaux, à la fin de l'année 1880, et M. Maspéro, un des maîtres de l'égyptologie, a été appelé pour continuer sa lourde tâche. Cette tâche est rude, en effet, et souvent ingrate; les difficultés à vaincre demandent un courage à toute épreuve, et souvent même anéantissent les forces de l'homme le plus robuste. Parcourir les déserts sous un soleil de plomb, sonder le terrain à chaque pas, attaquer le granit d'une montagne ou s'engager dans les galeries croulantes des temples et des hypogées, déblayer des monuments, fouiller, toujours fouiller ce sable incandescent qui aveugle, avec l'ardeur passionnée du savant qui veut arracher à cette vieille terre des Pharaons quelques lambeaux de son passé, telle est la nature des travaux de l'égyptologue. Déjà des fouilles entreprises par M. Maspéro dans la nécropole de Memphis et à Thèbes ont été couronnées d'un succès éclatant; la découverte de Deir-el-Bahari surtout est venue enrichir l'histoire de documents précieux, et fixer les incertitudes sur quelques points douteux.

Depuis douze ans les Arabes avaient découvert une tombe royale dont ils vendaient le mobilier aux étrangers de passage à Thèbes. La vue des objets rapportés en Europe avait, dès 1879, révélé à M. Maspéro le fait de cette découverte. Dès son premier voyage dans la Haute-Égypte, en mars 1881, il fit surveiller les possesseurs présumés de ce trésor : il fallut deux mois et plus de destitutions, menaces, promesses, pour déterminer l'un d'eux à révéler l'endroit secret. Enfin, en juillet, l'emplacement était connu, et M. Émile Brugsch-Bey, conservateur adjoint, auquel M. Maspéro avait laissé ses pouvoirs, accompagné d'Ali-effendi Kemâl, pénétrait le premier dans la cachette. Des trésors gisaient là entassés pêle-mêle : des boites à statuettes funéraires, des canopes, des vases à libation en bronze jonchaient le sol ; tout au fond on apercevait la tente funèbre de la reine Isimkheb, pliée et chiffonnée comme un objet sansvaleur, qu'un prêtre trop pressé de sortir aurait jeté négligemment dans un coin. « Les cercueils et les momies, entrevus rapidement à la lueur d'une bougie, portaient des noms historiques : Aménophis Ier, Thoutmès II, Ahmès Ier et son fils Siamoun, Soqnouri, la reine Ahhotpou, Ahmès Nofritari ; et d'autres. Dans la chambre du fond, le désordre était au comble ; mais on reconnaissait à première vue la prédominance du style propre à la XXe dynastie. Au lieu de roitelets obscurs, les Arabes avaient déterré un plein hypogée de Pharaons. Et quels Pharaons ! les plus illustres peut-être de l'histoire d'Égypte : Thoutmès III et Séti Ier, Ahmès le libérateur et Ramsès II le conquérant. »

Aujourd'hui tous ces trésors sont venus prendre place au milieu des monuments du Musée de Boulaq.

« Ils sont divisés en deux groupes; le premier comprend une vingtaine de cercueils, refaits ou brisés pour la plupart, où l'on reconnaît du premier coup d'œil le style de la XVIIIe et de la XIXe dynastie. Ceux du second groupe sont uniformes d'aspect, et portent le cachet de la XXe dynastie. » Dans le premier groupe on remarque les monuments suivants :

« N° 1. Cercueil gigantesque formé des épaisseurs d'étoffes superposées et imprégnées de stuc. Il est peint en jaune, et porte en bande verticale le proscynème habituel, en l'honneur de la reine *Nofritari*, femme du roi Ahmès Ier. Hauteur, 3 mèt. 17, sans les plumes que la reine portait sur la tête et qui sont brisées. La perruque, les traits du visage et les colliers sont relevés de bleu.

« N° 12. Cercueil identique à celui de la reine Nofritari, mais au nom de la *royale épouse royale mère Ahhotpou*.

« N° 13. Cercueil de Thoutmès Ier, usurpé par le roi Pinot-em et fortement remanié par lui.

« N° 14. Cercueil à fond blanc, tête peinte en jaune, figure souriante, perruque noire. L'inscription est au nom du roi, *Akhoprinrî Thoutmès Higaïs*, c'est-à-dire de *Thoutmès II*.

« N° 15. Petit coffret en ivoire et en bois, au nom de la reine *Hâtasou*.

« N° 18. Grand cercueil blanc dont les pieds ont été brisés anciennement. Les traits sont relevés de noir, les yeux en émail; sur la poitrine, trois inscriptions

20.

datées, de longueur différente. La momie est enveloppée d'une forte toile jaunâtre et ne porte aucune inscription apparente. Elle a 1 m. 75 de long : c'est le cercueil du roi *Séti Ier*.

« N° 19. Cercueil en bois non peint, en forme d'Osiris. Les yeux sont émaillés, les traits rehaussés de noir ; les mains tiennent chacune un sceptre. Sur le devant, trois inscriptions dont l'une, effacée à l'éponge, a été ensuite surchargée, mais est encore lisible en partie. Sur le sommet de la tête, une inscription hiératique de mauvaise écriture. Sur la poitrine, à l'encre, les cartouches de *Usirmari Sotpenri Ramsion Miriamoun*; Ramsès II ou XII.

« Le style du monument et les détails de l'orthographe, dit M. Maspéro, nous reportent à la XXe dynastie : il était donc naturel de prendre le seul roi de la XXe dynastie qui porte ces cartouches pour Ramsès XII. Toutefois, pour trancher la question d'identité, j'ai cru devoir enlever une partie des bandages de la momie, qui paraissaient mal attachés, et j'ai trouvé le maillot original portant sur la poitrine une inscription hiératique dont la teneur ne laisse subsister aucun doute. C'est bien le corps de *Ramsès II* que nous possédons, et non pas celui de Ramsès XII. Le cercueil dans lequel il était enfermé primitivement avait été détruit par quelque accident, et un roi de la XXe dynastie lui en fit refaire un nouveau; c'est là ce qui explique et l'aspect du monument et l'orthographe des cartouches.

« Les cercueils du second groupe appartiennent au type bien connu de la XX° dynastie : deux caisses et trois gaines à tête humaine, s'emboîtant l'une dans l'autre ; immense perruque noire ou bleue ; tête et mains dorées, ou cuivrées par économie ; innombrables représentations au pinceau, engluées d'un épais vernis jaune et recouvrant toutes les parois. Les couleurs sont d'une vivacité et d'une conservation étonnantes, ainsi que les momies. De prime abord, on peut affirmer que tous les cercueils ont été fabriqués dans un même atelier, presque simultanément.

« Ce fut pour sauver des voleurs les pharaons défunts qu'on se décida à les enfouir. On espérait qu'un puits de onze mètres, suivi d'un corridor étroit de soixante-dix mètres, les protégerait contre les profanations, et l'expérience a prouvé qu'on n'avait pas trop mal calculé, puisque des siècles se sont écoulés depuis le jour où on les déposa, jusqu'à celui où les Arabes de Cheikh-Abd-el-Ghournah découvrirent la cachette. Reste à déterminer la date exacte à laquelle le transfert eut lieu [1]. »

D'après l'inventaire général, les monuments conservés au Musée de Boulaq sont divisés en quatre séries : les monuments religieux, les monuments funéraires, les monuments civils, les monuments historiques.

---

[1] V. *La Trouvaille de Deïr-el-Bahari*. 20 photog. par E. BRUGSCH — Texte par G. MASPÉRO. — Le Caire, F. Mourès et C°, 1882.

Les *monuments religieux* sont ceux qui proviennent des habitations privées, des tombeaux et des temples. Ceux qu'on trouve dans les habitations privées sont extrêmement rares. Ils consistent en statuettes de divinités, qui paraissent avoir servi d'amulettes, et en symboles qui faisaient probablement partie de la parure des femmes. Les Égyptiens n'ont pas eu d'autre culte domestique que celui de leurs ancêtres. Croyant à la bienfaisante influence des âmes admises à jouir des félicités suprêmes, ils gardaient au milieu d'eux les statues de leurs parents, et leur faisaient jouer le rôle des pénates chez les Romains. Les monuments qui, malgré leur présence dans les tombes, restent exclusivement religieux, sont en très petit nombre. Les seuls que l'on puisse citer sont les statuettes divines de toutes matières, qu'on recueille dans la cavité de la poitrine des momies.

Les monuments provenant des temples sont : Les barques sacrées que l'on promenait à certains anniversaires. Chaque temple avait plusieurs de ces barques qui étaient le plus souvent en bois précieux, et parfois même en argent ou en or. Au centre s'élevait une petite chapelle ou *naos* dans laquelle était enfermée une image de divinité qu'on recouvrait d'un voile. A la proue et à la poupe étaient disposés des emblèmes richement travaillés. Dans les processions publiques, le plancher sur lequel reposaient ces barques était porté sur les épaules des prêtres. —

Les *naos* ou châsses contenaient tantôt un animal sacré, tantôt un emblème devant lequel on récitait des prières. Les temples possédaient des naos de toutes dimensions et de toutes matières. Au fond du sanctuaire s'élevait cependant le naos par excellence, qui se distinguait par ses proportions colossales. Les vases d'or et d'argent et autres objets précieux, dont les trésors des temples étaient enrichis, ont dû disparaître les premiers dans le naufrage de la civilisation égyptienne. Aussi en trouve-t-on rarement dans les collections. Le Musée de Boulaq possède cependant cinq magnifiques vases d'argent qui peuvent passer pour de bons spécimens des ustensiles sacrés. — Les tables d'offrandes sont les monuments commémoratifs d'une fondation pieuse, faite par le personnage dont elle porte le nom. Elles relatent le plus souvent, sculptés sur leur face supérieure, les dons que le dédicateur s'engageait à fournir en nature. — La stèle est une dalle rectangulaire, le plus souvent arrondie par en haut. Les Égyptiens l'ont mise en usage pour y graver des inscriptions de tout genre. Le plus souvent la stèle n'est qu'un acte d'invocation à l'une des divinités du temple où elle est placée; d'autres fois elle contient des textes qu'on voulait faire passer aux générations futures, comme par exemple le poëme historico-religieux gravé en l'honneur des victoires de Thoutmès III. — Les statues, grandes et petites, sont répandues par tas irrégulièrement disséminés dans les fondations des temples ou dans le sable qui leur sert de sol ; tantôt elles prennent des proportions plus grandioses, et représentent soit des divinités, soit des rois revêtus des attributs sacrés. Une statue représentant le dieu absolu du temple, abstraction faite du dédicateur, n'existait peut-être pas ; le naos paraît en avoir tenu lieu, et cachait au vulgaire la vue du symbole vivant ou inanimé, qu'on regardait comme le représentant le plus direct de la Divinité.

Monuments funéraires. — Les auteurs de la tradition classique nous ont appris que les Égyptiens faisaient peu de cas des demeures qu'ils habitaient pendant la vie, et qu'au contraire ils entouraient de tous leurs soins les « maisons éternelles » où ils devaient reposer après leur mort. L'étude des monuments est d'accord avec le témoignage des écrivains grecs et latins. Les maisons des villes étaient petites, étroites, bâties en bois ou en briques crues; les tombeaux ont bravé les siècles. Le mobilier funéraire répondait au luxe des tombes : meubles, statues, stèles, amulettes étaient entassés autour du mort. Au contraire, ce que nous connaissons des villes égyptiennes, nous autorise à penser qu'il en était de ces villes comme de toutes les cités modernes de l'Orient, où la vie en plein air dispense la grande masse des habitants de cette recherche de luxe qui est un des besoins de notre civilisation. Mettre les morts à l'abri de toute atteinte de l'inondation, a été le principe qui a toujours guidé les Égyptiens dans le choix de l'emplacement réservé aux nécropoles. Les tombes ne forment jamais un tout bien coordonné, et l'on ne peut pas dire qu'elles aient été invariablement construites sur un type uniforme; cependant, à quelque époque qu'il appartienne, un monument funéraire complet est divisé en trois parties : la *chapelle extérieure*, le *puits*, les *caveaux* taillés dans le roc.

La chapelle extérieure se composait d'une ou de plusieurs chambres accessibles en tout temps; les parents s'y réunissaient pour honorer le mort; des cérémonies funèbres y étaient accomplies. Suivant le rang et la richesse du défunt, un luxe plus ou moins grand présidait à l'arrangement des chambres dont ces chapelles étaient composées ; c'est là que se trouvaient les stèles funéraires, les tables d'offrandes, les statues de particuliers, au milieu des bas-reliefs et des inscriptions dont les murs étaient ornés. Un puits vertical descendait de la chapelle à la chambre mortuaire où reposait la momie, avec laquelle étaient les rituels, les scarabées, les figurines, les amulettes, les statuettes funéraires, les canopes, les vases, les armes, les meubles. Après la cérémonie, le puits était comblé avec des éclats de pierre mêlés de sable et de terre, le tout formant avec l'eau qu'on y jetait, une sorte de ciment compacte qu'on ne parvient aujourd'hui à percer qu'avec les plus grands efforts.

Monuments civils. — Les recherches dans les

buttes qui marquent le site des villes antiques n'ont presque rien produit. Si cependant quelques vitrines du musée de Boulaq offrent à la curiosité du visiteur un certain nombre d'objets qui témoignent de la civilisation sous les anciens Égyptiens, ces objets proviennent des tombes. Telle est la belle collection des statues de l'ancien empire; tels sont les vases, les armes, les meubles, les outils et tous les objets de la vie privée, qu'on recueille surtout dans les tombes contemporaines des Entef (onzième dynastie) et des Ptolémées.

Monuments historiques. — Aucun peuple n'a eu plus de souci de la postérité, aucun peuple n'a plus travaillé pour transmettre à l'avenir d'ineffaçables traces de son passé, que le peuple égyptien. Les temples ne sont pas seulement des édifices religieux; les tableaux de batailles, les poëmes composés en l'honneur de certains héros, les récits de campagnes y prennent place, et deviennent ainsi des monuments que l'histoire réclame. Dans les tombes elles-mêmes, à côté des formules d'invocation aux divinités funèbres, apparaissent tout à coup des récits plus ou moins longs, où le mort prend la parole et fait son autobiographie. Les obélisques, les colosses, les stèles monumentales, des parois entières de certains temples sont des monuments historiques. Les plus nombreux, sinon les plus précieux pour la science, sont les statues de rois trouvées dans les temples. Il est naturel de penser que ces rois les y consacraient eux-mêmes, pour embellir le lieu saint et s'attirer ainsi la protection des dieux.

Le musée de Boulaq rivalise avec tous les autres musées d'Europe pour les monuments royaux de grandes dimensions. Il possède en effet ces stèles de reines et ces beaux sarcophages de granit des princes de l'Ancien-Empire; il peut surtout montrer, comme un admirable spécimen de l'art à ces époques si prodigieusement reculées, la statue de Khéphren (Khafra, fondateur de la seconde pyramide de Giseh), chef-d'œuvre qu'aucun autre temps n'a surpassé et qui compte près de six mille ans d'existence.

Les Hyksos eux-mêmes se révèlent pour la première fois au Musée, par des monuments qui nous font connaître la race et la civilisation de ces Asiatiques. De la dix-huitième dynastie, se montrent les sphinx et les bustes de Thoutmès III. Au même roi appartient aussi la stèle déjà célèbre sur laquelle est gravé tout un chant poétique, composé en l'honneur des victoires de ce conquérant. Parmi les autres monuments nous citerons :

La statue de la reine Améniritis, en albâtre. Cette reine a joué un rôle important dans les affaires de l'Égypte au temps de l'occupation éthiopienne (XXV° dynastie).

La statue de la déesse Thouëris; elle a la tête et le corps de l'hippopotame, les pattes et les griffes de la lionne. D'après un renseignement fourni par Plutarque, Thouëris aurait été la concubine de Typhon.

Le groupe de la déesse Hathor (représentée sous sa forme de vache), d'Osiris et d'Isis; ces trois statues ont été trouvées à Saqqarah.

Un personnage en bois, appelé communément le *Cheikh-el-Beled*, représenté debout tenant en main le bâton du commandement; ce monument appartient à l'Ancien-Empire. La tête est d'une expression saisissante; les yeux sont en quartz blanc opaque; au centre, un morceau de cristal sert de prunelle.

Une collection de bijoux trouvés avec la momie de la reine Aah-hotep : des bracelets d'or et de perles, un diadème, des colliers, des anneaux, des chaînes d'or, des poignards, des hachettes, une petite barque en or avec son équipage, etc.

La *Table de Saqqarah*, gravée sur les deux faces.

Cinq stèles en granit, provenant de Nápata (Gebel-Barkal).

Deux magnifiques statues trouvées à Meïdoum ; l'une représente le prince Ra-hotep, l'autre une femme nommée Nefer-t (IIIe dynastie); et, de la même époque, une peinture à la gouache représentant des oies paissant.

Deux colosses de Ramsès II, l'un debout, ayant 3^m,30 de hauteur; l'autre assis, de 2^m,60.

La pierre de *Sân*; calcaire de 2^m,22 de haut, contenant un décret en trois langues : hiéroglyphique, grecque et démotique.

La statue d'Alexandrie; monument égyptien de l'époque grecque, en basalte noir.

La statue d'Aménophis IV, en calcaire.

Les têtes des statues royales de Menephtah et de Tahtah, etc.

A côté de tous ces monuments, il faut placer les scarabées, quelques armes portant des cartouches, des vases ornés de noms royaux, des stèles relatant, à propos de la mort d'un personnage, la date d'un règne. Les bijoux dont le roi Amosis couvrit la momie de la reine Aah-hotep sont le type de ces monuments qui, originairement funéraires, deviennent des monuments historiques.

MOSQUÉE SINANIEH.

La mosquée *Sinanieh,* appelée aussi la grande mosquée de Boulaq, a été fondée par Sinân-Pacha, gouverneur de l'Égypte et vizir de Sélim ebn-Soleyman' (Sélim II), empereur de Constantinople. La « grande mosquée » est loin de justifier son titre. L'extérieur est d'aspect fort simple, presque misérable. Une petite porte donne accès à une cour déserte, mal pavée, au fond et à droite de laquelle s'ouvre une salle unique, dont le sol est couvert de nattes et de tapis ; c'est le sanctuaire de la mosquée. Les murs se développent d'abord sur un carré d'environ quinze mètres de côté, puis, à une certaine élévation, présentent seize faces dont huit percées de vitraux circulaires en couleur. La partie supérieure est bordée d'une rangée de petites fenêtres ogivales multicolores, au-dessus desquelles s'arrondit une coupole écrasée dépourvue d'ornement.

La *qiblah*, entièrement revêtue de plaques de marbre, est flanquée de deux colonnes octogones. Au-dessus des lambris qui tapissent l'intérieur, sont de jolis entrelacs qui ressortent en lignes blanches sur un fond noir et rouge; la partie cintrée est toute formée de lignes brisées alternativement noires et blanches. Le *membar* n'offre rien de particulier; les quelques détails que l'on pourrait peut-être remarquer dans ses sculptures ont disparu sous l'empâtement des couches de peinture que l'on y applique religieusement chaque année à l'approche de la fête patronale. Le *dikka*, adossé au mur, est soutenu par deux consoles en bois; il est exactement dans les mêmes conditions artistiques que le membar auquel il fait face.

MOSQUÉE ABOU-L-AELAH.

Presque à l'extrémité de l'avenue qui commence à l'ouest du jardin de l'Esbèkieh et va rejoindre le Nil à Boulaq, on remarque à gauche une petite mosquée très intéressante, étouffée au milieu des maisons qui l'avoisinent. Une élégante coupole à demi cachée par un joli minaret composé d'une seule galerie; une porte tréflée, décorée d'inscriptions et d'arabesques en couleur qui ressortent sur un champ d'azur; une grande vérandah moderne en bois découpé qui abrite le parvis du lieu saint, telles sont les marques extérieures auxquelles on reconnait d'abord la mosquée *Abou-l-Aelah* (ou Abou-l-Olah).

Le système des voûtes de l'intérieur est l'arc à angle aigu reposant sur des colonnes cylindriques ou octogones en marbre blanc, qui proviennent, comme celles des autres monuments religieux du Caire, d'anciens édifices pharaoniques. Les arceaux sont reliés entre eux par des tirants en bois; autrefois ils étaient rehaussés d'une archivolte gravée en stuc, aujourd'hui disparue et remplacée par des peintures à l'ocre rouge. Le plafond est percé d'un *malqaf*, sorte de grand ventilateur destiné à établir un courant d'air avec la cour du fond.

La *qiblah* se dessine entre deux frêles colonnettes octogones, et à travers une double rangée de lampes suspendues à des chainettes de fer. Au-dessus des dessins rectilignes qui décorent le fond de la qiblah, sont trois petites niches tréflées dans lesquelles est inscrit le nom du Prophète. Le *membar* est digne d'attention : les deux côtés sont sillonnés en tous sens par des entrelacs incrustés d'ivoire d'un travail admirable. La corniche de la porte et le dais qui couronne la chaire ont été postérieurement ajoutés par une main ignorante; les stalactites qu'on a voulu imiter sont détestables. Dans le mur, à gauche du sanctuaire, une petite porte du même genre que les faces latérales du membar communique avec la salle du tombeau.

L'entrée de cette salle, un peu avant d'arriver au sanctuaire, est d'une beauté singulièrement remarquable; toute la boiserie a été rapportée de l'Inde. L'intérieur est décoré avec une certaine recherche; les murs sont revêtus de panneaux en bois, dont la corniche supporte de nombreux ex-voto encadrés de baguettes dorées; la clôture du tombeau est exécutée dans le même goût que la porte d'entrée dont nous venons de parler. C'est dans cette salle, éclairée seulement par un demi-jour et dans laquelle ne pénètrent pas facilement les mécréants, que repose, sous un dôme magnifique dans tous ses détails, le saint en l'honneur duquel la mosquée a été érigée.

GÉZIREH.

Le palais de *Gézireh* est situé dans l'île qui fait face à Boulaq; on s'y rend par le pont de Qasr-el-Nil en suivant une belle route ombragée de grands acacias-lebbek, bordée à droite par le Nil, à gauche par des pépinières et des jardins contenant de nombreuses espèces d'arbres et de plantes exotiques.

Le palais s'élève sur la rive même du fleuve; ce monument, de construction récente, est bâti dans le style arabe d'un bel effet et échappe au mauvais goût que l'on rencontre dans presque tous les autres palais modernes. L'intérieur, surtout la salle de bal, est d'une richesse de décoration surprenante; on y montre les luxueux appartements qui furent occupés par l'impératrice Eugénie lors de son voyage en Égypte, à l'époque de l'inauguration du canal de Suez. Près du palais est un kiosque magnifique qui mérite d'être visité à cause de ses formes élégantes. Le jardin est de toute beauté; les arbres fruitiers de l'Inde y sont cultivés en abondance; les fleurs et les plantes les plus rares s'étalent sous les yeux des visiteurs à travers les volières, les grottes, les cascades, les rivières, les allées qui bordent les pelouses plantées d'arbres appartenant aux régions tropicales, et les bassins dont quelques-uns sont ombragés de bambous gigantesques qui développent leurs tiges à une hauteur considérable. La ménagerie, qui était une des plus belles curiosités du jardin, n'existe plus aujourd'hui.

A l'ouest du palais de Gézireh est un vaste *aquarium* au milieu d'un jardin qui malheureusement dépérit de jour en jour faute d'entretien; l'aquarium lui-même est presque abandonné; les bassins sont taris depuis longtemps, et il ne sert plus guère aujourd'hui que de lieu de repos ou de rendez-vous aux habitants du Caire qui viennent se promener sous les frais ombrages de l'avenue circulaire de Gézireh.

EMBABEH.

Le village d'*Embâbeh* s'étend en face de Boulaq, sur la rive gauche du Nil, au milieu d'une belle plaine de verdure resserrée en cet endroit entre le fleuve et le désert libyque. Ce village n'a absolument d'intéressant que les faits historiques dont son nom rappelle le souvenir. C'est au sud-ouest d'Embâbeh que se déroula, le 21 juillet 1798, le drame sanglant qui porta le premier coup à cette milice ardente des Mamelouks, et qui ouvrit à Bonaparte les portes du Caire. Il ne sera peut-être pas inutile de rappeler ici le récit de la bataille des Pyramides, sur le terrain même où l'action s'est passée.

Le 21 (7 Safer 1213), dès une heure du matin, les Français quittèrent Oum-Dinar. A l'aurore, l'armée qui marchait depuis quinze jours vers le Caire, découvrit enfin au delà du Nil qui coulait à sa gauche, les nombreux minarets de cette immense capitale, et à sa droite, les Pyramides de Giseh qui se dressaient majestueusement sur les confins du désert, et que doraient les rayons empourprés du soleil levant. A la vue de ces constructions étonnantes, les soldats s'arrêtèrent comme saisis de curiosité et d'admiration ; l'armée tout entière battit des mains, le visage de Bonaparte lui-même rayonnait d'enthousiasme. Toujours prompt à s'emparer des émotions qu'il voyait naître, il se mit à galoper devant les rangs de ses troupes déjà électrisées par l'appréhension d'une bataille prochaine, et leur montrant les gigantesques monuments des anciens pharaons : « *Soldats, leur dit-il, songez que du haut de ces Pyramides, quarante siècles vous contemplent!...* »

Après une courte halte on s'avança d'un pas plus rapide, car on voyait à chaque instant grandir les Pyramides et les édifices du Caire se multiplier. On ne s'arrêta plus que vers dix heures quand on aperçut le village d'Embâbeh et, en avant de ce village, la longue ligne d'or et d'acier que présentait l'ennemi rangé en bataille. Mourad et Ibrahim, chefs des Mamelouks, qui s'attendaient à être attaqués sur les deux rives du Nil, avaient divisé leurs forces en deux armées que reliait entre elles une nombreuse flottille. A droite du fleuve, Ibrahim avec deux mille Mamelouks, et le pacha turc, Saïd-Abou-Bekr, avec douze à quinze mille janissaires ou spahis, s'étaient chargés de couvrir les remparts du Caire, ou plutôt se tenaient prêts à en sortir avec leurs femmes, leurs esclaves, leurs trésors, en cas d'insuccès, pour se réfugier en Syrie. Sur la rive gauche, Mourad plus belliqueux, plus brave que son collègue, mieux décidé surtout se défendre, occupait avec quarante mille hommes la plaine qui s'étend entre le Nil et les Pyramides.

Au premier moment, Bonaparte jugea ces dispositions formidables; mais il changea d'opinion dès qu'on put reconnaître le camp retranché des ennemis. Il partagea son armée en cinq divisions disposées en carrés. Les divisions commandées par les généraux Desaix et Reynier formaient la droite vers le désert; la division Dugua, le centre; les divisions Menou et Bon, la gauche le long du Nil. Chaque carré présentait six rangs de profondeur; l'artillerie était placée aux angles, les généraux et les bagages au milieu. Au signal donné, Desaix se met le premier en mouvement; après lui vient le carré de Reynier, puis le carré de Dugua, au centre duquel se tient Bonaparte; en même temps les deux autres se mettent en marche pour contourner Embabeh, hors de la portée du canon. Mais Mourad, qui voit toutes les colonnes s'ébranler, se porte rapidement en avant avec les deux tiers de sa nombreuse cavalerie, laisse le reste pour soutenir le camp retranché et encourager l'infanterie, et vient fondre comme un ouragan sur les deux carrés de droite. C'est un spectacle effrayant que celui d'une charge de sept à huit mille de ces terribles guerriers : les chevaux blanchissant sous l'écume, excités par leurs cavaliers le sabre au poing, l'œil injecté de sang, font retentir l'air de leur respiration bruyante; hommes et chevaux disparaissent dans un immense tourbillon de poussière; des cris rauques, articulés avec une énergie sauvage, jettent partout l'épouvante et l'effroi; le torrent animé roule avec l'impétuosité de la foudre, et menace de tout renverser sur son passage.

La masse des Mamelouks vint se heurter au carré Desaix et échoua contre la fermeté de l'infanterie. Ces cavaliers si brillants, si intrépides, n'avaient aucune notion des manœuvres européennes, et ne savaient charger qu'en désordre. Les fantassins français les attendent de pied ferme, les accueillent par d'affreuses décharges de mousqueterie et par d'horribles volées de mitraille. Les Mamelouks ainsi reçus partout, tombent percés de mille blessures au pied des carrés, forteresses vivantes et enflammées, hérissées d'infranchissables murailles de fer. Les Mamelouks tournant bride, se rejettent sur la division Reynier. Accueillis avec la même impassibilité, avec le même feu, ils veulent, par un mouvement naturel, retourner vers le point d'où ils sont partis; mais ils trouvent sur leurs derrières la division Dugua que Bonaparte a portée vers le Nil, et les voici en complète déroute. Cependant Mourad, couvert de sang, étourdi de voir la victoire lui échapper, rallie ses troupes, et bientôt la mêlée devient générale; déjà plus de sept mille cadavres mamelouks jonchent le sol, et Mourad, enfin convaincu de l'inutilité de ses efforts, s'enfuit vers la Haute-Égypte. De leur côté, Ibrahim et Saïd-Abou-Bekr, voyant les Français maîtres du champ de bataille, firent mettre le feu à la flottille égyptienne, et disparurent à travers les plaines du désert qui sépare la Syrie de l'Égypte.

Le 24, dans l'après-midi, Bonaparte fit son entrée solennelle au Caire. Un grand nombre d'habitants déjà revenus de leur première frayeur, tant la modération des Français ressemblait peu à l'altière et tyrannique conduite des Mamelouks, se portèrent à la rencontre du cortége. Chacun voulait contempler le vainqueur des beys, le chef de ces étrangers audacieux dont la renommée célébrait si haut les exploits. Accoutumée à voir ses anciens maîtres passer toujours sombres, toujours menaçants, cette foule, composée d'individus de toutes classes, restait comme ébahie quand elle voyait Bonaparte et les autres généraux s'avancer lentement au milieu d'elle et lui sourire avec bienveillance. Mais ce qui surtout la stupéfiait, ce qui bouleversait toutes les idées qu'elle s'était faites relativement aux Français, c'était que des hommes pour qui elle avait rêvé des costumes si splendides, des équipements si coûteux, des physionomies si farouches, pussent se montrer si braves sous des vêtements si mesquins, accomplir de si grands exploits avec des armes si simples et se battre comme des lions avec tant de douceur empreinte sur leur visage.

Bonaparte alla loger dans le palais d'Elfy-Bey, situé sur la place de l'Esbékieh et dont le jardin confinait à la campagne. Ce palais se trouve aujourd'hui près de la porte ouest du jardin de l'Esbékieh, à l'angle de l'avenue de Boulaq.

LE BARRAGE DU NIL.

Avant la découverte des sas et des écluses de diverses formes employées pour maîtriser les eaux ou en régler à volonté les niveaux et les écoulements, les canaux de dérivation du Nil ne pouvaient procurer qu'une faible partie des avantages que les progrès de la science hydraulique permettent maintenant d'obtenir.

En raison de l'encaissement du Nil et des canaux, on est forcé d'employer plusieurs milliers de bœufs dans chaque province pour élever les eaux du fleuve sur les terres voisines. Les coupures, les dérivations faites sur tout le parcours du Nil appauvrissent le fleuve; la navigation n'a lieu, pendant six mois, que pour les barques d'un faible tonnage, et le halage est presque impossible. Les bras du Nil, près de leur embouchure à Rosette et à Damiette, n'ayant qu'un faible volume, les eaux de la Méditerranée remontent le fleuve dans les gros temps, inondent les lacs et rendent le littoral malsain, stérile et presque inhabitable. Pour parer à ces inconvénients, des barrages furent projetés. Ces barrages devaient satisfaire à trois conditions principales : empêcher l'invasion des eaux salées dans les lacs du littoral; perfectionner la navigation des branches du Nil et la rendre permanente, régulière, facile pour les plus gros navires ; enfin conduire les eaux sur tout le territoire de la Basse-Égypte, moins élevé que le niveau des grandes inondations, et doubler ainsi les terrains cultivés.

Un premier plan fut proposé : on établissait sur chaque branche, depuis l'embouchure jusqu'aux environs du Caire, quatre barrages éclusés, avec double sas pour le passage des navires de diverses grandeurs, plus des bassins et des écluses de chasse latérales à portes tournantes. Le premier barrage retiendrait les eaux de la mer, donnerait un tirant d'eau suffisant au Nil pour le passage des grands navires, et permettrait l'arrosage des campagnes voisines. Chaque barrage créant une chute, on l'emploierait à faire mouvoir des machines destinées à dessécher les lacs et à les rendre à l'agriculture.

M. Linant de Bellefonds, depuis Linant-Pacha, proposa un projet dans lequel il choisissait le point de bifurcation des deux branches du Nil comme le plus convenable pour retenir les eaux et les faire déverser sur le Delta et sur les terres qui l'entourent. Les travaux se composaient de deux ponts-barrages avec écluses et vannes, deux déversoirs avec portes pour rejeter le superflu des eaux, deux canaux de navigation avec sas et trois canaux d'irrigation ; un pour le Delta, un pour la province de Béhérah, l'autre pour la province de Charqieh. Les barrages seraient établis sur deux espaces de terrain compris entre les courbes des branches du Nil ; les travaux seraient exécutés à sec, et après leur achèvement, on ferait pénétrer les eaux dans ces lits artificiels.

Le pont-barrage de la branche de Rosette devait avoir vingt-quatre arches de dix mètres de largeur, plus une arche de trente-quatre mètres, au milieu, restant continuellement ouverte pour donner un écoulement à la masse des eaux; son déversoir aurait vingt-neuf arches de dix mètres. La branche de Damiette aurait un pont-barrage avec seize arches de dix mètres, plus une arche au milieu pour l'écoulement des eaux; son déversoir aurait vingt-cinq arches de dix mètres. Dans les hautes eaux, les barrages devaient rester ouverts, à l'exception des écluses qui fermaient les canaux d'irrigation. Dans les plus basses eaux, les ouvertures des ponts-barrages et de leurs déversoirs devaient rester fermées, à l'exception des deux grandes arches et des écluses d'irrigation.

Un autre projet fut présenté par M. Mougel-Bey; il ne différait point en principe du précédent, mais seulement dans le mode d'exécution : M. Mougel plaçait son barrage directement sur les deux branches mêmes du Nil, de chaque côté de l'île de Chalaqân, près de la pointe méridionale de cette île. Son projet fut adopté, et en 1847 Mohammed-Ali posa la première pierre de cet ouvrage gigantesque. Les travaux coûtèrent des sommes considérables; malheureusement ils n'ont pu être conduits à terme : la guerre et les préoccupations politiques ont empêché qu'ils soient achevés. Ce double pont immense, dont on aperçoit de loin les tours carrées qui flanquent ses extrémités, est aujourd'hui abandonné, et l'on est surpris qu'après avoir fait tant de sacrifices, on ne prenne pas des mesures pour terminer ce prodigieux travail, l'une des plus hardies conceptions du génie humain. Cependant ses résultats seraient immenses : non-seulement les provinces du Delta seraient arrosées, mais encore les provinces extérieures et une partie des sables qui les entourent ; il dispenserait de l'usage de vingt mille *saqieh*, qui demandent chacune le travail constant d'un homme et d'un bœuf, et rendrait à la navigation les canaux constamment remplis d'eau.

Les ingénieurs de l'expédition française paraissent être les premiers qui aient conçu l'idée grandiose de construire des barrages pour arrêter les eaux du Nil. Napoléon avait dit, dans des notes rapidement écrites d'après les impressions que lui avait laissées son passage en Égypte : « Un travail que l'on entreprendra un jour sera d'établir des digues à la pointe du Delta pour barrer les branches de Rosette et de Damiette, ce qui, moyennant des bâtardeaux, permettra de laisser passer successivement et à volonté toutes les eaux du Nil, et dès lors de doubler l'inondation. »

On se rend ordinairement au *Barrage* en louant une barque à Boulaq. Les autres voies sont le chemin de fer jusqu'à Qalioub (le reste du trajet se fait à pied ou à âne à travers la campagne) ; ou bien encore le chemin de fer de la Haute-Égypte, de Boulaq-el-Dakrour à la station d'El-Menacheh (rive gauche).

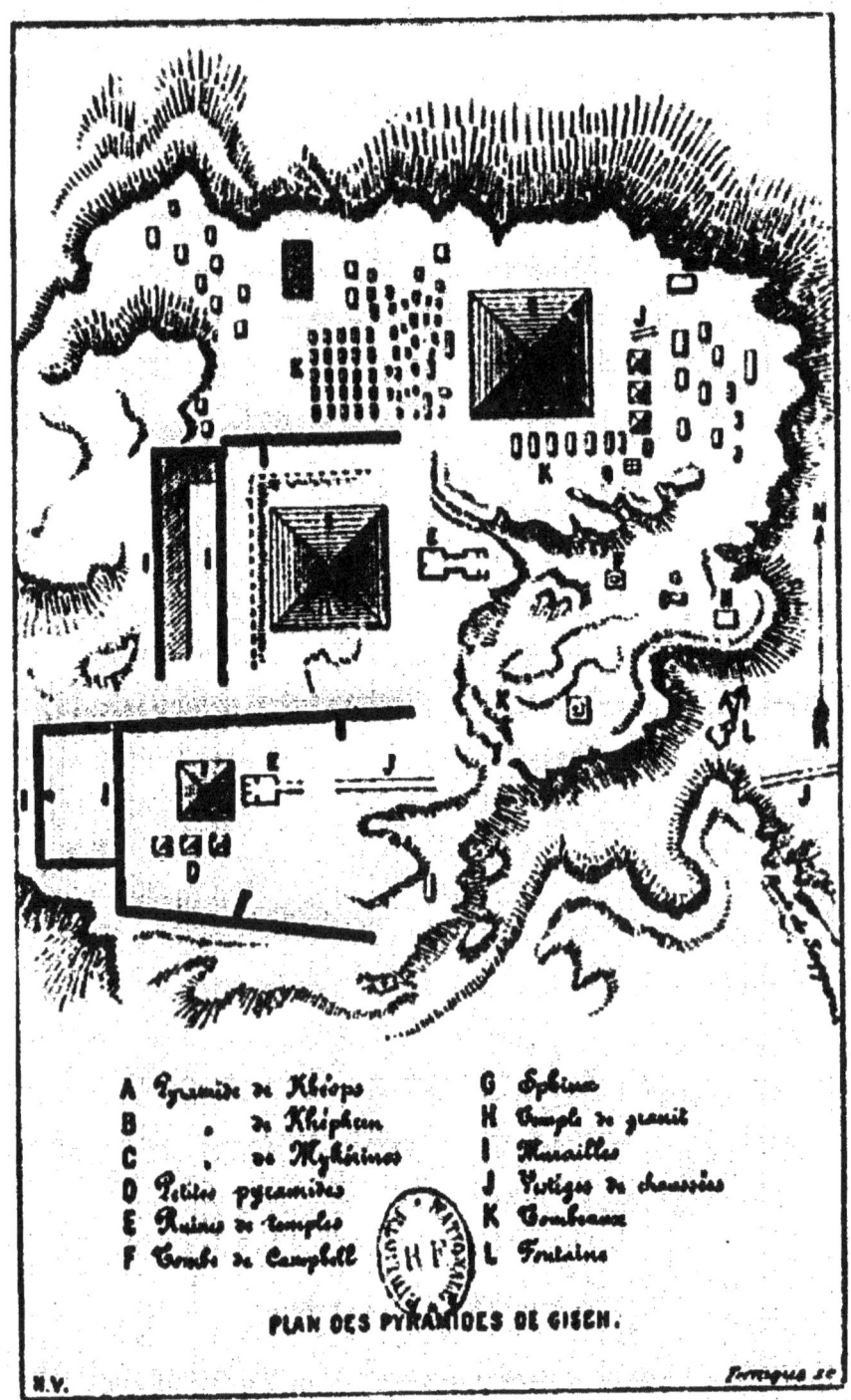

LES PYRAMIDES

Les Pyramides sont à environ douze kilomètres de la place de l'Esbékieh et à huit kilomètres et demi du Nil. On s'y rend en traversant le nouveau quartier *Ismaïlieh* et en franchissant le fleuve au pont de Qasr-el-Nil. Après avoir passé devant le palais khédivial élevé à l'entrée de la petite ville de Giseh, sur l'emplacement d'une habitation de l'ancien chef des Mamelouks, Mourad-Bey, on suit à droite une magnifique route plantée d'acacias, qui fut tracée en 1868 uniquement dans le but de faciliter aux voyageurs l'excursion des Pyramides.

« Il est juste, dit M. Mariette, d'accorder aux pyramides l'admiration qui leur a valu d'être rangées au nombre des sept merveilles du monde. Il faut dire cependant que cette admiration ne s'impose pas au visiteur dès qu'il arrive au pied de ces monuments célèbres; l'immensité du désert environnant et le manque d'un point de comparaison rapetissent, en effet, les pyramides et empêchent de les bien juger;

mais à la réflexion, les pyramides grandissent et reprennent leurs véritables proportions. On s'étonne alors de l'immensité de ces constructions. On y voit les monuments les plus durables et les plus élevés sous le ciel que jamais l'homme ait bâtis. Les pyramides ont six à sept mille ans de date, mais il n'y a aucune raison pour que dans cent mille ans elles ne soient pas encore telles que nous les voyons aujourd'hui, si des mains ignorantes ou criminelles ne viennent pas aider à leur destruction. »

Le champ des Pyramides s'étend depuis Abou-Rouch, au nord et près du plateau de Giseh, jusqu'à Illahoun, dans le Fayoum. Tout cet immense terrain appartient à la nécropole de Memphis. Les pyramides sont disposées par groupes plus ou moins espacés, qu'on distingue par le nom des villages actuels qu'ils avoisinent, c'est-à-dire, en allant du nord au sud, *Abou-Rouch, Giseh, Abousir, Saqqarah, Dachour, Mataniéh* et *Meïdoum*. De tous ces monuments, les plus grands et les plus connus sont les trois pyramides de Giseh. La pierre est la matière employée pour les construire, sauf de rares exceptions que l'on rencontre à Dachour au Fayoum et à Thèbes, où quelques-unes sont en briques crues.

Les pyramides ne sont autre chose que des constructions tumulaires. Pour les élever on préparait sur le roc une surface unie, en ayant soin de laisser au centre une petite éminence sur laquelle l'édifice devait être commencé. Une chambre sépulcrale était d'abord creusée dans le roc, puis recouverte par une petite pyramide autour de laquelle on ajoutait successivement plusieurs couches extérieures; on augmentait ainsi, par chaque construction nouvelle, les dimensions du monument, en ayant soin de ménager au fur et à mesure de son extension, les couloirs intérieurs. Les travaux étaient subordonnés à la durée de la vie du fondateur, et immédiatement après sa mort, son corps était placé dans la chambre qui lui avait été préparée; on comblait ensuite les couloirs avec des blocs de pierre, et l'on terminait la pyramide par un revêtement lisse qui en cachait l'entrée. Souvent même, par surcroît de précautions, pour mieux mettre la momie à l'abri de toute violation, on avait soin d'établir dans l'intérieur plusieurs passages destinés à donner le change, si l'entrée extérieure était découverte.

On a beaucoup discuté sur la destination des pyramides, et, sans qu'on sache trop pourquoi, c'est toujours la pyramide de Khéops qui a servi de base et de point de départ aux suppositions; cependant il n'y a pas de raison pour que ce monument ait eu un autre objet que les soixante et quelques autres semblables que l'on trouve en Égypte, tous situés dans les nécropoles et renfermant tous des sarcophages. Plusieurs théories plus fausses les unes que les autres ont été émises au sujet de ces gigantesques monuments; certains voyageurs se sont formé une opinion personnelle et l'ont publiée. Des ouvrages ont été écrits pour prouver que les pyramides, et surtout la grande, étaient destinées « à servir d'étalons pour toutes les mesures en usage chez les Égyptiens, et pour faciliter les observations astronomiques » ; on a même essayé de démontrer que ces masses énormes n'avaient été bâties « que pour arrêter l'envahissement des sables du désert » ou pour « guider les caravanes et les navigateurs du Nil» ?... Ces diverses opinions, surtout les deux dernières, sont complètement dénuées de bon sens et ne méritent pas d'être réfutées. On a pu autrefois ignorer la véritable destination des pyramides; mais aujourd'hui toutes les autorités sont d'accord pour reconnaître que ce sont des tombeaux massifs, hermétiquement clos, et rien de plus. Chacune d'elles (au moins celles qui ont servi à la sépulture d'un roi) avait un temple extérieur qui s'élevait à quelques mètres en avant de la face orientale. Le roi déifié comme une sorte d'incarnation de la Divinité, y recevait un culte. « Les pyramides, dit M. Mariette, sont l'enveloppe gigantesque et à jamais impénétrable d'une momie, et une seule d'entre elles aurait montré à l'intérieur un chemin accessible d'où, par exemple, des observations astronomiques auraient pu être faites comme du fond d'un puits, que le monument aurait été ainsi contre sa propre destination. En vain dira-t-on que les quatre faces orientées dénotent une intention astronomique; les quatre faces sont orientées parce qu'elles sont dédiées, par des raisons mythologiques, aux quatre points cardinaux, et que dans un monument soigné comme l'est une pyramide, une face dédiée au nord, par exemple, ne peut pas être tournée vers un autre point que le nord. Les pyramides ne sont donc que des tombeaux, et leur masse immense ne saurait être un argument contre cette destination, puisqu'on en trouve qui n'ont pas six mètres de hauteur. Notons d'ailleurs, qu'il n'est pas en Égypte une pyramide qui ne soit le centre d'une nécropole, et que le caractère de ces monuments est par là amplement certifié. »

Au milieu des nombreuses pyramides qui couvrent la nécropole de Memphis, il en est une singulièrement bâtie, à six degrés ; elle paraît avoir été élevée par Ouénéphès, de la Ire dynastie. S'il en est ainsi, ce monument serait le plus ancien de l'Égypte et du monde historique.

Parmi les pyramides dont l'identité a été reconnue, on distingue :

1° *Meïdoum*, à trois degrés; hauteur, 80 mètres environ; tombeau de Snefrou, IIIe dynastie; nom hiéroglyphique : *Kha*, « le levant, la fête, le diadême ».

2° *Giseh;* hauteur, 142 mètres; tombeau de Khéops (Khoufou), IVe dynastie; nom, *Khout*, « la brillante ».

3° *Giseh;* hauteur, 137 mètres; tombeau de Khéphren (Khafra), IVe dynastie; nom, *Ur-t*, « la grande ».

4° *Giseh;* hauteur, 66 mètres; tombeau de Mykérinos (Menkera), IVe dynastie; nom, *Her*, « la supérieure ».

5° *Gizeh :* tombeau de *Hent-Sen,* fille de Khéops ; la plus méridionale des trois petites pyramides près de celle de Khéops.

6° *Abousir ;* hauteur, 40 mètres ; tombeau de Sephrès (Sah'ourâ), V° dynastie ; nom, *Kha-ba,* « la résurrection des âmes ».

7° *Abousir* (pyramide centrale) : tombeau de Rathourès, V° dynastie ; nom, *Men se-tu,* « la plus résistante ».

8° *Saqqarah,* tombeau d'Ounas, V° dynastie.

9° *Mastabat-el-Faraoun ;* nom, *Nefer se-tu,* « la plus belle place ».

D'après les travaux récents de M. Maspéro, on peut aujourd'hui déterminer la situation exacte de toutes les pyramides de la nécropole de Memphis, qui furent érigées par Snefrou et ses successeurs, jusqu'à la fin de la VI° dynastie.

PYRAMIDE DE KHÉOPS.

Histoire. — Le personnage le plus remarquable de la IV° dynastie, environ quarante siècles avant notre ère, est le roi *Khéops,* que les textes contemporains appellent Khoufou. C'est lui qui fit élever, pour lui servir de tombeau, la plus grande et la plus remarquable des pyramides que possède l'Égypte.

Khéops fit la guerre aux nomades d'Arabie et défendit victorieusement contre leurs attaques, les établissements militaires que Snefrou, son prédécesseur, avait fondés dans la péninsule sinaïtique. Les prisonniers faits dans cette campagne furent sans doute employés, d'après l'usage, à aider aux travaux de la pyramide qu'il fit élever.

Hérodote, qui visita l'Égypte il y a environ vingt-trois siècles, raconte que Khéops fit endurer au peuple toutes sortes de misères, et que le souvenir des peines qu'avait coûté l'érection des Pyramides s'était conservé à travers les âges dans la mémoire des Égyptiens. « Khéops, dit l'historien grec, ferma d'abord tous les temples et défendit d'offrir des sacrifices; puis il contraignit tous les Égyptiens à travailler pour lui. Aux uns il imposa la tâche de traîner jusqu'au Nil les pierres qu'ils extrayaient de la chaîne arabique (carrières de Tourah et de Massarah); aux autres il prescrivit de conduire ces pierres à la montagne libyque. Ils travaillaient sans relâche, au nombre de cent mille hommes que l'on relevait tous les trois mois. Le peuple accablé employa dix ans à construire la chaussée sur laquelle on tirait les blocs, œuvre, à ce qu'il me semble, fort peu inférieure à la pyramide, car sa longueur est de cinq stades (925 mètres), sa largeur de dix orgyes (brasses — 18 mètres), et sa plus grande hauteur de huit (15 mètres); le tout en pierres de taille ornées de figures sculptées. On employa donc dix années à construire cette chaussée et les chambres souterraines creusées dans la colline où sont les pyramides. Il fallut vingt années pour bâtir la pyramide elle-même ; elle est quadrangulaire ; chacune de ses faces a huit plèthres à la base avec une hauteur égale. Elle est toute en blocs polis et parfaitement ajustés ; aucun de ces blocs n'a moins de trente pieds... Des caractères égyptiens, gravés sur le monument, marquent la valeur des sommes dépensées en raves, oignons et aulx pour les ouvriers employés aux travaux ; si j'ai bon souvenir, l'interprète qui me déchiffrait l'inscription m'a dit que le total montait à seize cents talents d'argent. S'il en était ainsi, combien doit-on avoir dépensé en fer pour les outils, en vivres et en vêtements pour les travailleurs, puisqu'il a fallu pour bâtir tout le temps que j'ai dit, et le temps non moins considérable, ce me semble, qu'ont exigé la taille des pierres, leur transport et les excavations souterraines !

« Khéops en vint à un tel degré de dépravation que, manquant d'argent, la tradition racontait qu'il fit entrer sa fille dans une maison de débauche et lui ordonna de se livrer à tout venant jusqu'à ce qu'elle eût amassé une certaine somme. Elle obéit et procura à son père l'argent dont il avait besoin. De plus, elle eut l'idée de se faire construire un monument pour son propre compte ; elle demanda donc à tous ceux qui l'approchaient le don d'une pierre. De ces pierres on prétend que fut bâtie celle des pyramides qui est au milieu des trois, un peu en avant de la plus grande, et qui mesure sur chaque côté un plèthre et demi à la base. » Une autre tradition recueillie par Manéthon est moins cruelle pour le pharaon : sur ses vieux jours, Khéops se serait repenti de son impiété, et, devenu dévot, aurait écrit un livre sacré tenu en grande estime par ses concitoyens.

Quatre siècles et demi plus tard, Diodore de Sicile s'exprime ainsi à propos des pyramides : « Le spectateur reste frappé d'étonnement devant la grandeur et l'immensité de ces ouvrages, dont l'exécution a exigé tant de bras. La pyramide de Khéops est la plus grande; elle est entièrement construite en pierres dures difficiles à tailler, mais dont la durée est éternelle. En effet, depuis au moins mille ans (quelques-uns en admettent trois ou quatre mille), ces pierres ont conservé jusqu'à ce jour leur arrangement primitif et tout leur aspect. Ce qu'il y a de plus étonnant, c'est que ce monument se trouve élevé au milieu d'un pays sablonneux où l'on n'aperçoit aucun vestige de terrasses ou de taille de pierres; de telle sorte qu'il ne paraît pas être un ouvrage d'hommes, et qu'on croirait qu'il a été construit par quelque divinité au milieu d'une mer de sable. Quelques Égyptiens essayent d'expliquer ce miracle en disant que les terrasses ou chaussées étaient formées de sel et de nitre, et qu'ayant été atteintes par les eaux du Nil, elles ont été dissoutes et ont ainsi disparu sans le secours de la main de l'homme. » Khéops régna cinquante ans.

— L'entrée de la pyramide de Khéops se présente

aujourd'hui sous la forme d'une ouverture à peu près carrée qui se trouve à la troisième assise, à environ 18 mèt. du sol. (Voir la planche ci-contre, A.) Le couloir B, où l'on s'engage, a 1 mèt. 20 de hauteur sur 1 mèt. 06 de largeur; il descend en pente douce par une inclinaison de 26° 41′. A 77 mètres de l'orifice extérieur, le couloir devient horizontal, tout en conservant ses mêmes dimensions. On avance encore de 8 mètres et l'on arrive à une chambre carrée C de 6 mèt. de côté sur 4 de haut. Cette chambre dont rien n'indique l'emploi, et qui du reste paraît avoir été inachevée, est à peu de chose près dans le grand axe vertical de la pyramide, à 32 mèt. au-dessous de sa base, qui elle-même est à 30 mèt. au-dessus des eaux moyennes du Nil. Au fond et en face de l'entrée s'ouvre une nouvelle galerie horizontale D qui se dirige vers le sud sur une longueur de 16 mèt., mais elle n'aboutit à rien. En 1837, le colonel Wyse y fit creuser un puits à une profondeur de 11 mèt. sans rien découvrir dans le sol inférieur. Au dire d'Hérodote, les eaux du Nil étaient amenées dans cette chambre par un canal souterrain; le fait est possible, puisqu'elle se trouve à 2 mèt. au-dessous du fleuve; telle était peut-être l'intention du fondateur de la pyramide, mais à en juger par l'irrégularité des parois du caveau, les travaux furent sans doute abandonnés avant d'avoir commencé le canal qui devait communiquer avec le Nil.

La galerie qui conduit à la chambre souterraine est

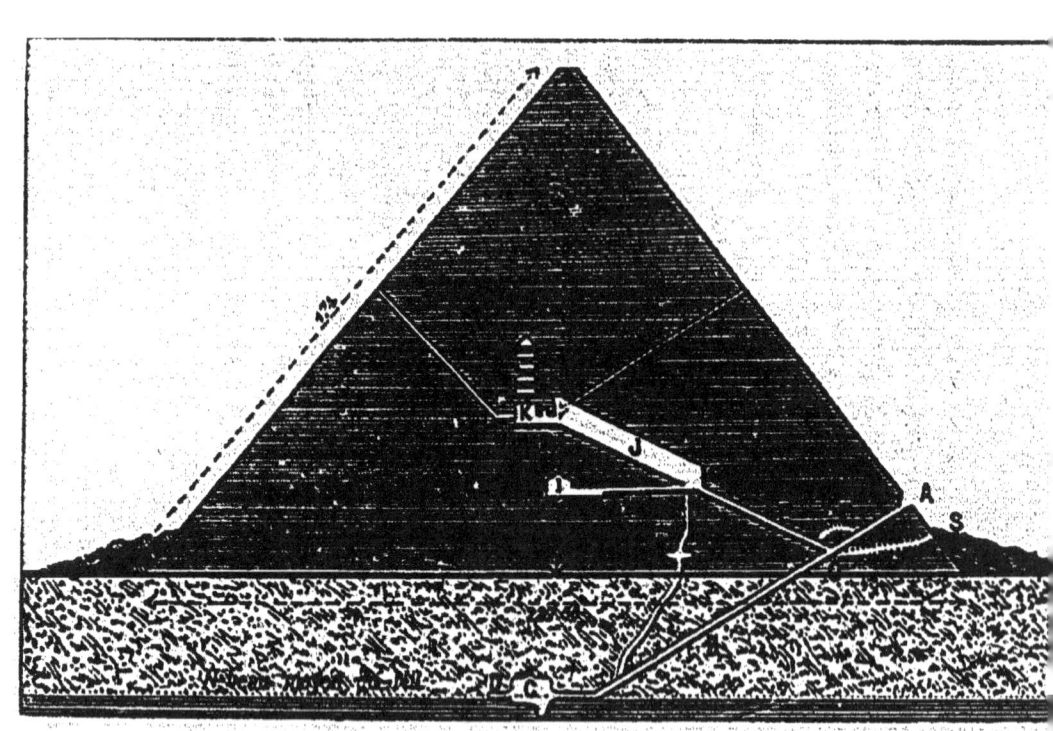

Coupe de la pyramide de Khéops.

aujourd'hui comblée par les sables jusqu'au point O, c'est-à-dire à 25 mètres de l'entrée. En cet endroit, se trouve un bloc de granit qui ferme l'orifice d'une seconde galerie E. Ne pouvant forcer ce bloc, on l'a tourné (à une époque inconnue) en pratiquant un passage P à travers la masse même de la maçonnerie. On a découvert ainsi un couloir ascendant de 35 mèt. de longueur. Au point G, la galerie devient beaucoup plus spacieuse, et une nouvelle bifurcation se présente. En suivant le couloir horizontal H, qui est de la même longueur que celui que l'on vient de quitter, on arrive à la chambre I, dite *de la Reine*, placée exactement dans l'axe vertical de la pyramide, à 22 mèt. au-dessus du niveau du sol ; sur le côté occidental de ce couloir est l'ouverture d'un puits presque entièrement comblé qui communique avec le couloir B.

En revenant au point de bifurcation G, on s'engage dans la grande galerie J, qui est la continuation du couloir E, et l'on arrive, après une ascension pénible de 50 mètres, à un palier R autrefois fermé par quatre grandes dalles de granit glissant dans des rainures, et servant à masquer la chambre K dite *du Roi*, à 21 mètres et demi au-dessus de la précédente. Cette pièce a $5^m,08$ de haut, $10^m,33$ de long et $5^m,43$ de large ; elle ne contient qu'un sarcophage en granit rouge, sans ornements ni hiéroglyphes ; c'est là qu'était déposée la momie royale. Au-dessus de la chambre sépulcrale, on a découvert cinq petites pièces basses superposées, qui paraissent n'avoir d'autre objet que d'alléger la pression de la maçonnerie supérieure sur le plafond de la chambre royale. C'est là que le cartouche du roi Khéops (Khoufou) a été trouvé.

L'an 820 de J.-C., la pyramide avait encore son revêtement de granit, couvrant ses quatre faces comme une cuirasse qui l'avait rendue jusque-là invulnérable contre les attaques du temps et des hommes. A cette époque, le khalife Abd-Allah-el-Ma'moun, fils d'Haroun-el-Rachid, en fit rechercher l'entrée. La tradition, appuyée par le récit des historiens arabes, disait alors que les pyramides avaient été bâties par « Saourid » ou « Soris », roi d'Égypte, qui vivait trois cents ans avant le déluge. Saourid était un grand prince renommé dans tout l'univers pour sa justice et son humanité. Une nuit, il eut un songe dans lequel il vit le ciel renversé sur la terre, toute la création bouleversée, et les astres errer pêle-mêle parmi les hommes qui poussaient des cris effroyables et tombaient par milliers la face contre terre. Saourid comprit que ce rêve annonçait quelque épouvantable cataclysme ; il rassembla tous les prêtres et les magiciens du royaume ; les oracles furent consultés, et ils annoncèrent au roi que ce terrible songe présageait un déluge universel, lequel serait suivi, après bien des siècles, d'un embrasement général où la terre entière périrait par le feu. Alors Saourid ordonna qu'on bâtit les pyramides pour y enfouir, et sauver ainsi de la fureur des eaux, le corps des rois ses prédécesseurs, les archives, les lois du royaume gravées sur l'airain, les tables astronomiques des prêtres, les joyaux de la couronne, le trésor public, en un mot tout ce que l'Égypte possédait de plus rare et de plus précieux. On se mit à l'œuvre immédiatement, et pour donner plus de solidité aux monuments, on fit venir de Syène, par le Nil, les plus grandes pierres remarquables par leur dureté. Quand les pyramides furent achevées, on y transporta tous les objets qu'elles étaient destinées à conserver. La plus grande surtout renfermait les richesses les plus précieuses : ce qu'on y avait caché de vases d'or et d'argent, de bijoux, de statues et de pierreries était incalculable; des monnaies d'or de toutes sortes étaient placées en colonnes ; chaque pièce valait au moins mille dinars (15,000 fr.). Persuadé de l'existence de ces richesses, le khalife ordonna d'ouvrir la pyramide. Les ingénieurs firent attaquer vivement le milieu de la face nord et, en employant le fer, le feu, le vinaigre, on réussit à creuser un passage dans le gros de la maçonnerie, au point S, à quelques pieds au-dessus de la base. Le travail était d'une difficulté extrême ; plusieurs fois les ouvriers découragés renoncèrent d'aller plus loin; mais les promesses et la violence redonnaient des bras aux travailleurs. La galerie était à une profondeur d'environ trente mètres, lorsque la chute accidentelle de quelques pierres produisit un bruit sourd et prolongé, qui partait d'une galerie supérieure voisine. Le vrai passage fut bientôt découvert avec son entrée A placée à 7 mètres et demi à gauche de la ligne du centre. « Alors on pénétra par un chemin difficile dans une chambre tout en granit poli; huit blocs seulement formaient le plancher, huit le plafond, voûté en auvent, et seize les côtés; le tout ajusté si habilement qu'il était impossible de faire entrer la pointe d'un canif dans les joints. Il y avait au fond de la pièce un grand coffre de pierre; les chercheurs de trésors crurent qu'il contenait les richesses dont ils avaient ouï parler; mais leur surprise fut grande et leur désappointement non moins grand encore quand ils virent que ce coffre était vide et sans couvercle... Le peuple murmura alors contre le khalife, blâmant sa sotte avidité, pour laquelle on avait travaillé en vain. El-Ma'moun, ennuyé de ces discours, fit porter secrètement beaucoup de pièces de monnaie que l'on cacha au fond d'une galerie. Les ouvriers trouvèrent ce faux trésor, et, dans leur naïve crédulité, proclamèrent partout qu'ils avaient découvert les trésors des Pharaons. »

Un autre historien arabe, Abd-el-Hakim, raconte qu'une statue ressemblant à un homme a été trouvée dans le sarcophage, et que cette statue, qui était probablement la caisse de la momie, renfermait un corps « avec une cuirasse d'or incrustée de bijoux, portant des caractères tracés avec une plume et que personne n'a compris ». Cette version est sans doute erronée : il est certain que la pyramide avait déjà été violée lorsque les ouvriers du khalife y entrèrent, puisque le couloir qu'ils découvrirent au-dessus du leur les conduisit sans difficulté dans la chambre du sarcophage. Les herses de granit qui fermaient l'entrée avaient été brisées, les blocs qui obstruaient les galeries n'existaient plus, et l'énorme monolithe qui marque la bifurcation des couloirs B et E avait déjà été tourné au moyen du passage P. A quelle époque la pyramide fut-elle violée? l'histoire n'offre rien de précis à ce sujet. En remontant au delà de l'époque musulmane, rien, pendant les périodes romaine et grecque, ne fait mention d'un pareil acte de vandalisme. Ne serait-ce pas plutôt à Cambyse que l'on pourrait attribuer une semblable profanation? Lorsque le conquérant perse revint de sa campagne malheureuse en Éthiopie, il dévasta les temples de Memphis et couronna ses œuvres de cruauté « en faisant violer les tombeaux des anciens rois, dont il dispersa les momies... » Quoi qu'il en soit, les violateurs de la pyramide, comme s'ils avaient voulu cacher leur sacrilège aux générations futures, eurent soin de refermer l'entrée extérieure du monument de manière à ne laisser aucune trace apparente de leur coupable action.

L'intérieur de la pyramide est disposé de manière à dépister les explorateurs et à leur faire prendre le change sur la place réelle de la momie. En suivant le raisonnement de M. Mariette, supposons que l'entrée cachée sous le revêtement soit découverte; un premier obstacle se présente; ce sont les blocs dont le couloir B est rempli. Réussit-on à les briser et à passer outre, on arrive dans la chambre C. S'aperçoit-on que cette chambre n'est pas la véritable, il faut sonder le couloir B dans toutes ses parties pour trouver le point d'embranchement d'un second couloir qu'on suppose définitif. Mais cette fois c'est à des blocs de granit qu'il faut s'attaquer. D'après la disposition des pierres, on reconnaît que l'endroit cherché se trouve au point O. La place est ici défendue par un énorme monolithe; briser l'obstacle présenterait des difficultés insurmontables; il faut alors le tourner en se frayant un chemin P à travers la maçonnerie qui l'enserre, et l'on se trouve dans le couloir ascendant E. A l'extrémité de ce couloir, le palier G n'a pas la disposition qu'il présente aujourd'hui; il est entièrement bouché, ainsi que l'orifice du puits. Si on force le passage, il est naturel de suivre pour guide le dallage régulier, et alors l'explorateur s'engage dans le couloir H sans soupçonner qu'un autre passage ascendant est sur sa tête. Il arrive ainsi à la chambre I. S'apercevant encore que cette chambre n'est pas la véritable, il examine minutieusement toutes les parties du couloir, et finit par découvrir la galerie J qui conduit cette fois dans la vraie chambre, après avoir brisé les herses de granit qui en défendent l'entrée.

Le puits lui-même trouve son explication dans cette manière de concevoir la raison d'être de la distribution intérieure du monument. Pendant la construction de la pyramide, des blocs de la dimension du couloir E ont été déposés dans la grande galerie J. L'édifice étant achevé et la momie en place, on laisse glisser par leur seul poids les blocs dans le couloir E; on bouche le palier G, puis les ouvriers descendent par le puits et remontent à la lumière par le couloir B, qui à son tour est comblé par les blocs qu'on y introduit par son orifice extérieur.

Le sommet de la grande pyramide présente une plate-forme de neuf mètres de côté. Le panorama que l'on découvre de cette place est admirable : A l'est, une vaste plaine de verdure sillonnée par de nombreux canaux, au delà desquels le Nil déploie son cours paisible; puis une quantité de villages qui apparaissent à demi cachés au milieu des palmiers; plus loin le Caire avec sa citadelle, dont la mosquée se dessine comme un point brillant sur les flancs rougeâtres du Moqattam qui ferme l'horizon. Au sud, le site de Memphis avec sa longue chaîne de pyramides qui s'étendent jusqu'au Fayoum. Au nord et à l'ouest, le désert libyque, désert incommensurable, infini, silencieux, effrayant, qui se déroule comme un immense linceul jusqu'aux confins de l'Afrique occidentale. Un lever de soleil, vu du haut de la Pyramide, est souvent recommandé aux voyageurs comme un spectacle magnifique; on conçoit, il est vrai, que le coup d'œil doit être admirable; mais nous préférons de beaucoup assister à un effet de soleil couchant : le matin, la vue n'embrasse, du côté de l'est, qu'un horizon très restreint, à cause des brouillards qui enveloppent le Nil; tandis que le soir, toute la vallée est plus directement éclairée, et l'on peut même distinguer, dans la chaîne arabique, les carrières d'où furent extraits les blocs qui servirent à la construction des pyramides. Et puis, cette vieille cité des premiers âges qui dort au pied de sa sombre nécropole, ces pyramides qui s'élèvent comme de gigantesques ossuaires qui rappellent tant de générations disparues, ces plaines arides au fond desquelles s'éteignent les dernières lueurs du crépuscule, tout cela frappe l'esprit et produit une tout autre impression que vu aux rayons joyeux du soleil levant.

PYRAMIDE DE KHÉPHREN.

Histoire. — « Après la mort de Khéops, son frère *Khéphren* hérita de la royauté [1]. Khéphren en usa de même que son prédécesseur en toutes choses, et construisit une pyramide qui n'atteint pas aux dimensions de la première, car nous l'avons mesurée... Les deux sont sur une colline haute d'environ cent pieds. On dit que Khéphren régna cinquante-six ans. On compte donc cent six ans, pendant lesquels les Égyp-

[1] Khéphren est non le successeur direct, mais le deuxième successeur de son frère.

tions souffrirent toutes sortes de malheurs, et les temples furent fermés sans qu'on les ouvrit une seule fois. Par haine, les Égyptiens évitent de nommer ces princes; ils vont jusqu'à donner à leurs pyramides le nom du berger Philition, qui paissait alors ses troupeaux dans ces parages (HÉRODOTE). »

« D'après la tradition, ni Khéops ni Khéphren ne jouirent des tombeaux qu'ils s'étaient fait élever au prix de tant de souffrances : le peuple exaspéré se révolta, arracha leurs corps des sarcophages et les mit en pièces (DIODORE DE SICILE). »

— La pyramide de Khéphren a 137 mètres de hauteur; chacune de ses faces mesure 210 mètres. La partie supérieure porte encore le revêtement lisse qui primitivement la recouvrait entièrement. Elle fut ouverte en 1196 par le sultan El-Aziz Osman[1], fils et successeur de Salah-ed-Din; le fait est rapporté dans une inscription arabe tracée sur les parois de la chambre sépulcrale. L'ouverture fut refermée de manière à dissimuler toute trace de violation. Cette pyramide a deux entrées : l'une à la même hauteur que celle de Khéops, l'autre au niveau de la base. Les deux couloirs descendent par un angle de 25 degrés sur une longueur de 33 mètres, et sont fermés par des blocs de granit. Le couloir inférieur se dirige horizontalement vers une chambre de 11 mètres et demi de long, $3^m,55$ de large et 3 de haut; il continue ensuite dans une direction ascendante et va rejoindre le couloir supérieur, qui se prolonge horizontalement jusqu'à une seconde chambre située dans l'axe de la pyramide, qui mesure 15 mètres de long, 5 de large, 7 de haut, et qui est appelée chambre de Belzoni, du nom de celui qui l'a découverte en mars 1818. Cette pièce renferme un sarcophage en granit rouge, enfoncé dans le sol, un peu plus grand que celui de Khéops, et comme lui sans sculptures ni hiéroglyphes. Belzoni y trouva les os d'un bœuf.

Une double muraille en pierres non taillées s'élève au devant de la face occidentale de la pyramide. Sur le côté opposé sont les ruines d'un édifice appartenant probablement à un temple consacré à Khéphren, qui était adoré comme un dieu devant son tombeau, suivant la croyance des Égyptiens, que chaque pharaon était, de son vivant, une incarnation de la divinité, et retournait à son essence divine après sa mort.

Une magnifique statue de Khéphren a été trouvée par M. Mariette au fond d'un puits dans le temple de granit qui est près du Sphinx. Le roi est représenté assis, dans l'attitude des lois religieuses de l'Égypte; derrière sa tête se dresse un épervier les ailes ouvertes en signe de protection; sur le socle sont gravées des inscriptions qui ne laissent aucun doute sur l'identification du monument. L'ensemble de cette statue est empreint d'une certaine majesté tranquille, qui charme et qui étonne. La tête, d'une conservation incroyable, doit être le portrait du roi dans son âge mûr. Tous les détails sont empreints d'une certaine recherche qui dépasse tout ce que la sculpture égyptienne a produit.

PYRAMIDE DE MYKÉRINOS.

Histoire. — « Après Khéphren, dit Hérodote, son fils *Mykérinos* monta sur le trône. Les actions de son père ne lui furent point agréables ; il rouvrit les temples et renvoya le peuple, réduit à l'extrême misère, à ses fêtes religieuses et à ses travaux ; enfin il rendit la justice plus équitablement que tous les autres rois. On le loue à ce sujet plus que tous ceux qui ont jamais régné sur l'Égypte, car non-seulement il rendait bonne justice, mais à celui qui se plaignait de son arrêt, il faisait quelques présents pour apaiser son mécontentement. Cependant Mykérinos, si doux, si attentif à s'occuper du bonheur de son peuple, fut assailli par des calamités qui commencèrent par la mort de sa fille unique, dont il fit placer le corps dans une génisse en bois creux qu'il déposa à Saïs dans la demeure royale... Cette génisse était représentée couchée sur les genoux, et portait entre ses cornes un disque en or. On la sortait chaque année pour lui rendre publiquement les honneurs divins. »

L'idée de piété que la tradition populaire attachait au règne de Mykérinos est confirmée par le témoignage des monuments ; non que ce prince ait, comme on le dit, rouvert les temples, car on sait aujourd'hui qu'ils n'ont jamais été fermés, mais il ordonna à l'un de ses fils de parcourir les sanctuaires de l'Égypte, sans doute afin de restaurer ceux qui se trouvaient en mauvais état, et de faire dans toutes les villes des fondations nouvelles. C'est au cours de cette inspection que le prince découvrit, suivant quelques documents, le chapitre LXIV du *Rituel funéraire*, « à Sésoun (Hermopolis) aux pieds du dieu *Thot*, écrit en bleu sur une dalle d'albâtre ».

Pendant la VI⁰ dynastie, la pyramide de Mykérinos fut agrandie par la reine Nitokris, qui lui donna ce revêtement de syénite qui excita plus tard, à si juste titre, l'admiration des voyageurs grecs, romains et arabes. C'est au centre même de cette pyramide, au-dessus de la chambre où le pieux Mykérinos reposait depuis plus de huit siècles, qu'elle fut ensevelie à son tour, dans un magnifique sarcophage de basalte bleu dont on a retrouvé les fragments. Cela donna lieu plus tard de lui attribuer, au détriment du fondateur réel, la construction de la pyramide entière. Les voyageurs grecs changèrent la reine Nitokris en courtisane, et l'identifièrent avec une esclave nommée Rhodopis, compagne de servitude d'Ésope, qui vint en Égypte où ses charmes lui procurèrent un certain succès. « Un jour, dit Strabon, que Rhodopis se baignait dans le Nil, un aigle fondit sur une de ses sandales, l'emporta dans la direction de Memphis, et la laissa tomber sur les genoux du roi, qui rendait alors la justice en plein air. Le roi émerveillé par la singularité de l'aventure et par la beauté de la sandale, fit chercher par tout le pays la femme à qui elle avait appartenu, et c'est ainsi que Rhodopis devint reine d'Égypte. A sa mort, elle eut pour tombeau la troisième pyramide. » Le christianisme et la conquête arabe modifièrent encore une fois le caractère de la légende, sans effacer entièrement le souvenir de Nitokris. « On dit que l'*esprit* de la pyramide méridionale ne paroist jamais dehors qu'en forme d'une femme nue, belle au reste, et dont les manières d'agir sont telles que, quand elle veut donner de l'amour à quelqu'un et luy faire perdre l'esprit, elle luy rit, et incontinent il s'approche d'elle, et elle l'attire à elle et l'affole d'amour; de sorte qu'il perd l'esprit sur l'heure et court vagabond par le pays. Plusieurs personnes l'on vuë tournoyer autour de la pyramide sur le midy et environ soleil couchant. » C'est Nitokris qui hante ainsi le monument dont elle a achevé la construction.

— La pyramide de Mykérinos a 66 mètres de hauteur; la longueur de ses faces, à la base, est de 105 mètres. Elle est beaucoup mieux conservée que les deux précédentes, et porte encore à sa partie inférieure son revêtement de granit jusqu'à une hauteur de 12 mètres. En 1196, lorsque les ouvriers d'El-Aziz attaquèrent la pyramide de Khéphren, quelques courtisans, « gens dépourvus de bon sens », dit un historien arabe contemporain, persuadèrent au sultan de démolir toutes les pyramides, et sur-le-champ l'ordre en fut donné. On commença par la troisième, celle de Mykérinos, appelée par les Arabes *el-Ahmar* (la rouge). Des mineurs, des carriers et un grand nombre d'ouvriers furent envoyés au plateau de Giseh sous la conduite de quelques émirs de la cour. Ils demeurèrent huit mois entiers, ne parvenant chaque jour, à force de travail et de peine, qu'à enlever une ou deux pierres. Après avoir épuisé les forces des travailleurs et les fonds qui avaient été alloués pour cette folle entreprise, les émirs découragés abandonnèrent les travaux.

L'entrée du monument a été découverte par Caviglia. Les opérations furent continuées par le colonel Wyse en 1837. L'ouverture est à 4 mètres et demi au-dessus du sol; le couloir descend par un angle de 26° 2′ sur une longueur de 35 mètres, et aboutit à un vestibule séparé de la chambre qu'il précède par des herses de granit. Cette chambre est dans l'axe vertical de la pyramide; elle a 15 mètres de long sur 4 de large; on y arrive en suivant un passage horizontal. C'est là que furent trouvés les débris d'un cercueil en bois avec cette inscription : « O « l'Osiris, le roi des deux Égyptes (Menkera), vivant « pour l'éternité, enfanté par le ciel! Ta mère *Nout* « te divinise en mettant à néant tes ennemis, ô roi « vivant pour l'éternité! » Deux autres chambres existent sous la première : l'une contenait un sarcophage sans inscription, qui a été envoyé en Angleterre; mais le navire qui le transportait a péri sur les côtes du Portugal ; dans l'autre sont des niches creusées dans les parois, probablement pour recevoir des momies.

Devant la face orientale de la pyramide, à l'extrémité d'une chaussée en pierre, on voit les ruines du temple autrefois dédié à Mykérinos. Au sud, s'élèvent trois autres pyramides de petites dimensions, qui sont, suivant l'expression du docteur Isambert, comme des embryons de pyramides. La pyramide de Mykérinos, avec les trois petites du sud et le temple de l'est, forment un groupe entouré à quelque distance par des murailles composées de blocs non taillés, semblables à celles que nous avons remarquées à l'ouest de la pyramide de Khéphren.

PETITES PYRAMIDES.

A l'est de la grande pyramide, il en existe trois autres très petites dont l'une, au dire d'Hérodote, contenait les restes de la fille de Khéops. Ce témoignage est confirmé par la découverte faite par M. Mariette, d'une stèle trouvée dans un édifice en ruine près de la plus méridionale des trois petites pyramides. L'inscription nous apprend que *Khoufou* a fait bâtir la pyramide de la *princesse royale* près de la sienne et du temple d'Isis. Les caveaux des monuments ont été explorés, mais rien n'y a été trouvé.

Les petites pyramides que nous avons signalées au sud de la pyramide de Mykérinos, ont aussi été visitées dans tous leurs détails. Dans la chambre de l'une est un sarcophage de granit sans inscription, portant intérieurement deux rainures profondes dans lesquelles glissait le couvercle qui était ensuite fixé par une clavette en fer. Au milieu du plafond, on remarque le nom du roi Menkera tracé en couleur brune. Une petite chambre a été ménagée au-dessus de ce plafond pour le protéger contre la pression de la maçonnerie supérieure de l'édifice. L'intérieur des deux autres monuments n'a rien d'intéressant.

LE SPHINX.

A environ cinq cents mètres à l'est de la pyramide de Khéphren, est un rocher naturel auquel on a donné l'apparence extérieure d'un lion accroupi à tête humaine. Les irrégularités du rocher, auquel on a voulu conserver toute sa dimension, ont été rectifiées au moyen d'une maçonnerie rapportée. La tête seule a été sculptée ; on peut encore reconnaître qu'elle était originairement peinte en rouge. La hauteur totale du monument, prise au-dessus des sables accumulés qui en cachent la partie inférieure, est de 19 mètres 80 ; la face, en partie mutilée, mesure 9 mètres depuis le menton jusqu'au sommet du front ; sa largeur est de 4 mètres 15 ; l'œil a 1 mètre 40 ; la bouche 2 mètres 32 ; le nez 1 mètre 79 ; l'oreille 1 mètre 97 ; la longueur du colosse est de 63 mètres 50.

En 1816, le capitaine Caviglia entreprit le déblaiement du Sphinx. Un autel, un petit édicule formé par trois stèles et un lion accroupi furent trouvés entre les pattes du monstre. La stèle du fond est en granit, haute de 4 mètres ; elle est appliquée sur la poitrine du Sphinx, et porte l'image du pharaon Thoutmès IV de la XVIIIe dynastie, offrant d'un côté l'encens, et de l'autre une libation à la figure d'un sphinx, représentant sans doute le colosse, avec la barbe et les attributs d'un dieu. Le lion était placé à l'entrée du sanctuaire et regardait la stèle centrale. Le rocher ne portait aucune trace qui pût faire supposer l'existence d'un couloir intérieur. En 1853, M. Mariette fut chargé par le duc de Luynes de continuer ce travail, qu'il poursuivit en 1854 par ordre du gouvernement français, et quatre ans plus tard pour le compte du gouvernement égyptien.

Dans une longue description du Sphinx, Pline raconte que de son temps on croyait que ce monument avais été la tombe d'Amosis, de la XXVIe dynastie. Depuis qu'il a été déblayé par Caviglia, plusieurs savants, après avoir d'abord attribué le Sphinx à Khôphren, supposèrent qu'il devait avoir quelque rapport avec Toutmès IV, représenté sur la grande stèle du sanctuaire; mais les recherches de M. Mariette et surtout la découverte de la stèle qui a trait à la fille de Khéops et dont nous avons parlé plus haut, ont jeté sur cette question obscure un jour inattendu. La stèle porte des inscriptions sur la face principale et sur la partie supérieure du socle qui fait retour en avant. La première de ces inscriptions est d'une excellente conservation, quoique d'un style médiocre; l'autre ne laisse plus voir que quelques signes auxquels il est impossible de donner un sens. La face principale ressemble à un *naos* qui aurait perdu sa corniche. Le texte gravé sur la tranche droite est ainsi conçu : « *Le vivant Horus, le..., roi de la Haute et de la Basse-Égypte,* Khoufou, *vivant, a restauré le temple d'Isis, rectrice de la pyramide (située) à l'endroit où est le Sphinx, à la face nord-ouest du temple d'Osiris, seigneur de Rosatou. Il a bâti sa pyramide là où est le temple de cette déesse, et il a (aussi) bâti la pyramide de la princesse Hentsen là où est ce temple.* »

On lit sur la tranche gauche : « *Le vivant Horus, le..., roi de la Haute et de la Basse-Égypte,* Khoufou, *vivant a fait* (ceci) *à sa mère Isis, la divine mère* (qui est) *Hathor, rectrice des memnonia, ayant prescrit de le faire* (graver) *sur une stèle. Et il leur a renouvelé* (les fondations) *des divines offrandes, et leur a bâti son temple en pierre, et une seconde fois il a aussi restauré les dieux* (de ce temple) *dans son sanctuaire.* »

De plus, le Sphinx est représenté gravé sur la stèle ; son image est accompagnée de l'inscription suivante : « *Le lieu du Sphinx de Hor-em-Khou* (Harmakhis) *est au sud du temple d'Isis, rectrice de la Pyramide, et au nord* (du temple) *d'Osiris, seigneur de Rosatou. Les peintures du dieu de Hor-em-Khou sont conformes aux prescriptions.* » — « Il résulte de ce texte que le Sphinx existait au temps de Khéops, puisqu'il figure au nombre des monuments que ce pharaon aurait *restaurés;* on voit par là combien son antiquité est prodigieusement reculée. »

Le Sphinx est l'emblème séculaire et comme la personnification de l'ancienne Égypte. Malgré les mutilations qui déchirent sa face, profanations dues au fanatisme de l'ignorance et de la superstition, la physionomie du colosse a conservé dans son ensemble ce calme, cette sérénité, qui font le caractère distinctif de la statuaire égyptienne. Que représentait réellement dans la pensée de ces temps lointains, cet accouplement fantastique de la grâce et de la force si étroitement unies ensemble qu'elles ne forment qu'un seul corps ? Est-ce un rêve d'artiste, un caprice ? Non, certes ; rien n'était moins capricieux que le génie égyptien, génie éminemment réfléchi, génie tout symbolique et dont les conceptions, même les plus bizarres en apparence, cachaient un sens profond. C'est le dieu Harmakhis, le « soleil levant »... Mais à quelle époque a-t-on taillé ce monument qui semble veiller sur les Pyramides, et quelle était la véritable destination de ce géant du désert ? Les textes sont muets jusqu'ici. « Cette grande figure mutilée, dit Ampère, est d'un effet prodigieux ; c'est comme une apparition éternelle. Le fantôme de pierre paraît attentif ; on dirait qu'il entend et qu'il regarde. Sa grande oreille semble recueillir les bruits du passé ; ses yeux tournés vers l'Orient, semblent épier l'avenir ; le regard a une profondeur et une vérité qui fascinent le spectateur. Sur cette figure, moitié statue, moitié montagne, on découvre une majesté singulière, une grande sérénité et même une grande douceur. »

Un écrivain arabe, Abd-el-Rahman', dit que le Sphinx était regardé comme un talisman qui protégeait les cultures contre l'envahissement des sables. Il a été mutilé sous le règne du sultan Barqouq, au quatorzième siècle, par un cheikh fanatique. « Or il arriva, dit Abd-el-Rahman', que les deux hommes qui étaient occupés à briser le nez de cette grande statue, avec de grosses masses de fer, tombèrent par terre sur des éclats de rocher et se tuèrent ; aussitôt le simoun souffla. Les gens du peuple crurent à une vengeance du monstre, et nul n'osa plus y toucher, redoutant son courroux. » Makrizi (quinzième siècle) parle aussi du colosse avec une admiration profonde. « Un fou, dit-il, un certain cheikh Mohammed, surnommé *le jeûneur de son siècle,* dans un accès de délire et pour se rendre agréable à Dieu, lui avait infligé, à coups de masse, les irréparables mutilations dont il porte pour toujours la trace. » Il paraît certain qu'au douzième siècle le Sphinx était encore intact : Abd-el-Latif dit que la figure était *très belle,* la bouche gracieuse et souriante ; il ajoute que la couleur rouge qui couvrait la face était éclatante et fraiche. Les Arabes d'aujourd'hui désignent le Sphinx sous le nom d'*Abou-l-Hôl,* le « père de la terreur ».

LE TEMPLE DE GRANIT.

Près du Sphinx, du côté sud-est, existe un monument remarquable, découvert par M. Mariette et appelé communément le temple du Sphinx. Ce temple est entièrement construit en granit et en albâtre ; il est de forme rectangulaire et ouvert par le haut ; on y entre en suivant un passage en pente douce, du côté de la face nord. L'intérieur est divisé en trois parties par des piliers carrés supportant d'énormes linteaux en granit ; les blocs sont de dimension extraordinaire : un seul mesure plus de six mètres de long sur trois et demi de large. Du côté de la face orientale, est une chambre étroite terminée à ses deux extrémités par deux autres chambres ;

c'est là que se trouve le puits qui devait servir aux ablutions sacrées, et au fond duquel M. Mariette a trouvé la magnifique statue de Khéphren que l'on admire aujourd'hui au Musée de Boulaq. A l'angle sud-ouest de la partie centrale de l'édifice, est une chambre obscure contenant six niches superposées qui sans doute ont été creusées, comme celles de la pyramide de Mykérinos pour y recevoir des momies.

Aucune inscription, aucun ornement n'indique l'origine de cette construction; son plan ne présente, dans son ensemble, aucun trait de ressemblance avec les temples qui ont été découverts dans toute l'Égypte. L'Ancien-Empire n'a laissé aucun monument de ce genre pour être comparé à celui-ci. Est-ce un temple, ou un tombeau? Est-ce le temple d'Osiris dont il est question dans la stèle de Khoufou? Est-ce le temple du dieu Har-em-Khou (Harmakhis) représenté par le Sphinx, ou bien ce dieu n'est-il que le gardien ou le protecteur des momies que renfermaient les salles funéraires du temple? Les deux monuments ont certainement quelque rapport entre eux. Des fouilles entreprises par M. Mariette ont mis au jour un *dromos* qui reliait le Sphinx au temple de granit, et une enceinte qui entourait les deux monuments. L'opinion que Khéphren aurait bâti ce bizarre édifice pour servir de tombeau aux membres de sa famille, ne saurait être admise; la statue de ce pharaon et les huit statuettes trouvées dans ce temple, toutes gravées au nom de Khéphren, ne sont pas des raisons suffisantes. La stèle de Khoufou démontre clairement que le Sphinx existait bien avant la IVe dynastie ; le temple de granit doit avoir la même origine, et comme le colosse qui semble le garder, il posera encore longtemps au voyageur une énigme dont ses pierres muettes ne révèleront sans doute jamais le secret. Il faudrait le déblayer définitivement, non-seulement dans tout son pourtour, mais jusqu'aux murs de briques qui lui servent d'enceinte et empêcher, par l'exhaussement de ces murs, le retour des sables ; il faudrait mettre à nu, du haut en bas, les quatre façades extérieures de l'édifice. De l'angle nord-ouest du monument part un chemin moitié bâti, moitié taillé dans le roc, qui paraît se diriger vers le Sphinx : il faudrait avoir raison de ce chemin. La nature des problèmes que soulève le Sphinx est telle, qu'on peut s'attendre à des découvertes qui sont d'autant plus intéressantes à provoquer, que jusqu'à présent il est impossible de prévoir ce qu'elles pourraient être.

LES TOMBES.

Le plateau des Pyramides est couvert de monuments funéraires de toutes les époques. La plupart des chapelles qui accompagnent les tombes ont été déblayées et étudiées, puis de nouveau ensouies sous les sables par ordre de M. Mariette, afin de les soustraire aux dégradations que certains voyageurs leur font subir. Ces monuments sont de tous les âges ; il semble que les personnages des diverses époques aient tenu à être ensevelis à l'ombre des Pyramides. Les tombes de l'Ancien-Empire sont en assez grand nombre; elles se présentent en général sous la forme de *mastaba*, sorte de pyramide tronquée formée de blocs énormes, et recouvrant comme un massif, ; puits qui donne accès au caveau où repose la momie.

Dans la chaîne de rochers qui forme l'escarpement oriental du plateau des Pyramides, sont plusieurs excavations funéraires qui servent d'abri aux voyageurs qui passent la nuit dans cette partie du désert. La plus intéressante est celle qui est connue sous le nom de *tombeau des Nombres*, parce qu'elle contient une curieuse énumération, depuis un jusqu'à mille, des chèvres, bêtes à cornes et ânes qui sont amenés devant les scribes pour être enregistrés comme faisant partie de l'avoir du défunt nommé *Khafra-Ankh*.

A une faible distance en arrière du Sphinx, est un monument de forme singulière, connu sous le nom de *tombe de Campbell*. Il consiste en une grande excavation rectangulaire taillée dans le roc à une profondeur de 16 mètres ; ses côtés ont 9 mètres 30, sur 8. Une large tranchée taillée autour de cette excavation, forme un quadrilatère de 20 mètres 70, sur 22 mètres 25 de profondeur. Cette tranchée communique avec la partie centrale par un passage ménagé dans la paroi de l'ouest. Les murs intérieurs sont percés de niches dans lesquelles on voit des sarcophages. Au fond, et couché sur le sol, est encore un cercueil en basalte noir de forme humaine.

Du côté sud, sur la lisière du plateau, se trouve un groupe de tombeaux dont l'un, assez bien conservé, est celui de *Ouerkhoun,* prophète de la pyramide de Mykérinos. On y remarque des scènes de navigation et deux grandes images sculptées sur le rocher. Un peu plus loin, à l'ouest de ces tombeaux, se voient encore des fragments de la chaussée qui mène à la troisième pyramide; les traces de cette chaussée se retrouvent encore sur 200 mètres de longueur au-dessous d'un bouquet de palmiers et de sycomores groupés autour d'une source, sur la limite orientale du plateau. En revenant vers le nord-ouest, c'est-à-dire vers la seconde pyramide, on rencontre un escarpement dans lequel sont creusées des tombes qui remontent à la IVe et à la Ve dynastie. Dans la quatrième chambre, en se dirigeant du sud au nord, on trouve sur les parois des représentations intéressantes : musiciens, danseurs, gens qui conduisent des animaux sauvages; sur la dernière du même groupe, on a reproduit des scènes de chasse et de travaux champêtres; on y voit aussi des souffleurs de verre.

Dans le rocher taillé à pic du côté de la face occidentale de la pyramide de Khéphren, est une rangée de tombeaux ; l'un d'eux est remarquable par son plafond taillé en forme de troncs de palmiers pour imiter des solives juxtaposées ; cette chambre est la troisième en allant du sud au nord. La partie septentrionale du rocher porte une courte inscription de Ramsès II.

A l'ouest de la grande pyramide sont de nombreux *mastaba* disposés symétriquement, et très rapprochés les uns des autres ; ces tombes appartiennent exclusivement aux onze premières dynasties. La plupart de ces monuments sont dignes d'être examinés avec soin. L'entrée est toujours tournée à l'est, suivant la disposition ordinaire des *mastaba*. Dans certaines parties, les peintures ont conservé un éclat surprenant. Des scènes diverses sont représentées : chasses, labourage, élevage des bestiaux, préparation du vin, cueillette des fruits, différents métiers, danseurs, musiciens, etc. Souvent le défunt lui-même est figuré assis au milieu de ses serviteurs, et assiste à diverses scènes de sa vie.

Au pied de la face méridionale de la pyramide de Khéops, est encore un groupe de tombeaux qui contiennent des sculptures intéressantes. On y remarque le cartouche du roi Sa'houra de la Ve dynastie, et dans un sarcophage, on a trouvé une bague d'or au nom de Khoufou.

PYRAMIDE D'ABOU-ROUCH.

Au nord-ouest du plateau de Giseh, à une distance d'environ huit kilomètres, est une pyramide ruinée, désignée communément sous le nom d'*Abou-Rouch* ou *Abou-Riouch*, du nom d'un cheikh dont le tombeau est dans le voisinage. Elle est dans un état de dégradation qui ferait supposer qu'elle remonte à une époque encore plus reculée que ses voisines de Giseh. La base du monument mesure 98 mètres de côté; il ne reste plus que cinq ou six assises qui s'élèvent au milieu des blocs dont le sol est jonché, et une chambre sépulcrale creusée dans le roc. Près de la pyramide, à l'ouest, sont des ruines qui paraissent avoir fait partie d'un mastaba, et une chaussée en pierre large de 10 mètres sur une longueur de 160. La colline sur laquelle est bâtie la pyramide d'Abou-Rouch, s'avance comme un promontoire au milieu du désert et commande le plateau de Giseh. Si l'on monte sur le monument, l'œil s'étend sur toute la partie occidentale de la nécropole de Memp... vues de cette position les pyramides sont d'un e... mirable.

En revenant vers le sud-est, on rencontre, près du village de Menchieh-Bakari, deux ponts de pierre construits par les khalifes Naser-Mohammed et El-Achraf, au treizième et au quinzième siècle.

RUINES DE MEMPHIS

Un des points principaux qui marquent aujourd'hui l'emplacement où s'élevait jadis la ville de Memphis, est le petit village de *Mit-Rahîneh*. On s'y rend en prenant au Caire le chemin de fer de la Haute-Égypte jusqu'à la première station (Bédréchein, 23 kil.); de là on se dirige vers l'ouest en suivant un chemin à travers les terres.

Histoire. — Les annales égyptiennes attribuent à Ménès, le premier roi des listes et qui vivait environ cinquante siècles avant J. C., la fondation de Memphis. Ménès ayant renversé la domination des prêtres, réunit les provinces sous un sceptre unique et donna au pays une nouvelle capitale qu'il fit élever sur la rive gauche du Nil, à quelques lieues au sud de la pointe du Delta. « Jadis, dit Hérodote, le fleuve coulait vers la Libye, le long de la montagne sablonneuse qui borne l'Égypte à l'Occident. Ménès, à cent stades au-dessus de Memphis, combla le bras qui se dirigeait vers le midi, mit à sec l'ancien lit et força le fleuve à couler au milieu de la vallée. Maintenant encore ce bras détourné est, de la part des Perses, l'objet d'une surveillance très active chaque année ils fortifient la digue, car si elle venait à se rompre, Memphis courrait le danger d'être submergée tout entière. Lors donc que ce Ménès, le premier qui devint roi, eut enclos de digues un terrain solide, il y bâtit cette ville qui est aujourd'hui appelée Memphis; puis il l'entoura, au nord et à l'ouest, d'un lac artificiel communiquant avec le Nil, qui lui-même clôt la ville à l'est. »

La digue de Ménès existe toujours ; elle est appelée digue de *Kocheïsch*, et sert à retenir toutes les eaux d'écoulement des bassins d'inondation de la Haute-Égypte. La nouvelle ville fut appelée Mannower, « la bonne place », que Plutarque traduit par « le port des hommes de bien » ; elle fut consacrée au dieu *Phtah*, qui lui donna son nom sacré de *Hâ-ka-Phtah* « demeure de Phtah », dont les Grecs ont fait Égypte.

Memphis fut florissante sous les cinq premières dynasties et au commencement de la sixième. Éclipsée par Thèbes pendant la période du Moyen-Empire, elle reparaît avec Ahmès et Thoutmès III sous la XVIIIe dynastie. Tour à tour prise et reprise par les Assyriens, les Éthiopiens, les Perses, sa décadence commence avec la fondation d'Alexandrie, quoique la vieille capitale fût toujours regardée comme la métropole religieuse de l'Égypte, et qu'à leur avénement au trône les rois lagides s'y fissent couronner. Quelques années avant notre ère, Strabon représente Memphis comme une ville grande et bien peuplée, « la première après Alexandrie ». Diodore dit qu'elle s'étendait en longueur sur le Nil, et n'avait pas moins de cent cinquante stades (27 kil.) de tour. Les deux écrivains grecs racontent que les palais de Memphis étaient déserts, mais que ses temples étaient toujours ouverts au culte; les plus renommés étaient celui de Phtah, dont la fondation remontait à Ménès, et ceux d'Hathor, d'Apis et de Sérapis. A la fin du quatrième siècle de notre ère, Memphis dut se ressentir des effets de l'édit lancé par l'empereur Théodose, qui ordonnait d'abattre les temples païens. A l'époque de l'invasion arabe, la vieille métropole jouissait encore de quelque importance : son gouverneur Makoukas conclut un traité d'alliance avec les troupes musulmanes. Au dixième siècle, lors de la fondation du Caire, ses monuments furent renversés et transportés pièce par pièce pour servir à la construction des mosquées et des palais de la capitale fatimite.

Abd-el-Latif, médecin de Baghdad, qui visita l'Égypte en 1190, raconte que les ruines de Memphis, malgré les efforts que différents peuples aient faits pour l'anéantir, offrent encore à ceux qui les contemplent une réunion de merveilles qui confond l'intelligence, et que l'homme le plus éloquent entreprendrait inutilement de décrire. « Plus on considère cette ville, dit le voyageur arabe, plus on sent augmenter l'admiration qu'elle inspire, et chaque nouveau coup d'œil que l'on donne à ses ruines est une nouvelle cause de ravissement... On voit des piédestaux établis sur des bases énormes. Les pierres provenant de la démolition des édifices remplissent toute la surface de ces ruines. On trouve en quelques endroits des pans de murailles encore debout; ailleurs, il ne reste plus que les fondements, ou bien des monceaux de décombres. J'y ai vu l'arc d'une porte très haute, dont les deux murs latéraux ne sont formés chacun que d'une pierre; la voûte supérieure, qui était d'un seul bloc, était tombée au devant de la porte. Quant aux figures d'idoles que l'on trouve parmi ces ruines, soit que l'on considère leur nombre, soit qu'on ait égard à leur prodigieuse grandeur, c'est une chose au-dessus de toute description et dont on ne saurait donner une idée. Mais ce qui est encore plus digne d'exciter l'admiration, c'est l'exactitude de leurs formes, la justesse de leurs proportions, et leur ressemblance avec la nature. Nous en avons trouvé une qui, sans son piédestal, avait plus de trente coudées. Cette statue était d'une seule pierre de granit rouge; elle était recouverte d'un vernis rouge, auquel son antiquité semblait ne faire qu'ajouter une nouvelle fraîcheur... J'ai vu deux lions placés en face l'un de l'autre à peu de distance; leur aspect inspirait la terreur; on avait su, malgré leur grandeur colossale et infiniment au-dessus de la nature, leur conserver toute la vérité des formes et des proportions ; ils ont été brisés et couverts de terre... » Un siècle plus tard, Abou-l-Féda représente encore les ruines de Memphis comme occupant une grande étendue, mais disparaissant de jour en jour ; depuis cette époque, il n'en est plus fait mention. Sous l'administration turque, la profonde incurie des gouvernants laissa sûrement rompre les digues qui protégeaient autrefois la ville ; chaque année l'inondation nivela peu à peu le terrain et fit disparaître jusqu'aux derniers vestiges de l'antique cité de Ménès.

Aujourd'hui, quelques monticules de terre, quelques pans de briques retournant en poussière, quelques statues mutilées gisant à terre au milieu de morceaux informes de pierre, voilà tout ce qui reste de Memphis, « la plus ancienne capitale de l'Égypte et du monde peut-être ! Là où le bruit de la fourmilière humaine ne s'est pas arrêté pendant des milliers d'années, tandis que tout dormait ailleurs, règne aujourd'hui le silence d'un monde primitif. »

Le principal objet qui attire l'attention du voyageur est une statue colossale renversée sur le sol, au pied d'un monticule que l'on voit au sud-est du village de Mit-Rahineh, représentant Ramsès II, comme le prouve une inscription qui l'accompagne : « *Ramsès-Meïamoun, dieu-soleil, gardien de la vérité, approuvé du soleil.* » C'est une belle figure, d'une expression fine, douce et majestueuse. La statue mesure 10 mètres 30 de hauteur ; elle a été taillée dans un bloc de calcaire siliceux. Non loin de là, près d'un autre monticule appelé *Tell-Menf*, on voit encore les restes de l'immense enceinte de briques qui renfermait les édifices sacrés, et probablement aussi la demeure du taureau Apis, ce célèbre temple de Phtah élevé par Ménès, et à l'entrée duquel devait se dresser le colosse de Ramsès II. A peu de distance au nord est une autre statue colossale du même pharaon, en granit rose ; elle gît près d'un temple ruiné qui remonte au temps de Ramsès V, et qui a été découvert par M. Mariette. A quelques mètres au sud est une grande stèle de calcaire blanc couchée sur le dos ; elle est du temps d'Apriès (Ouhabra, XXVI° dynastie). L'espace déprimé que l'on remarque près du second colosse était le lac sacré du temple de Phtah.

MEMPHIS-SAQQARAH.

La partie centrale de la nécropole de Memphis est désignée sous le nom du village actuel de Saqqarah qui l'avoisine. Originairement, les monuments funéraires de Saqqarah formaient des rues, des carrefours, des places ; aujourd'hui, la nécropole n'est plus qu'une ruine. Le sable a nivelé les murs et submergé les tombes. A ces causes de destruction sont venues se joindre les fouilles rapaces qui y ont été faites pendant quinze cents ans par les fellahs des environs. La nécropole s'est comme affaissée sur elle-même. Les murs se sont ébréchés; les puits ouverts ont été laissés béants; les os blanchis des momies qui en ont été extraites jonchent le sol, mêlés à des briques éparses et à des éclats de poteries brisées. Partout règne un affreux désordre, et ce champ de repos est devenu un champ de dévastation.

Bien que la nécropole de Saqqarah ait servi aux habitants de Memphis pendant toute la durée de la monarchie égyptienne, toutes les époques n'y sont pas également représentées. Les tombes anciennes y sont plus nombreuses, plus importantes que les autres, et à proprement parler, la nécropole de Saqqarah, comme celle de Giseh, appartient à l'Ancien-Empire.

PYRAMIDE A DEGRÉS.

Les pyramides de Saqqarah sont au nombre de dix. Celle qui attire le plus l'attention est la pyramide à degrés, qui mesure 120 mètres sur les faces est et ouest, et 107 mètres sur les faces nord et sud; contrairement à la règle universelle de ces monuments, elle ne forme pas à la base un carré parfait, et seule elle n'est pas orientée : son axe dévie de plus de quatre degrés vers l'est ; elle s'élève en formant six gradins étagés sur une hauteur de 65 mètres. On ne trouve ni en Égypte ni en aucune autre partie du monde un édifice plus ancien. L'étude comparée de la pyramide, des stèles trouvées au Sérapéum et des renseignements fournis par Manéthon, porte à croire, en effet, que cette tombe a été élevée par Ouénéphès, le quatrième roi de la Ire dynastie (environ 4800 av. J.-C.). En parlant de ce pharaon, l'historien égyptien dit : « Il bâtit une pyramide près de *Ko-komé*. » Or ce nom de Ko-komé, dont la forme hiéroglyphique est *ka-kem*, « le taureau noir », se retrouve dans plusieurs stèles et dans quelques inscriptions du mausolée d'Apis, qui désignent l'Apis mort sous le nom de *Horus de Ka-kem*, « près de la pyramide de Ka-kem ».

Les Égyptiens croyaient qu'Osiris descendait quelquefois sur la terre sous la forme d'un taureau, qui révélait sa mission divine par certaines marques qu'il portait sur le corps. Quand un taureau naissait pourvu de ces marques, on disait qu'Osiris s'était manifesté, et on l'amenait à Memphis, où son temple l'attendait. Quand Apis mourait, il devenait *Sérapis*, c'est-à-dire qu'étant assimilé à Osiris dont il était l'une des formes, il prenait le nom d'Osiris-Apis, en égyptien *Osor-Hapi*, dont les Grecs ont fait Sorapis ou Sérapis. Le temple du dieu à Memphis s'appelait l'*Apéium*, et son tombeau à Saqqarah, *Sérapéum*.

La pyramide a deux entrées, au nord et au sud, aujourd'hui impraticables à cause des éboulements. D'après M. Mariette, elle a une série de passages intérieurs, de couloirs horizontaux, d'escaliers, de chambres, de caveaux, qui font ressembler à un labyrinthe l'ensemble de ses souterrains. Elle présente dans son axe, et comme point central de tous les chemins qui y aboutissent à différents étages, une chambre de 20 pieds de large sur 80 de haut, dans le dallage de laquelle un énorme bloc de granit, taillé exactement en bouchon, peut à volonté se déplacer et livrer passage pour descendre à un caveau inférieur, dont la destination est difficile à fixer, puisque ce caveau est trop petit pour avoir jamais contenu un sarcophage. Cette pyramide a-t-elle été le tombeau de Ouénéphès ? L'inscription que nous avons mentionnée plus haut, les os d'un bœuf et les momies en grand nombre qu'on y a trouvés, porteraient à croire que si le monument a été à l'origine un tombeau de roi, plus tard il a pu être utilisé pour la sépulture des Apis. Les taureaux divins qui depuis le règne de *Kakéou* (IIe dynastie) habitaient le temple de Phtah, étaient à leur mort ensevelis comme les rois. La masse de la pyramide est pleine ; trente caveaux y sont creusés dans le roc ; leur entrée s'ouvre à une certaine distance au milieu des sables.

LE SÉRAPÉUM.

Histoire. — La découverte du Sérapéum de Memphis a été faite en 1850 par M. Mariette. En parcourant le désert de Saqqarah, il aperçut la partie supérieure d'une tête de sphinx qui émergeait des sables ; il fit aussitôt déblayer la place, et mit à jour le morceau entier assis sur sa base. Le sphinx était semblable à ceux qu'il avait vus dans plusieurs jardins d'Alexandrie, et qu'on lui avait dit provenir de Saqqarah. Il comprit que tous ces sphinx devaient faire partie d'une de ces avenues monumentales que les Égyptiens avaient coutume de dresser sur le chemin des temples. Ce passage de Strabon lui revint alors à l'esprit : « On trouve à Memphis un temple
« de Sérapis dans un endroit tellement sablonneux,
« que les vents y entassent des amas de sable dans
« lesquels nous vîmes des sphinx enterrés, les uns
« à moitié, les autres jusqu'à la tête : d'où l'on peut
« conjecturer que la route vers ce temple ne serait
« point sans danger si l'on était surpris par un coup
« de vent. » M. Mariette se mit à l'œuvre avec une inexprimable ardeur. Les sphinx apparurent les uns après les autres et se montrèrent d'abord assez rapidement, car ils n'étaient encore enfouis que sous

quatre ou cinq mètres de sable. On voyait déjà l'avenue se dessiner au milieu d'une tranchée menacée à chaque instant d'être envahie par les sables. En deux mois (novembre et décembre 1850), cinq cents mètres avaient été parcourus, et cent trente-quatre sphinx avaient été mis à jour. L'avenue faisant un détour vers le sud compliqua les travaux, mais on n'en continua pas moins de creuser à ciel ouvert, au milieu de difficultés inouïes. La dureté des sables accumulés et tassés depuis des siècles était telle, que l'on pouvait donner à la tranchée des parois presque verticales sur lesquelles rampaient d'étroits sentiers en lacet, par où les fellahs sortaient lentement, emportant sur leur tête une couffe pleine. Il arrivait souvent qu'à l'heure où le soleil séchait la rosée déposée par la nuit, de lourdes masses de sables se détachaient des bords de la tranchée haute de 20 à 25 mètres et quelquefois plus en certains endroits, et roulaient au fond du précipice, entraînant et blessant les travailleurs dans leur chute. Un jour il y en eut onze d'enfouis sous une de ces avalanches, et l'on eut grand'peine à les en tirer vivants. « On aura, dit M. Mariette, une idée des lenteurs que l'inexpérience des ouvriers, l'absence d'outils et la nature du sable opposaient à nos travaux, quand on saura que dans cette partie de la tranchée, nous n'avancions pas d'un mètre par semaine. » Après avoir déblayé cent quarante et un sphinx, on arriva à un hémicycle de statues grecques rangées sur un mur bas, représentant les philosophes et les écrivains les plus fameux de la Grèce : Pindare, Lycurgue, Solon, Euripide, Protagoras, Platon, Eschyle, Homère, Aristote, tous avec leurs attributs. Entre l'hémicycle et les deux derniers sphinx de l'allée, une rue dallée ou *dromos* large de 14 mètres conduisait, sur la gauche, à un temple d'Apis construit par Nectanébo 378 ans avant notre ère (XXX° dynastie); à droite, elle aboutissait au premier pylône du Sérapéum. Cette partie du dromos, longue d'environ 100 mètres, était bordée de chaque côté par un mur bas et large, sur lequel étaient placées des statues colossales d'animaux fantastiques. A trente mètres environ de l'hémicycle, sur le côté droit du dromos, s'ouvraient deux chapelles contiguës, la première de style égyptien, la seconde du style grec le plus pur, avec péristyle de colonnes corinthiennes : celle-ci était vide, mais dans la chapelle égyptienne se dressait une statue d'Apis en pierre, portant le disque solaire entre ses cornes. Le 12 novembre 1851, l'entrée des vastes hypogées où étaient déposés les Apis après leur mort fut découverte. A cette époque, M. Mariette, qui était inquiété dans ses fouilles par le gouvernement et surveillé par des soldats turcs, faisait travailler la nuit en cachette. Ce fut vers deux heures du matin que lui apparut, sous la forme d'un trou béant, l'entrée de l'immense souterrain qui recélait les tombeaux d'Apis. Après une courte exploration au milieu d'une atmosphère viciée, il avait reconnu le désordre inouï d'une dévastation furieuse :

caveaux violés, stèles brisées, sarcophages ouverts!...
Le Sérapéum fut ensuite refermé avec soin, pour n'être rouvert que trois mois plus tard, lorsque des mesures plus tolérantes facilitèrent les opérations.

Le déblayement du Sérapéum a produit sept mille monuments, parmi lesquels trois mille sont relatifs au culte des dieux. Ces richesses se trouvent en grande partie au musée du Louvre et au musée de Boulaq. Quatre tombes d'Apis furent seules trouvées intactes parmi les soixante-quatre reconnues dans les hypogées. « On comprendra, dit M. Mariette, quel travail ce fut que de se diriger au milieu d'un désordre tel qu'à première vue il paraissait impossible de s'y reconnaître jamais. Il a fallu recueillir avec un soin minutieux les indices que le temps avait respectés, s'inspirer de la vue des lieux, reconnaître les modes divers de constructions, interroger les inscriptions qui étaient encore en place, rapprocher de celles-ci les monuments de même style trouvés sur le sol, compter les chambres et les sarcophages, et de tout cela reconstituer la tombe comme elle avait existé au temps de sa splendeur. » La plus ancienne tombe d'Apis remonte au règne d'Amenhotep III de la XVIII° dynastie (seizième siècle avant J.-C.).

Les sables ont déjà recouvert toutes les approches du Sérapéum et l'avenue des Sphinx. L'hypogée comprend deux vastes souterrains. Le premier a son entrée au sud et se compose d'une galerie sur laquelle s'ouvrent une vingtaine de chambres (de la XIX° à la XXII⁰ dynastie), avec des sarcophages et environ douze cents stèles gravées. Le second, le seul que l'on visite aujourd'hui, a son entrée à l'est. On y pénètre par une porte basse au fond d'une tranchée. Presque à l'entrée, le couloir est en partie obstrué par un grand sarcophage de granit. A droite et à gauche des galeries, s'ouvrent des chambres voûtées (de la XXVI⁰ à la XXXIV⁰ dynastie) qui contiennent vingt-quatre grands sarcophages monolithes en beau granit de Syène; ils ont 3 à 4 mètres de hauteur, 4 mètres et demi à 5 mètres de longueur et 3 mètres de largeur; les parois latérales ont une épaisseur de 0ᵐ,60. La longueur du souterrain est de 195 mètres.

D'autres tombeaux d'Apis existent dans le voisinage de ce double hypogée, du côté sud; ils sont antérieurs à Ramsès II, mais ne dépassent point le règne d'Amenhotep III. A cette époque, ils avaient chacun leur tombe isolée, qui se composait d'une chambre souterraine à laquelle on arrivait par un couloir incliné ouvert à l'est; au-dessus du sol était une chapelle ornée de stèles et de bas-reliefs.

La découverte du Sérapéum fit reconnaître avec certitude l'emplacement exact de Memphis, dont le nom et le souvenir même étaient tombés dans un oubli si profond, que les voyageurs des deux derniers siècles n'avaient pu en retrouver les traces.

TOMBEAU DE TI.

De toutes les tombes dont la nécropole de Saqqarah est couverte, la plus belle est celle d'un haut fonctionnaire nommé *Ti*, « l'un des familiers du roi, chef des portes du palais, chef des écritures royales, commandant des prophètes ». Il vivait à Memphis sous la VI⁰ dynastie. Sa femme était *Nefer-hotep,* « palme ou délice d'amour pour son époux ». Le tombeau est précédé d'une cour carrée ornée de fines sculptures et entourée de douze piliers qui paraissent avoir supporté le toit d'un péristyle. Les chambres de la chapelle funéraire du tombeau de Ti, qui sont les plus complètes et les mieux conservées de toutes celles qu'on visite à Saqqarah, peuvent procurer au visiteur la meilleure occasion de se rendre compte de l'esprit dans lequel la décoration de ces chambres était conçue. On remarquera d'abord l'absence absolue de toute figure de divinité. Le sombre *Rituel,* tout peuplé de monstres que l'âme du mort doit combattre, n'a pas encore pénétré dans la chambre du tombeau accessible aux vivants. Ce que représentent les parois intérieures est une sorte de livre dont les chapitres divers sont répétés sur les murs des autres tombeaux, avec des variantes qui n'intéressent guère que les

noms, les titres du défunt, les noms des membres de
sa famille, et ceux des gens de son service. Pour
assurer le repos de son âme, pour être certain que
pendant une longue suite de générations on viendra
faire dans la chambre extérieure les cérémonies que
le culte des morts ordonne, le défunt est censé avoir
de son vivant même fait des fondations pieuses. Il a
réservé certains de ses domaines à la production, à
l'entretien, au renouvellement des dons de toute
nature que la loi religieuse obligeait les survivants,
en certains jours prescrits, à déposer dans la chambre
extérieure du tombeau. En ces jours les parents se
réunissaient dans cette chambre, sacrifiaient, mangeaient, buvaient dans la société du défunt. La vie
commune était censée se continuer ainsi par une de
ces fictions consolantes qui est passée dans les mœurs
des habitants de l'Égypte moderne. Or, ce que les
tableaux qui couvrent les parois du tombeau de Ti
représentent, ce sont ces domaines eux-mêmes, ce
sont les travaux divers qui s'y exécutent. Là on ense-
mence les champs, on fait la récolte, on mène les
animaux au pâturage, on construit des barques; là
des serviteurs se livrent à des joutes animées sur
l'eau, ou bien le défunt lui-même pêche ou chasse
dans les marais, tandis qu'autre part des femmes
debout, tenant en laisse des veaux, des antilopes,
des gazelles, et portant sur la tête de grandes cor-
beilles chargées de fleurs et de fruits, symbolisent
chacune des terres que le défunt a désignées pour

la fourniture et l'apport des dons funéraires par lesquels son âme doit être nourrie.

Telle est, dans son esprit général, la décoration des chambres qui composent la chapelle extérieure du tombeau de Ti, et cette décoration, plus ou moins développée, est celle que l'on trouve reproduite sur les murailles des autres tombeaux de la plaine de Saqqarah.

TOMBEAU DE PHTAH-HOTEP.

Ce monument n'offre pas d'autres dispositions que le tombeau de Ti ; c'est, comme tous les autres, un massif rectangulaire qui est à proprement parler le *mastaba;* celui-ci ne contient qu'une seule chambre qui fait l'office de chapelle, au-dessus du puits qui conduit au caveau funéraire. La décoration des parois a été conçue dans le même esprit que pour le tombeau de Ti. Nous sommes sur les domaines spécialement affectés par *Phtah-Hotep* au service des offrandes funéraires. Des serviteurs se livrent devant le défunt (dont on n'aperçoit que le bâton) à la chasse au filet ; d'autres rentrent à la ferme, rapportant des produits divers, et traversant un canal montés sur de légères barques faites en paille de maïs. Le mouvement des personnages qui joutent entre eux éveillera à juste titre l'attention. Phtah-Hotep se qualifie de « prêtre de la pyramide Men-asou de Ranouser et de la pyramide Mouter-asou de Menkaouhor ».

Parmi les personnages, il en est trois ou quatre que la conformation de leur tête, considérablement aplatie au sommet, signale tout d'abord comme des étrangers. Ils sont dolichocéphales, autant du moins qu'on en peut juger par des figures vues seulement de profil. Les chairs sont peintes en rouge comme celles des Égyptiens; mais quelquefois elles sont brun foncé. Cette particularité n'est pas propre au tombeau de Phtah-Hotep : on la retrouve dans la chapelle funéraire de Ti, et en général dans tous les tombeaux anciens de Saqqarah. Peut-être faut-il voir dans ces étrangers des individus d'une autre race, qu'à cette époque on employait comme esclaves.

MASTABAT'-EL-FARAOUN.

Au sud de la nécropole de Saqqarah, s'élève une construction immense en forme de pyramide tronquée, qui mesure 102 mètres de long, 72 de large et 20 de haut. Les Arabes l'appellent *Mastabat-el-Faraoun,* « le siège du Pharaon ».

Ce monument est une sépulture royale, dont la disposition intérieure rappelle celle de la pyramide de Mykérinos. Mêmes couloirs inclinés, mêmes chambres, mêmes grandes niches latérales. Sur un bloc provenant de démolitions, on a retrouvé une marque de carrière tracée à l'ocre rouge, dont l'assemblage paraît former le nom d'un des derniers rois de la V⁰ dynastie.

L'entrée du Mastabat'-el-Faraoun a été découverte en 1858 par M. Mariette. L'intérieur ne porte point d'inscription. Le sarcophage destiné à la momie royale a été trouvé brisé. Entre deux blocs était un maillet en bois, oublié sans doute pendant la construction. Ce très-ancien outil est déposé aujourd'hui parmi les collections du Musée de Boulaq.

NOUVELLES DÉCOUVERTES A SAQQARAH.

Quelques semaines avant sa mort, Mariette-Pacha fit ouvrir trois pyramides qui étaient restées closes jusqu'à ce jour; l'une d'elles était vide et muette; les deux autres ont rendu à la science les inscriptions et les sarcophages de deux rois de la VI⁰ dynastie, *Papi II* et son fils *Mirenri*.

M. Maspéro a fait également de la plaine de Saqqarah son champ d'exploration, et, non moins heureux que son prédécesseur, il trouva dans une des pyramides qu'il fit ouvrir, le tombeau du roi Oumas de la V⁰ dynastie. Le 8 mars 1881, M. Maspéro pénétra dans l'intérieur du monument. Les voleurs d'époque gréco-romaine et les fouilleurs arabes du moyen âge y étaient déjà entrés avant lui, et c'est le chemin qu'ils s'étaient frayé qu'il lui fallut suivre. Un boyau de deux pieds de haut sur autant de large aboutit derrière la première herse, dans une première chambre à moitié ensablée, au fond de laquelle s'ouvre le couloir qui mène aux chambres funéraires. Ce couloir, dont la longueur totale est d'une vingtaine de mètres, est barré trois fois par d'énormes herses en pierre que les fouilleurs ont tournées; le passage qu'ils ont creusé à cet effet est si étroit, qu'un homme un peu fort ne pourrait s'y engager.

Aucune pyramide n'est peut-être plus difficile d'accès, mais aucune ne récompense mieux l'explorateur de ses peines. La dernière herse franchie, le couloir continue, d'abord en granit poli, puis en calcaire compacte de Tourah. Les deux parois latérales en calcaire sont couvertes de beaux hiéroglyphes peints en vert; le plafond est semé d'étoiles de même couleur. Ce couloir débouche enfin dans une chambre à moitié remplie de débris, sur les murs de laquelle l'inscription continue. A gauche, une galerie conduit dans une chambre basse à trois niches qui devaient servir de *serdab* à garder les statues; à droite, une autre galerie aboutit à la chambre du sarcophage. Le serdab est nu, mais la chambre du sarcophage est couverte d'hiéroglyphes comme la précédente, à l'exception de la paroi opposée à l'entrée, qui est revêtue d'ornements en couleur du plus bel effet. Le sarcophage est en basalte noir sans inscription ; le couvercle a été jeté dans un coin, et le corps arraché pour le dépouiller. Un bras presque complet, les morceaux du crâne, une côte du roi Ounas sont venus rejoindre au musée de Boulaq les momies des pharaons Papi et Mirenri.

Le texte qui couvre les parois de la chambre est identique, pour la plus grande partie, au texte de la tombe du roi Papi ; il a même sur celui-ci l'avantage d'être complet. M. Maspéro a reconnu immédiatement certaines formules et certaines phrases qui l'avaient déjà frappé une première fois. La présence de ces deux textes dans la chambre même du mort a confirmé d'une manière précieuse les théories qu'il avait exposées pendant quatre ans au Collège de France, sur la disposition des tombeaux égyptiens. Quant aux textes, ils renferment une composition analogue à celle qui couvre quelques tombeaux thébains peu connus, et sans présenter des difficultés bien considérables, ils demandent une étude attentive à qui veut les comprendre.

Sur dix-sept pyramides que M. Maspéro a fait ouvrir au plateau de Saqqarah, cinq contiennent des textes funéraires ou exposés complets de la religion à l'époque de l'Ancien-Empire. Cette découverte est d'autant plus précieuse pour la science, que jusqu'à présent on ne connaissait aucune ligne de texte de ce genre. L'entrée de ces pyramides, n'offrant aucune garantie de solidité, a été soigneusement refermée pour prévenir tout accident; seule la pyramide d'Ounas, qui est la plus intéressante, a été préparée pour être ouverte au public dès les premiers jours de l'année 1883.

FIN.

TABLE DES MATIÈRES

	Pages.
L'Égypte et le Nil..	1
Population. — Divisions...........................	7
Climat...	9
Aperçu historique...	16
Conquête musulmane................................	21
Les Égyptiens modernes. — Coptes......................	27
Fellahs..	31
Habitants des villes.................................	34
Caractère, croyances, superstitions..................	37
Santons. — Ouelys.................................	43
Charmes..	46
Jours fastes et néfastes...........................	47
Songes..	48
Psylles..	49
Mœurs, coutumes. — Enfance.............................	52
Circoncision...	55
Mariage..	57
Funérailles..	67
Esclavage..	70
Harem...	72
Eunuques..	81
Musique, danses...	83
Histoire du Caire...	96

TABLE DES MATIÈRES.

	Pages
Le Caire actuel. — Description. — Aspect général	115
L'Esbékieh	128
Architecture arabe	132
Mosquées	137
Mosquée Touloun	143
Mosquée El-Azhar	154
Mosquée El-Hakem	166
Mosquée Qalaoun	171
Mosquée El-Nasser	179
Mosquée El-Barqouqieh	182
Mosquée Beybars	183
Mosquée El-Zaher	187
Mosquée Hassan'	189
Mosquée El-Mouayyad	195
Mosquée El-Saleh	202
Mosquée El-Ghoury	203
Mosquée El-Achrafieh	206
Mosquée Hassanein	208
Mosquée Sayida-Zeynab	210
La Citadelle	212
Portes	222
Aqueduc	226
Sabils	228
Bains	230
Bazars	233
Costumes publics	236
Romances et chansons	239
Théâtres	243
Bibliothèque	247
Instruction publique	252
La vallée des Tombeaux	260
Mosquée El-Achraf-Ynal	261
Mosquée Barqouq	263
Mosquée Barsebây	268
Mosquée Qaït-Bây	270

TABLE DES MATIÈRES.

	Pages.
NÉCROPOLE DE L'IMAM CHAFÉI. — Tombeau de l'Imam	276
Tombeaux de la famille de Mohammed-Ali	280
Mosquée de Sidi-Chahin'	281
Cheikh El-Maghaouri	284
Mosquée Sayida-Nefisah	286
LE VIEUX-CAIRE	288
Babylone	292
Mosquée Amr'	294
Ile de Raoudah. — Nilomètre	298
HÉLIOPOLIS	301
Matarieh	307
Choubrah	310
DERVICHES	312
Derviches tourneurs	317
Derviches hurleurs	320
Concordance des calendriers arabe, copte et grégorien	324
FÊTES PUBLIQUES	325
Fêtes nationales égyptiennes	325
Fêtes coptes	331
Fêtes musulmanes	333
BOULAQ	349
Musée de Boulaq	350
Mosquée Sinanieh	363
Mosquée Abou-l-Aelah	364
Gézireh	366
Embâbeh	368
Le barrage du Nil	373
LES PYRAMIDES	377
Pyramide de Khéops	382
Pyramide de Khéphren	394
Pyramide de Mykérinos	397
Petites pyramides	401
Le sphinx	402
Le temple de granit	407

Les tombes..	409
Pyramide d'Abou-Rouch........................	413
RUINES DE MEMPHIS................................	414
Memphis-Saqqarah................................	419
Pyramide à degrés................................	420
Le Sérapéum.......................................	423
Tombeau de Ti....................................	428
Tombeau de Phtah-Hotep........................	430
Mastabat' el-Faraoun.............................	431
Nouvelles découvertes à Saqqarah.............	432

FIN DE LA TABLE DES MATIÈRES.

TABLE DES GRAVURES

En regard des pages

Pyramides de Giseh (V. p. 377).	30
Palais d'Elfy-Bey et jardin où fut assassiné Kléber.	110
Mosquée du sultan Qaït-Bây.	135
Nécropole des sultans mamelouks.	260
Obélisque d'Héliopolis.	304
Plan des pyramides de Giseh.	376
Coupe de la pyramide de Khéops.	386

A LA MÊME LIBRAIRIE

La Terre de glace. *Féroë — Islande — les Geysers — le mont Hékla*, par Jules Leclercq. Un vol. in-18, avec gravures et cartes. Prix. . . . . 4 fr.

Souvenirs du Far-West, par le baron Arnold de Woelmont. Un vol. in-18. Prix. . . . . 3 fr. 50

Chili. *Le Chili, l'Araucanie, le détroit de Magellan, et retour par le Sénégal*, par le comte Eugène de Robiano. Ouvrage faisant suite à *Dix-huit mois dans l'Amérique du Sud*, du même auteur. Un vol. in-18. Prix. . 3 fr.

Lettres sur l'Amérique, par Xavier Marmier, de l'Académie française. *Canada — États-Unis — Havane — Rio de la Plata*. Deux vol. in-18. Prix. . . . . 7 fr.

En canot de papier : De Québec au golfe du Mexique, par N. H. Bishop, traduit par Hephel. Un vol. in-18, avec cartes et gravures. . . . . 4 fr.

La Conquête du Pôle nord, par W. de Fonvielle. Un volume in-18, avec gravures. Prix. . . . . . . 4 fr.

Voyage aux îles Fortunées. *Le Pic de Ténériffe et les Canaries*, par Jules Leclercq. Un vol. in-18. 3 fr.

Le Sahara, Souvenirs d'une mission à Goléah, par Auguste Choisy. Un vol. in-18. Prix. . . . . . 3 fr. 50

Abyssinie, par Achille Raffray. Un vol. in-18, avec carte et gravures. 2ᵉ *édition* . . . . 4 fr.

Lettres du Bosphore. *Bucarest, Constantinople, Athènes*, par C. de Moüy. Un vol. in-18, avec grav. 4 fr.

Du Rhin au Nil, Carnet de voyage d'un Parisien, par F. du Boisgobey. In-18, avec gravures. Prix. 4 fr.

Le Japon pittoresque, par M. Dubard, sous-commissaire de la marine. Un vol. in-18. Prix. . . . . . . 4 fr.

Promenade dans l'Inde et à Ceylan, par E. Cotteau. Un volume in-18. Prix. . . . . 4 fr.

Niger et Bénué. *Voyage dans l'Afrique centrale*, par A. Burdo. Un vol. in-18, avec gravures et carte. 4 fr.

Le Royaume d'Annam et les Annamites, Journal de voyage de J. L. Dutreuil de Rhins. Un volume in-18, accompagné de cartes et de gravures. Prix. . . 4 fr.

Paris. Typographie de E. Plon et Cⁱᵉ, rue Garancière, 8.